당신을 공유하시겠습니까?

당신을 Digital Literacy
공유하시겠습니까?

셀카 본능에서 잊혀질 권리까지,
삶의 격을 높이는 디지털 문법의 모든 것

구본권 지음

어크로스

차 례

프롤로그　새로운 문법을 익혀야 할 때 • 008

PART 1

스스로 드러내는 사람들 _ 프라이버시의 종말

1　**노출의 시대, 프라이버시는 있는가** • 019
　　겉 다르고 속 다른 IT 수장들 | 설계자도 피하지 못했다

2　**참을 수 없는 셀카 본능** • 027
　　우리는 왜 그렇게 셀카를 찍어댈까? | 왜곡된 욕망의 기록

3　**위치 기반 SNS의 색다른 활용** • 035
　　도둑과 스토커에게 보내는 초대장 | 공개된 개별 정보들의 위험한 결합

4　**스스로 털어놓게 만드는 사회공학 해킹** • 042
　　빗장을 열게 하는 심리 해킹의 기술 | 유출과 노출은 동전의 양면

5　**드러내지 않고 살 수 있을까** • 049
　　감시의 덫을 피한 사람들 | 투명사회의 일원으로 산다는 것

6　**누가 빅브라더를 돕는가** • 055
　　쇼가 된 '빅브라더' | 포르노그래피적 노출과 파놉티콘 통제의 이중주

7　**과거에 발목 잡힌 사람들** • 066
　　입학과 취업의 새로운 관문, 구글링 | 디지털 시대의 새로운 산업, 온라인 평판관리

8 **미디어 시대의 소년등과(少年登科)** • 073
　만들어진 이미지의 소비 | 아이에게도 사생활이 있다

9 **새 출발의 불가능성** • 081
　사회적 망각의 보장 | 연결이 기본값인 디지털 세계의 족쇄

10 **지워지지 않는 시대, 잊혀질 권리의 부상** • 089
　최초의 '잊혀질 권리' 판결 | 기억하는 기술에서 망각하는 기술로

PART 2
우리를 공공재로 만드는 디지털의 방식 _ 뉴 빅브라더의 진화

1 **주어진 대로만 사용한다면** • 099
　국가별 장기 기증률 차이의 원인 | 디폴트 세팅의 함정

2 **'좋아요'는 어떻게 우리를 옭아매는가** • 110
　공감에서 공유까지, '좋아요'의 복합적 의미 | 숨기고 싶은 '좋아요'의 궤적

3 **페이스북은 당신의 얼굴을 알고 있다** • 118
　얼굴 인식의 다양한 활용 | 구글이 유일하게 서비스하지 않는 기술

4 **당신을 꿰뚫어보는 검색 서비스의 진실** • 127
　검색 알고리즘의 숨은 특성 | 사용자를 우물 안 개구리로 만드는 필터 버블

5 **타자의 욕망을 검색하라** • 137
　신상 털기 자동완성 | 모든 건 사용자 책임?

6 **스팸 메일의 경제학** • 144
　스팸 메일은 왜 줄어들지 않을까? | 발송자에게 친절한 '수신 거부'

7 **카카오톡 '1'에 얽힌 권력관계** • 153
　사용자의 욕망을 담은 기술의 편법 | 추적자를 따돌릴 권리

8 **우리의 사고가 '얄팍'해지는 까닭** • 160
　동시 작업처럼 보이는 착시의 기술 | 멀티태스킹을 권하는 사회

9 **시간 통제력에 관한 사회학적 고찰 I**   • 169
   '기다림'을 없애는 두 가지 방법 | 사라져가는 경험들

10 **시간 통제력에 관한 사회학적 고찰 II**   • 177
    '순간'을 선택하는 세 가지 모습 | 보존되고 지속되는 세계

11 **무엇을 위한 개발인가**   • 185
    사용자는 뒷전인 기술 경쟁 | 더 많은 데이터, 더 나은 서비스?

12 **빅데이터 산업의 어두운 그늘**   • 193
    미래를 예측하는 데이터 과학 | 페이스북의 '감정 조작' 실험

13 **기술이 통제를 벗어날 때**   • 202
    기술 낙관론의 배신 | 감지 불가능한 기술의 진화

PART 3

새로운 시대의 새로운 문법 _ 디지털 리터러시

1 **언어생활의 문명사적 전환**   • 215
   카카오톡으로 달라진 이 시대의 소통법 | 지워지지 않는 대화의 특성

2 **소통의 풍요 속 눈치의 빈곤**   • 223
   외로워지는 사람들, 둔감해지는 아이들 | 비언어적 소통의 중요성, 메라비언의 법칙

3 **던바의 수가 알려주는 친구 맺기의 적정선**   • 233
   우리에게는 얼마나 많은 친구가 필요한가 | 관심의 경제학

4 **페이스북이 불행이나 행복에 끼치는 영향**   • 241
   상대적 박탈감을 느끼게 되는 요인 | 행복감을 증진시키는 현명한 사용법

5 **SNS와 결별의 상관관계**   • 248
   결별의 원인인가 결별의 도구인가 | SNS 환경에서 관계를 유지하는 새로운 방식

6 **'정보 비만증'에 필요한 처방**   • 256
   비만의 공식을 깨지 못하는 인간 본능 | 신종 질병에 대처해야 할 정보 생활

7 **모나리자에서 배우는 생각하는 법** • 264
상상력이 만들어내는 아름다움, 스푸마토 | 문명에 대한 소크라테스의 놀라운 통찰

8 **뇌도 충전이 필요하다** • 271
사람을 사람답게 하는 뇌의 휴식 | 사람과 기술의 역설적 관계

9 **스마트 시대의 새로운 놀이 발명** • 278
폰 스택 게임의 등장 배경 | 고급 취향이 된 스마트폰 금지 코드

10 **스마트폰 없는 사람들** • 284
IT 저술가 니콜라스 카에서 철학자 김영민까지 | 거센 흐름에 떠내려가지 않는 유영법

11 **모바일 신언서판의 관리법** • 290
'여보세요'가 사라진 통신 프로토콜 문화 | 관계의 격을 높이는 배려의 에티켓

12 **디지털 네이티브 자녀를 둔 디지털 이주민 부모의 초상** • 297
다른 인종, 디지털 이주민과 원주민 | 디지털 시대에 부모가 된다는 것

13 **IT 종사자의 남다른 자녀 교육법, 디지털 페어런팅** • 307
자녀의 디지털 생활에 적극 개입하는 부모들 | 실리콘밸리의 컴퓨터 없는 학교 발도르프

14 **프라이버시에 대처하는 스티브 잡스의 태도** • 314
잡스가 지켜내려 했던 것 | 프라이버시를 보호하는 시민 의식

15 **공유되지 않을 권리** • 322
노출이 당연한 경우는 없다 | 탄광 속 카나리아의 경고

에필로그 디지털 리터러시 10계명 • 329

주 • 333
더 읽을 책들 • 345
찾아보기 • 349

새로운 문법을 익혀야 할 때

너무나 매혹적인, 그렇기에 위험한 매력

다행이다. 한때 은밀한 사생활 동영상이 유포되거나 무명 시절 인터넷에 읊조린 혼잣말의 흔적 때문에 방송 화면에서 사라졌던 스타들이 상처를 딛고 다시 활동하고 있는 것을 보면 안도감이 든다. 지난날 손가락질하던 사람들도 "네 잘못이 아니었어"라고 생각이 달라지게 되었고, 당사자들도 용기를 낸 덕분이다. 하지만 모든 상처가 영광스럽고 보람 있는 것은 아니다. 불가피한 것이 아니라면 흉터가 남을 일은 피하는 편이 낫다.

 2014년 9월 할리우드 유명 여배우들의 스마트폰에 저장돼 있던 누드 사진들이 해킹으로 무더기 유출되는 일이 일어났다.[1] 누드 영상을 찍어서 스마트폰에 간직하는 것이 유명 연예인들만의 별난 취미는 아니다. 2014년 미국 퓨 리서치 센터(Pew Research Center)는 미국 10대의 44퍼센트가 음란 문자를 교환하고 있으며, 성인 20퍼센트는 누드 사진을 받아봤다는 조사 결과를 발표했다.[2] 세상 물정에 어두운 사람들만 빠지는 함정이 아니다. 2011년 차기 뉴욕 시장을 넘보던 미국 민주당의 촉망받던 정치인 앤서니 와이너(Anthony Weiner) 하원의원은 트위터(Twitter)로 여성들에게 음란한 사진을 발송했다가 문제가 되자 결국 의원직에서 물러났다.[3]

인터넷과 스마트폰이 일상을 지배하는 세상에서 자신을 둘러싼 기술적 환경이 어떻게 달라졌는지를 잘 이해하지 못한 데서 비롯된 일들이다. 디지털 세상에서 무신경하거나 무지한 상태로 기존 생활 방식을 유지하다가 뜻밖의 곤경에 처하는 것이 비단 유명인에게만 국한된 얘기는 아니다. 평범한 사람들도 스마트폰을 쓰게 된 이후 연인과의 관계, 가족 간의 대화, 직장에서의 소통 문화 등에서 이전과는 비교할 수 없는 차이를 경험하게 됐다.

영국의 동물행동학자 데즈먼드 모리스는 저서 《털 없는 원숭이》에서 "인류가 겪는 가장 중요한 곤란은 인간의 문화적 발전이 어떠한 유전학적 발전보다 빠르다는 사실이다"라고 지적했다.[4] 환경의 변화로 인한 문화 지체(cultural lag) 현상은 인간의 유전학적 속성에 따른 불가피한 현실이다.

더욱이 스마트폰과 소셜네트워크서비스(이하 SNS)로 상징되는 21세기의 디지털 문명은 기존의 어떤 사회적 변화보다 그 속도가 빠르고 영향이 광범하고 근본적이다. 급속도로 발달하고 있는 디지털 기술과 이를 바탕으로 한 문화적 환경에 사용자인 인간이 보조를 맞추기란 숨이 턱에 차는 일이다. 더욱이 인터넷과 스마트폰이 없던 환경에서 태어나 성장하고 어른이 되어서야 비로소 디지털 기기를 만난 아날로그 세대는 더욱 숨이 가쁘다. 이전에 하던 대로 스스로를 위한 메모를 하고 누군가의 뒷얘기를 하고 때론 연인하고만 보기 위해 비밀스러운 사진을 찍기도 한다.

하지만 이 모든 것이 디지털 기기를 통해서 이뤄지는 세상이다. 디지털 기술에는 사용자가 미처 알지 못한 다양한 기능이 들어 있고, 인터넷으로 연결된 세상에서는 모든 것이 손쉽게 공유된다. 스마트폰과 소셜네트워크 사용자는 디지털 기술이 제공하는 놀라운 능력과 다양한 정보에 매혹당하지 않을 도리가 없다. 과거 어떠한 제국의 통치자도 감히 누리지 못한 권능이고 박식한 학자도 도달할 수 없던 정보다. 그 매혹은 너무 강렬하다. 한번 빠지면 벗어나기 어렵고, 그래서 사리분별력을 어지럽힌다는 경국지색(傾國之色)과 같은 치명적 매력이다. 그 치명성의 위험을 인지하고 지혜롭게, 조심스럽게 사용하는 이들도 있지만 대개는 편리하고 강력한 매력만 조명하고 탐닉한다.

생사를 가르는 능력, 리터러시

20여 년 전 종합병원 내과 병동에 입원한 경험이 있다. 왼쪽에는 30대 당뇨 환자가, 오른쪽엔 40대 간경변 환자가 있었다. 간경변 환자가 식사와 배설의 양과 횟수를 꼼꼼히 기록하며 투병하는 것에 비해 당뇨 환자는 자신에게 이런 병쯤은 아무것도 아니라며 긍정적 자신감에 가득 차서 기록 따위는 무시하고 지냈다. 특히 그는 무가당 오렌지주스를 즐겨 마셨다. 의료진이 "무가당 주스도 당분이 들어 있으니 혈당 조절을 위해 먹으면 안 됩니다"라고 주의를 줬지만 그는 "무가당 주스니까 괜찮아"라며 의료진의 눈을 피해 하루에도 여러 차례 주스를 마셨다. 나도 걱정이 되어 "무가당은 설탕을 더 넣지 않았다는 뜻일 뿐이고 오렌지에는 원래 당분이 많으니 그만 드세요"라고 거들었지만 그는 '무가당 100퍼센트 오렌지주스'는 천연이니 몸에 나쁠 게 없다며, 소신을 바꾸지 않았다.

박경리의 대하소설 《토지》는 호열자(콜레라)가 세균을 통해 전염된다는 것을 알고 음식물을 끓여 먹으며 호시탐탐 기회를 노리는 악한 조준구와 괴질의 정체를 모른 채 호열자에 걸려 죽어가는 최참판 일가의 엇갈리는 운명을 소재로 대서사를 시작한다. 정보를 제대로 이해하는 능력이 행복과 불행을 가르는 첫걸음이다.

요즘 세상에서는 문자를 읽을 줄 안다고 해서 까막눈을 벗어난 것이 아니다. 디지털 세상에서 리터러시(literacy: 문해력)는 어느 때보다 중요해졌다. 유치원생이 한글을 깨쳤다고 해서 신문 기사나 보험 계약서를 이해하고 사회생활을 해나갈 수는 없는 것처럼 우리가 스마트폰과 소셜네트워크를 사용하고 있다고 해서 디지털 리터러시(digital literacy) 능력을 갖춘 것은 아니다.

우리는 스마트폰이 등장한 이후 디지털에 더 많이 의존하고 있으며, 모든 정보를 인터넷을 통해 손바닥 안에서 주고받는다. 스마트폰은 우

리의 두뇌 활동을 돕는 기억과 연산의 보조 장치가 아니라 모든 정보
가 드나드는 출입문이다. 나아가 사고와 판단의 기능을 상당 부분 대
신하면서 또 하나의 두뇌와 같은 기능을 수행하고 있다.

진짜 중요한 문제는 우리가 스마트폰과 인터넷에 지나치게 의존하
고 있다는 현실이 아니다. 사용자 자신이 어떤 특성의 기술과 기기에
의존하고 있는지를, 그로부터 어떤 영향을 받고 있는지를 좀처럼 자각
하지 못하고 있다는 점이 진짜 문제다. 스마트폰은 가장 많이 사용되
고 있지만 가장 이해가 부족한 기기다.

하루에 몇 시간씩 습관적으로 스마트폰을 사용하고 잠시라도 떨어
지면 마치 몸뚱이가 두뇌와 분리된 것처럼 불안함과 무기력함을 경험
하는 이들이 많다. 하지만 왜 그런지를 돌아보면서 성찰하기는 쉽지
않다. 복잡한 사회생활과 스마트폰의 쉴 새 없는 알림은 그럴 틈과 기
회를 주지 않는다. 산업계는 사용자들이 기기와 헤어져 불편하고 불안
해지는 상황을 아예 마주치게 하지 않으려고 노력한다. 배터리 용량을
더 늘리고, 더 빠른 통신망을 더 촘촘히 깔아서 기기가 작동을 멈추거
나 네트워크와 접속되지 않는 난감한 순간들을 없애나가는 것이다. 친
구나 애인의 스마트폰 배터리가 얼마나 남았는지를 알려주고 충전 위
치까지 안내하는 앱이 등장할 정도다.[5]

워낙 스마트폰과 함께 많은 시간을 보내고 다양한 활동을 하다 보
니, 스마트폰을 어떤 용도로 활용하는지, 또 어떤 태도로 사용하는지
가 그 사람이 어떤 사람인지를 알려주는 하나의 잣대로 기능하기도 한
다. 전통 사회에서 '신언서판(身言書判)'이 사람을 판단하는 기준이었

다면 스마트폰 환경에서는 새로운 '모바일 신언서판' 개념이 생겨나고 있는 것이다.

인터넷이 우릴 멍청하게 만드는가?

나는 기자로 일하면서 스마트폰 혁명이 일어나는 격변기에 정보기술 현장을 취재하는 행운을 누렸다. 인터넷과 스마트폰이라는 첨단 기술이 어떻게 산업과 사용자들을 매혹시켜나가는지도 비교적 일찍부터 관찰할 수 있었다. 사용자들은 더 넓은 세상과 많은 사람을 만나게 해주는 도구를 점점 더 오랜 시간 몰입해 사용하게 되었고, 산업과 자본은 사용자들을 더욱 사로잡는 기술과 서비스를 개발해야 살아남는 치열한 경쟁에 빠져들게 되었다. 이는 오늘날 스마트폰 세상을 가속화시키는 동력이다.

국내외에서 관련 분야 전문가들을 많이 만나 이런저런 대화를 하면서 깨달은 흥미로운 사실이 있다. 국내외 내로라하는 인터넷 기업들의 경영진 또는 개발자들, 통신업체 직원들, 온라인 게임과 스마트폰 앱 개발자 그리고 소셜네트워크를 연구하는 학자 등 내가 만난 정보기술 전문가들의 공통된 디지털 사용 특성이다. 일반 사용자와 달리 그들은 디지털 기술을 단순 소비 대상이 아닌 직업적 생산 도구이자 연구와 분석의 대상으로 만난다는 점에서 기본적으로 달랐다.

하지만 진짜 차이는 디지털 기술에 대해서 깊은 이해를 지닌 이들일수록 기술이 지닌 편의와 위험성을 동시에 알고, 조심스레 제한적으로 사용하고자 한다는 점이었다. 해당 기술과 서비스를 설계하고 운영하는 전문가들은 빛과 그늘을 함께 알기 때문에 주의를 기울이고 있지만 디지털 세상에 대한 이해가 적고 지식이 얕은 일반 사용자들은 그 위험한 매력을 더 추구하고 몰입하고 있었다.

스마트폰, SNS는 말 그대로 도구일 따름이다. 하지만 날카로움과 강력함에서 인류가 일찍이 가져본 적이 없는, 기존의 도구와는 차원이 다른 '슈퍼 울트라' 도구다. 실제로 텔레비전, 전화, 카메라, 인터넷, 컴퓨터, 위성항법장치(이하 GPS), 신용카드 등 수많은 기능이 스마트폰 하나에 모두 들어 있다. 앞으로 스마트폰에는 더 다양한 기능과 첨단 기술이 탑재될 것이고 자연히 우리의 의존도는 더 깊어질 것이다.

문제는 우리가 늘 손에 쥐고 쓰면서 생활을 의존하고 있지만 기계에 숨어 있는 작동 원리와 사용에 따른 위험성을 충분히 이해하지 못하고 있다는 점이다. 스마트폰 세대를 두고 '가장 멍청한 세대', '생각하지 않는 사람들'이라는 경고가 나오는 이유다.[6] 하지만 하버드대 버크만센터(Berkman Center for Internet & Society)의 데이비드 와인버거 박사는 "'인터넷이 우리를 멍청하게 만드는가'라는 질문은 '밖에 비가 오고 있는가'보다는 '내가 지지하는 정당이 다음 선거에서 패배할까'와 같은 질문과 더 유사하다"라고 지적한다.[7] 단순 예측이 아니라 사용자가 어떻게 행동하느냐에 따라 결과가 영향을 받는다는 말이다.

스마트폰을 통해서 만나게 되는 디지털 세상은 지나치게 강력한 효능을 지닌 신약과도 같다. 효과의 강력함과 의존도라는 면에서 보면 마약과 비슷할 정도다. 누군가는 약 없이 자연 치유력만으로 건강을 지키는 것이 최고라고 하지만 이미 우리는 약의 효능을 알았으며 거기 크게 의지하고 있다. 디지털도 마찬가지다. 부작용만 보고 사용을 외면할 수 없다. 칼날이 날카로울수록 조심해서 다뤄야 하는 법이다. 뛰어난 효능의 약이라고 해서 자가진단과 처방을 통해 늘 복용하고 만병통치용으로 쓰는 것은 현명하지 못하다. 효과가 강력한 약일수록 부작용과 의존성에 대한 고려가 필수적이다.

그리스 신화는 세이렌의 유혹 이야기를 통해 진정한 용기와 지혜에 관한 가르침을 전한다. 아름다운 바다의 님프 세이렌이 부르는 노래는 너무 매혹적이어서 근처를 항해하는 뱃사람들을 홀려 바다에 빠져 죽도록 이끈다. 오디세우스는 이를 알고 세이렌의 유혹에 넘어가지 않으려 항해 전 자신을 돛대에 결박하고 부하 선원들의 귀를 귀마개로 막은 덕분에 무사히 목적지에 도달한다. 디지털 기술이 세이렌의 노래처럼 듣는 이를 파멸로 이끄는 사악한 아름다움은 결코 아니다. 다만 너무 매혹적인 아름다움이 지닌 위험에 맞서려면 때로는 스스로의 의지만으로는 저항에 한계가 있음을 알아야 한다는 것이 신화의 가르침이다. 가장 용맹한 오디세우스조차 스스로를 믿지 못하고 "나를 돛대에 꽁꽁 묶어라"라고 명령했다.

우리가 분신처럼 쓰는 디지털 기술을 떠나 살기는 앞으로 점점 더 어려워진다. 더 많은 시간, 더 많은 역할을 의존하게 되는 만큼 현명한 사용을 위해서 기술이 지닌 여러 모습을 살피고 이해하는 데 이 책이 쓰이길 바란다.

PART 1

스스로 드러내는
사람들

–

프라이버시의 종말

1

노출의 시대, 프라이버시는 있는가

▼

"다른 사람들에게 알려지지 않기를 바라는 일이 있다면
그것은 절대로 인터넷에 올리지 말아야 한다."

_에릭 슈미트, 구글 회장

페이스북의 창업자이자 최고 경영자인 마크 저커버그(Mark Zuckerberg)
는 언론 인터뷰 등을 통해 "프라이버시는 더 이상 사회적 규범이 아니
다", "프라이버시의 시대는 끝났다(The Age of Privacy is Over)"라고 공언
하며 온라인에서 프라이버시 붕괴의 전도사 노릇을 자임해왔다. 미국
의 정보기술 매체인 〈테크 크런치(Tech Crunch)〉와의 인터뷰에서는 이
렇게 말했다.[1]

"2004년 내가 하버드대학 기숙사에서 아이비리그 대학생들을 대
상으로 페이스북을 만들었을 당시 많은 사람들이 왜 인터넷에 정보
를 공개해야 하는지 의문을 제기했다. 왜 각자 웹사이트를 가져야

하는지도 이해하지 못했다. 하지만 이제 사람들은 더 많은 정보를 다른 사람과 공유하는 걸 편안하게 받아들인다. 개인적 프라이버시 문제는 더 이상 사회적 규범이 아니다. 사회 규범은 시대에 따라 달라진다. 페이스북 창업 시에는 자신들의 페이스북 친구들에게만 개인정보를 공개할 수밖에 없던 환경이었다. 하지만 만일 내가 지금 페이스북을 창업한다면 가입자 정보를 모두에게 공개하는 것을 기본 기능으로 제공하고 싶다."

겉 다르고 속 다른 IT 수장들

프라이버시는 없다고 주장하는 페이스북 창업자이지만 그 역시 프라이버시 영역을 갖고 있었다. 저커버그와 그 가족은 페이스북에서 신상이 털리는 굴욕을 연거푸 당한 바 있다. 가령 2011년 12월 초순 마크 저커버그는 페이스북 계정에서 비공개로 설정해놓은 자신의 사적 사진들이 제3자에 의해 공개되는 수모를 겪었다.

공개된 사진에는 저커버그가 친구들과 할로윈 파티를 즐기는 모습, 여자 친구인 프리실라 챈과 함께 있는 모습, 닭을 잡거나 주방에서 초밥을 만드는 모습 등이 담겨 있었다. 저커버그의 페이스북 비공개 사진이 공개된 것은 페이스북의 결함 때문이었다. 비공개로 설정된 사진이라도 제3자가 '게시' 버튼만 누르면 해당 콘텐츠를 마음대로 들여다볼 수 있었던 코드상의 오류가 원인이었다. 문제가 불거진 뒤에 페이스북은 오류를 수정했지만 저커버그의 비공개 사진은 이미 널리 퍼져

나간 뒤였다. 이 사진들은 지금도 손쉽게 검색된다.

그뿐만이 아니다. 2012년 크리스마스에 마크의 누나인 랜디 저커버그(Randy Zuckerberg)는 한자리에 모인 저커버그 일가의 가족 파티 사진을 잠시 페이스북에 올렸다가 바로 지웠다. 하지만 게시자의 의도와는 달리 사진은 삭제되지 않고 제3자에 의해 트위터로 널리 공개되는 소동을 겪었다. 랜디 저커버그는 자신이 잠시 공개한 사진을 공유한 사람에 대해 '디지털 에티켓' 운운하며 발끈했지만 정보기술 매체를 비롯한 많은 언론은 "저커버그 가족들조차 페이스북의 복잡한 프라이버시 설정의 덫에 걸려 넘어졌다"고 조롱했다.[2]

저커버그는 2013년 10월 3000만 달러(약 320억 원)를 들여 미국 캘리포니아 실리콘밸리 지역인 팔로알토 자신의 집 주변에 있는 주택 네 채를 사들였다. 수십조 원이 넘는 재산을 보유한 세계적 거부가 합법적으로 주택을 구매한 것이지만 큰 화제가 됐다. 저커버그가 한꺼번에 자신의 집과 담을 맞댄 집들을 모두 사버린 이유가 프라이버시 보호를 위해서라는 점 때문이다.

에릭 슈미트(Eric Schmidt) 구글(Google) 회장도 프라이버시와 관련한 자신의 발언을 뒤집고 사적 정보 노출로 곤욕을 치렀다.

슈미트는 2009년 CNBC와의 인터뷰에서 "다른 사람들에게 알려지지 않기를 바라는 일이 있다면 그것은 절대로 인터넷에 올리지 말아야 한다"라고 말했다. 인터넷에서 '정보 삭제'란 있을 수 없고 일단 공개한 인터넷 글은 돌이킬 수 없기 때문에 애초에 후회할 일을 하지 말라는 얘기다.[3]

하지만 슈미트는 이후 태도를 약간 바꿨다. 그는 2010년 8월 14일 〈월스트리트 저널〉과의 인터뷰에서 "앞으로 청소년들은 성인이 되는 순간 자신의 '디지털 과거'로부터 벗어나기 위해 모두 이름을 바꿔야 할지 모른다"고 말했다.[4] 청소년들이 성인이 된 이후 친구들의 SNS에 남아 있는 '한때의 일탈'을 감추기 위해 이름을 바꿔서라도 과거 행적을 송두리째 지워야 할지 모른다는 말이다.

슈미트는 2013년 5월 뉴욕대학 강연에서는 기존의 태도를 좀더 수정했다. 그는 "청소년 시절 한때의 실수가 어른이 되고 나서도 웹에서 유통되는 것은 문제"라며 "인터넷에 삭제 기능이 필요할 때가 있다"고 태도를 바꿨다.

슈미트도 일찌감치 자그마한 소동을 겪은 바 있다. 2005년 7월 당시 구글의 최고 경영자였던 슈미트는 정보통신매체인 〈시넷(CNet)〉과 갈등을 빚었다. 〈시넷〉은 구글 최고 경영자의 사적 정보에 접근하는 것이 얼마나 쉬운지를 보여줌으로써 검색엔진 구글이 사생활 정보를 손쉽게 노출시킨다는 사실을 보도했기 때문이다. 〈시넷〉은 30분간의 '구글링(googling)'으로 슈미트의 재산 목록, 부인의 이름, 파티에서 함께 춤춘 상대, 주소, 취미 활동 등의 개인정보를 손쉽게 얻어내 공개했다.[5]

슈미트는 자신의 프라이버시 정보가 구글링으로 공개됐다는 〈시넷〉의 보도에 발끈해서 한동안 〈시넷〉의 구글 취재를 제한하기도 했다.

슈미트는 2013년 7월에도 인터넷에서 화제를 만들어냈다. 그가 사진 공유 서비스인 인스타그램(Instagram)에서 비키니와 반라의 여성 사진을 여럿 팔로잉해온 사실이 전문 매체를 통해서 보도되었기 때문이다.[6] 문제가 되자 슈미트는 곧바로 자신의 인스타그램 계정을 삭제했다. 슈미트는 구글 플러스와 트위터 등 SNS에서 주로 정보기술 전문가들과 소통하는 모습을 보여오다가 인스타그램을 통해 자신이 감추고 싶어 했던 개인적 취향이 드러나자 평소의 소신과는 달리 '긴급 삭제'로 대응한 것이다.

2013년 7월 〈비즈니스 인사이더〉 보도를 통해 슈미트가 뉴욕 맨해튼에 1500만 달러(약 160억 원)짜리 고급 아파트를 구입한 다음 수백만 달러를 들여 특별한 방음 공사를 하는 등 프라이버시를 보호하기 위해 엄청난 돈을 썼다는 사실이 알려졌다.[7] 이웃과 함께 쓰는 아파트 공용 승강기 대신 자신만 타는 전용 승강기도 선택했다. 기혼자인 슈미트는 여러 차례에 걸쳐 각각 다른 여성들과 내연 관계를 맺어왔다는 스캔들 보도를 몰고 다녔다. 미국 언론들은 인터넷에서 프라이버시는 없다고 주장하던 슈미트 회장이 실제로는 자신의 자유분방한 사생활의 비밀을 유지하기 위해 엄청난 돈을 쏟아붓는 것은 모순된 행태라고 비난했다.

설계자도 피하지 못했다

복잡한 건물의 구석구석을 잘 파악하고 있으며, 건물에 큰 충격이 가해져서 손상을 입을 경우 어떤 피해가 나타날지 누구보다 잘 아는 사람이 바로 그 건물의 설계자다. 인터넷 서비스도 마찬가지다. 기본적으로 프로그램의 코드를 짠 설계자와 운영 실태를 들여다보는 경영자가 가장 많은 정보를 갖고 있으며 위험성에 대해서도 잘 알고 있다. 상품과 서비스가 겉으로 내세우는 장점에서 한발 떨어져 설계자나 제조자가 개인적 영역에서 결정한 내용을 살펴보면 일반 이용자들이 알지 못했던 것이 드러난다.

마크 저커버그는 하버드대학에 입학하기 전인 고교 시절부터 프로그래밍 천재로 이름을 알렸으며, 에릭 슈미트는 프린스턴대학을 졸업하고 캘리포니아주립대 버클리캠퍼스에서 컴퓨터공학 박사학위를 받은 소프트웨어 개발자 출신 경영자다. 두 사람은 누구보다 인터넷의 기본 구조와 소프트웨어에 관한 지식이 풍부한 전문가다. 하지만 그들은 자신이 설계했거나 운영하는 서비스에서 스스로 프라이버시가 노출되고 침해당하는 경우를 예방하지도, 피하지도 못했다. 인터넷의 속성상 주워 담을 수도 없다. 당시 유출된 사진과 정보는 지금도 손쉽게 검색되고 유통되고 있다.

프로그램 설계자와 운영자로서 저커버그와 슈미트가 자신들의 프라이버시를 보호하기 위해서 결국 선택한 길은 엄청난 돈을 들여 이웃의 집들을 모두 매입하거나 최고급 펜트하우스에 별도의 방음 장치를 하고 전용 승강기를 이용하는 방법이었다. 또 프라이버시가 문제되면 기존의 발언을 뒤집거나 서비스 방침을 바꿨다. 그들은 "프라이버시는 없다"고 말하지만 이는 자사 서비스를 이용하는 사용자들을 더 끌어모으기 위한 사탕발림 홍보 문구에 불과하다.

하지만 페이스북과 구글의 이용자들은 거의 대부분 그 설계자와 운영자들만큼 해당 프로그램의 특성과 구조에 대해 잘 알지 못한다. 그들 갑부처럼 자신의 프라이버시 보호에 엄청난 자산을 쏟아붓는다는 것은 상상도 못해볼 일이다. 일반 이용자들은 정보기술에 대한 깊은 이해도, 돈도 없다. 하지만 누구라도 인간답고 존엄한 삶을 위한 기본적 조건인 프라이버시 권리는 갖고 있다.

세계적인 정보기술 기업의 수장으로 디지털 시대에 사실상 프라이버시는 사라졌다고 주장해온 저커버그와 슈미트가 개인적 차원에서 보여준 '이중적 행태'가 알려주는 바는 분명하다. 아무리 뛰어난 전문가와 설계자라 하더라도 디지털 시대에 프라이버시를 지켜내기 어렵다는 점이다. 자신의 프라이버시를 지켜내기 위해 디지털 기업의 거부들이 동원한 방법은 일반인들로서는 꿈도 꾸지 못할 엄청난 돈이다. 저커버그와 슈미트에 비해 돈도, 지식도 부족하다면 우리는 프라이버시 공개를 필수 요소로 하는 인터넷 서비스를 이용하면서 어떻게 하면 자신의 뜻과 달리 사생활이 노출되는 상황을 피해갈 수 있을지 고심해 봐야 한다.

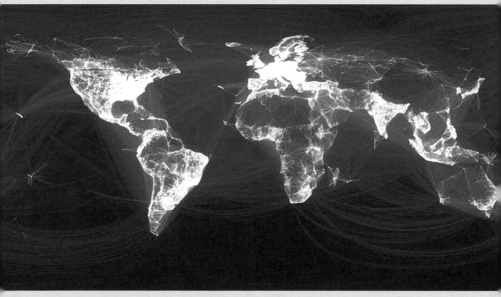

마크 저커버그의 페이스북 친구 관계를 나타낸 세계 지도(페이스북 계정 커버).

세계적인 정보기술 기업의 수장들은
"프라이버시는 없다"고 말하지만
이는 자사 서비스를 이용하는 사용자들을 더 끌어모으기 위한
사탕발림 홍보 문구에 불과하다.

2

참을 수 없는 셀카 본능

바야흐로 셀카의 시대다.
휴대전화에 카메라 기능이 내장된 이후
사람들은 뭔가 의미 있거나 새로운 상황을 만나면 일단 찍는다. 찍고 또 찍는다.
그 대상은 주로 자기 얼굴이다.

셀카의 유혹은 장례식장에서도 스마트폰을 꺼내들고 '치~즈'를 외치게 한다?

철없는 10대 얘기가 아니다. 국제 무대에서 만난 각국 정상들에게도 일상사다. 버락 오바마(Barack Obama) 미국 대통령은 2013년 12월 10일 남아프리카공화국 요하네스버그에서 열린 넬슨 만델라(Nelson Mandela) 추도식에서 옆자리의 헬레 토르닝-슈미트(Helle Thorning Schmidt) 덴마크 총리, 데이비드 캐머런(David Cameron) 영국 총리와 활짝 웃으며 셀카를 찍었다.[8] 오바마는 15분에 걸친 격정적 추모 연설로 장내를 감동시켰지만 자리로 돌아온 뒤 셀카를 찍는 사진이 언론에 보도돼 '신중하지 못한 행위'라는 지적을 받았다.

2013년 3월 스웨덴 할름스타드의 한 패스트푸드점에 침입해 직원을 위협하고 돈을 털어간 복면 강도들은 셀카에 덜미를 잡혔다.[9] 강도를 모의하고 연습하는 과정에서 복면을 쓰고 부엌칼을 든 모습을 스마트폰에 셀카로 찍어놓았던 것이다. 10대 소녀 강도들이었다. 미국과 영국에서는 각각 존속살해와 연쇄살인을 저지른 흉악범들이 범행 직후 현장에서 셀카를 남겼다는 충격적인 뉴스도 잇따랐다. 미국 뉴욕의 브루클린브리지에서 자살을 시도하는 사람이 구조대와 대치하는 상황이 벌어지자 한 젊은 여성이 이를 배경으로 셀카를 찍었다. 이 모습이 사진기자에게 포착돼 〈뉴욕 포스트〉 1면에 실렸고, 그 여성은 '세상에서 가장 이기적인 셀카(most selfish selfie)'를 찍었다는 비난을 받았다.[10]

영국 〈파이낸셜 타임스(Financial Times)〉에는 2013년을 한 단어로 요약하면 '셀피(selfie: 셀카에 해당하는 영어 표현)'라는 내용의 칼럼이 실렸고, 2013년 말 영국 《옥스퍼드 영어 사전》은 이를 '올해의 단어'로 선정했다. 이렇게 되기 직전 12개월 동안 '셀피'라는 단어의 사용은 170배나 늘어났다.

바야흐로 셀카의 시대다. 휴대전화에 카메라 기능이 내장된 이후 사람들은 뭔가 의미 있거나 새로운 상황을 만나면 일단 찍는다. 찍고 또 찍는다. 그 대상은 주로 자기 얼굴이다. 때와 장소를 가리지 않고 다양한 상황을 배경으로 셀카를 찍는다.

애초 스마트폰에서 영상통화 기능을 위해 도입된 저해상도 전면 카메라는 셀카에 쓰이면서 최고 800만 화소까지 고해상도 경쟁을 벌였다. '얼짱 각도'에 만족하지 않는 이들은 '셀카봉'을 이용해 박진감 넘치는 셀카를 찍고 있다. 전화기를 끼우고 다양한 각도에서 셀카를 찍게 해주는 긴 막대인 셀카봉은 젊은 층의 여행 필수품으로 불티나게 팔리고 있다.

페이스북, 인스타그램 등 SNS에서는 '극한의 셀카'가 인기리에 공유되고 있다. 절벽 끝이나 고층 빌딩에 아슬아슬 매달린 사진은 평범한 수준이다. 전투기 조종석에서 또는 스카이다이빙 도중의 셀카에 이어 2013년 12월 24일에는 지구를 배경으로 한 우주 셀카가 등장해 '셀카 올림픽'의 순위 다툼을 종결시켰다. 미 항공우주국(NASA)의 우주비행사 마이크 홉킨스(Mike Hopkins)가 국제 우주정거장을 수리하는 우주 유영 도중 셀카를 찍어 인스타그램에 올린 것이다.

색다른 셀카를 찍으려다 비명횡사하는 경우도 잇따르고 있다. 2014년에 들어서만도 8월에는 유라시아대륙 서쪽 끝인 포르투갈 호카 곶에서 여행 중이던 폴란드인 부부가 셀카를 찍으려다 다섯 살과 여섯 살인 두 아이를 남기고 추락해 숨졌다. 7월에는 멕시코시의 오스카르 아길라르(21세)가 장전된 줄도 모르고 권총 방아쇠를 당기는 셀카를 찍다 사망했다. 6월에는 미국 여성 코트니 샌퍼드(32세)가 고속도로 운전 도중 셀카를 찍다가 트럭을 들이받고 숨졌고 이탈리아 소녀 이사벨라 프라키올라(16세)는 해안 절벽에서 셀카를 찍다 18미터 아래로 떨어졌다. 4월에는 필리핀 파시그시의 열네 살짜리 여학생이 학교 계단통에서 셀카를 찍다 추락사했고 러시아 소녀 크세니야 이그나티예바(17세)는 철교 위에서 셀카를 찍으려다 감전사했다.

우리는 왜 그렇게 셀카를 찍어댈까?

셀카 이전에도 스스로 자신의 모습을 담는 행위는 있었다. 셀카의 시초라고 할 수 있는 '자화상'이다. 이는 화가 자신에 의해서만 수행될 수 있는 전문적 작업이었다. 이처럼 전문가가 오랜 시간 심혈을 기울여서 자신의 모습을 담던 일을 누구나 손쉽게 할 수 있게 된 것은 모두 사진 기술의 발달 덕분이었다. 특별한 촬영 기술 없이, 필름 값과 인화비 걱정 없이 마음에 드는 사진이 나올 때까지 찍고 또 찍을 수 있는 것은 디지털카메라의 대중화 덕분이다.

하지만 그것만으로는 부족하다. 오늘날 셀카가 만인의 일상적 습관이 된 것은 최근 스마트폰이 등장한 후의 상황이다. 스스로 얼굴을 기록하는 것이 거의 불가능했던 과거와 달리 이제는 언제 어디서나 쉽고 편리하게 스마트폰으로 자신의 모습을 담을 수 있다. 이제 셀카 촬영은 마치 거울을 보는 것처럼 자연스러운 행위로 받아들여진다. 거울이 등장한 이후 스스로의 모습을 수시로 비춰보는 것이 일상이 된 것처럼.

셀카가 거울을 보는 것과 유사하다는 점은 셀카 촬영을 나르시시즘의 관점에서 바라보아야 한다는 의미다. 셀카 촬영의 심리와 배경은 셀카 세대의 특성과도 관련이 있다. 미국에서는 1980년대 이후 태어난 세대를 '밀레니엄 세대'라고 부르며, 역사상 어느 세대보다 자아도취적 성향이 강하다고 본다. 2013년 5월 미국의 시사주간지 〈타임(Time)〉은 커버스토리 "미 미 미 제너레이션(Me Me Me Generation)"을 통해 이 세대의 특징을 고찰했다. 베이비부머의 자녀들인 밀레니엄 세대는 부모로부터 "너는 특별하다. 꿈꾸면 뭐든지 될 수 있다"라고, 자존감을 키워주는 격려를 부단히 받으며 성장했다. 이 세대는 TV 리얼리티 쇼를 시청하며 자라났고, 직접적인 대면 접촉보다는 컴퓨터나 TV 등 화면을 통한 소통에 익숙하며, 인터넷을 가장 잘 다루는 세대다.

상당한 시간과 비용을 투자해 촬영하고 인화해서 고이 보관하고 전시하던 필름카메라 시절의 사진과 밀레니엄 세대가 하루에도 수십 장씩 찍어대는 셀카는 같은 사진이지만 그 성격이 다르다.

왜곡된 욕망의 기록

셀카는 기본적으로 스스로가 주인공이지만 혼자 보자고 찍는 사진은 아니다. 인터넷에서 어떤 콘텐츠 못지않게 인기가 높고 널리 공유되는 사진이 바로 셀카다. 2014년 3월 2일 아카데미 시상식에서 진행자 엘런 드제너러스(Ellen DeGeneres)가 주위의 할리우드 스타들과 찍어 트위터에 올린 셀카는 한 시간 안에 200만 건 넘게 리트윗되는 기록을 세웠다.

인터넷에는 하루 평균 약 3억 5000만 장의 셀카가 올라오는 것으로 알려져 있다. 셀카가 이렇게 늘어난 것은 촬영 도구와 미디어 환경이 변화했기 때문이다. 19세기 사진술과 카메라가 발명된 이후 처음으로 사람들 대부분이 항상 카메라를 휴대하게 됐다. 2014년 출시되는 스마트폰들의 카메라 해상도는 다수가 1300만 화소다. 웬만한 디지털카메라를 능가하는 고성능이다. 스마트폰에는 셀카 전용 렌즈가 추가되고 다양한 보정 기능이 부가됐다.

스마트폰 이전의 휴대전화에도 카메라 기능이 있었지만 셀카가 유행하고 확산된 배경은 SNS와의 결합이다. 페이스북, 트위터, 인스타그램 같은 소셜네트워크에서 공유되기 시작하면서 차원이 다른 셀카 시대가 열리게 됐다.

소셜네트워크를 통해서 셀카를 지인들에게 보여주는 행위가 관계에 어떤 영향을 끼칠까에 대한 학자들의 연구는 흥미롭다.

영국 버밍엄대 데이비드 호튼(David Houghton) 교수는 페이스북 사용자들을 대상으로 실시한 2013년 연구를 통해 "연인 같은 친밀한 관계에서는 사진을 많이 공유할수록 둘 사이의 친밀도가 떨어지는 것으로 나타났다"는 결과를 발표했다. 애정의 증거로 셀카를 많이 공유하는 커플일수록 오히려 관계가 나빠진다는 것이다. 미국 코넬대 나탈리 바자로바(Natalie Bazarova) 교수도 "친밀한 정보가 사적 경로가 아닌 공적인 경로를 통해 알려지게 되면 당사자는 이를 달가워하지 않게 된다"는 연구 결과를 내놓았다. 내가 공유한 셀카에 함께 찍힌 친구는 제3자에 의한 공개를 반기지 않는다는 얘기다.

내 얼굴이 더 예쁘게 나오도록 찍고 또 찍는 셀카지만 본질적으로 그 목적은 자기만족보다는 관계 형성에 있다. 나를 더욱 매력적으로 보이게 만들어 다른 사람들에게 더 인정받고 친밀한 관계를 맺고자 하는 욕망이 셀카의 뿌리다. 그래서 셀카는 '나'를 찍는 자아도취적 행위이지만 동시에 '관계'를 지향한다고 볼 수 있다.

시도 때도 없이 찍어대는 셀카가 상징하는 나르시시즘은 건강한 관계의 신호가 아니다. 정신분석학적 관점에서 과도한 나르시시즘은 자신감이 강한 사람보다는 나약한 자아와 자존감으로 인해 외부적 확신 요소에 의존해야 하는 사람에게서 나타난다.[11] 미국 샌디에이고주립대 진 트웬지(Jean Twenge) 심리학과 교수는 오랜 기간에 걸쳐 방대한 규모로 미국 젊은 세대의 나르시시즘 현상에 대한 연구를 수행해왔다. 트웬지 교수의 연구에 따르면 과거에 비해 최근 젊은 세대가 자신을 중요하게 간주하는 나르시시즘 성향이 크게 높아졌지만 이것이 행복감과 만족감의 증가로 이어지지는 않았다. 젊은 세대의 자존감은 크게 높아졌지만 이와 더불어 침울함, 불안, 걱정, 우울, 소외감도 함께 높아졌다.[12]

이제 셀카 촬영은 마치 거울을 보는 것처럼
자연스러운 행위로 받아들여진다.
거울이 등장한 이후
스스로의 모습을 수시로 비춰보는 것이 일상이 된 것처럼.

3

위치 기반 SNS의 색다른 활용

▼

자신이 어디에 있다는 사진이나 게시글을 적극적으로 올리지 않아도
대부분의 사용자들은 자기도 모르는 새 위치를 공개하고 있다.

"가족과 함께 휴가 갑니다. 인천공항 인증 사진." "땅끝 마을 찍고 보
길도로 남도 순례 중입니다." "통영 가족 여행 중인데, 도다리쑥국 잘
하는 맛집을 알려주세요." 주말이나 휴가철이 되면 페이스북이나 트
위터 같은 SNS에는 여행 풍경을 담은 글이 부쩍 늘어난다.

낯선 곳의 풍경을 사진으로 찍고 새로운 느낌과 생각을 글로 적어
즉시 SNS에 올리는 것이 일상이 된 지 오래다. 실시간 공유가 이뤄지
다 보니, 과거에는 찾기 어려웠던 정보도 즉각 얻을 수 있다. 자신이
어디에 있는지, 무엇을 보았는지를 생생한 사진으로 기록해 올리면
"에펠탑 인근에 OO 카페가 좋으니 꼭 가보세요" 같은 댓글이 붙는다.

하지만 자신이 굳이 밝히지 않아도 스마트폰의 GPS 센서 덕분에 자동으로 사용자의 위치가 지도 위에 표시된다. GPS는 낯선 곳에 가도 자신의 위치를 지도 위에서 바로 확인할 수 있고, 길 찾기 기능으로 활용할 수 있는 편리한 기술이다. 최신 디지털카메라 중에는 GPS와 와이파이 모듈을 장착해 촬영한 사진에 위치정보를 기본으로 담고 이를 SNS에 손쉽게 올려주는 기능을 갖춘 제품이 많다. 이런 위치 기반 서비스가 똑똑한 전화기 스마트폰을 더욱 매혹적으로 만들어준다. 스마트폰 이용자의 현재 위치를 자동으로 인식해서 그 궤적이나 목적지를 표시해주는 내비게이션은 물론, 주변에서 이용 가능한 다양한 지역 맞춤형 정보를 제공해준다. 내 주변의 편의 시설과 지리 정보를 알려주는 동시에 나의 위치도 내가 사용하는 SNS에 표시해주는 구조다.

> **위치 기반 서비스**
> Location-based Service, LBS
> 이동통신망이나 GPS 등을 통해 얻은 위치정보를 바탕으로 사용자에게 여러 가지 서비스를 제공한다.

도둑과 스토커에게 보내는 초대장

나의 실시간 위치정보를 보고 "부럽다"라고 댓글을 다는 친구도 있지만 흑심을 품는 누군가도 있을 수 있다. 이미 미국, 유럽 등에서는 SNS에 올린 휴가 계획을 악용한 절도 사례가 여러 건 보고됐다.

미국에서는 어느 빈집털이범이 페이스북에 "집을 비운다"고 글을 올린 사람들의 집만 털어 20여 차례 절도에 성공한 사실이 보도됐다. 영국 웨스트서식스의 어느 절도범도 페이스북에 올라온 사용자들의

휴가 계획을 이용해 2주간 12명의 집을 털기도 했다.[13]

국내에서는 유사한 범죄 사례가 아직 보고되지 않았으나 도둑이 마음먹기에 따라 얼마든지 절도가 가능한 상황이다. 2011년 1월 한국인터넷진흥원이 국내 트위터 사용자 200명을 대상으로 조사한 결과 그들 중 63퍼센트는 스케줄이 공개돼 있었고, 심지어 83퍼센트는 위치정보까지 수집할 수 있었다.

자신의 위치정보를 스마트폰을 이용해 SNS에 중계하는 것은 위험한 일이다. 하물며 휴가 계획을 올리거나 휴가지에서의 '인증 사진'을 실시간으로 올리는 것은 더욱 위험천만한 일이다. 1억 건 넘는 개인정보 유출 사고로 확인된 것처럼 이미 국민 대부분의 개인정보가 유출돼 인터넷에 떠돌아다니고 공공연히 거래되고 있는 것이 현실이기 때문이다.

오프라인에서는 휴가를 떠나기 전에 신문과 우유 배달을 일시 중지시키고 밤에는 전등을 자동으로 점멸시키는 등 '빈집' 상태를 노출하지 않으려고 애쓰는 사람이 많은 반면 온라인에서는 대부분의 사람들이 만인을 향해 '우리 집은 빈집'임을 광고하는 셈이다.

누군가의 휴가 계획을 보고 인터넷을 통해 주소나 지인 등의 연락처를 입수한 다음 돈을 요구하는 경우도 생겨날 수 있다. 절도뿐 아니라 피싱에 이용될 수도 있다는 뜻이다. 캐나다 사기방지센터는 "범인이 당신 가족에게 당신이 휴가지에서 위험에 빠져 급전이 필요하다고 거짓 알림을 보내 사기를 칠 수 있다"고 경고하고 있다. 해커가 범행 대상의 가족이 구체적으로 어디에 있는지를 말하며 피싱이나 스미싱에

피싱 Phishing
'개인정보를 낚는다'는 의미로 'private data'와 'fishing'이 합쳐진 말.

스미싱 Smishing
문자메시지(SMS)와 피싱의 합성어로 SMS를 이용한 피싱.

나설 경우 성공률을 높일 수 있기 때문에 개인정보 중에도 위치정보는 해커에게 각별히 소중하다.

사용자 주변의 맛집, 숙소 등 각종 편의 시설에 대한 정보를 제공하고 각 장소에 대한 사용자 평가를 공유하는 포스퀘어(Four Square) 같은 위치 기반 SNS도 편리함과 위험성을 함께 내포하고 있다. 대표적인 것이 연애 상대를 물색하기 위한 '내 주변 여자들(Girls Around Me)', 일명 '스토커용 앱'이다.[14]

러시아의 앱 개발사인 아이프리가 2012년 3월 애플 앱스토어에 올린 '내 주변 여자들' 앱은 페이스북과 포스퀘어의 정보를 결합해서 이들 서비스 사용자를 지도 위에 표시해준다. 앱을 실행하면 가까운 술집, 식당, 도서관 등에서 포스퀘어 체크인을 한 페이스북 사용자들의 얼굴이 나타나고 사진을 클릭하면 페이스북과 포스퀘어에 연결돼 상세한 정보를 확인할 수 있다.

개발사는 "주변 장소에 남자나 여자가 얼마나 있는지, 그곳의 남녀 비율도 알려준다"면서 "연애 상대를 찾는 이에게 어디로 가면 되는지를 알려주는 앱"이라고 설명했다. 지도 위의 특정 장소에 머무르고 있는 누군가의 사진과 개인정보를 찾아내서 알려주는 이 앱은 '스토커 앱'이라는 별칭을 얻고 미국과 유럽에서 프라이버시 침해 논란을 불렀다.

개발자 블라드 비시냐코프(Vlad Vishnyakov)는 "스토킹을 위한 앱이 아니며 기능 구현에 불법적인 면도 없다"고 언론 인터뷰에서 밝혔다.[15]

이 앱은 해킹 등 불법으로 개인정보를 획득한 것이 아니라 사용자 스스로 개방해 누구나 접근 가능한 정보를 모아서 지도 위에 사진으로 표시하고 페이스북과 포스퀘어 계정을 연결시킨 것이 주된 기능이다. 페이스북은 사용자가 자신의 사진, 나이, 결혼이나 연애 상태, 출신 학교 등의 다양한 정보를 원하는 수준으로 공개할 수 있는 실명 기반의 세계 최대 SNS다. 포스퀘어는 특정한 장소에 관한 정보, 방문 상태나 빈도를 소셜네트워크의 친구들과 공유하게 해주는 서비스다. 앱 개발사는 구글 지도, 페이스북, 포스퀘어 등이 제공하고 있는 응용프로그램용 개발 도구(API)를 활용해 관련 정보를 가공한 것이다.

'잠재적인 스토커를 위한 앱'이라는 비난 여론이 일자 포스퀘어는 이 앱의 정보 접근을 차단했고 앱 개발사는 결국 앱스토어에서 이를 내렸다. 그동안 7만 명이 넘는 사용자가 이 앱을 내려받았다.

이것은 2011년 초 국내에서 연인의 위치정보를 알려주는 '오빠 믿지'라는 스마트폰 앱이 선풍적 인기를 끌고 화제가 됐지만 개발자가 입건되고 앱 서비스가 중단된 일과 유사하다. '오빠 믿지'는 실시간으로 상대방의 위치를 표시해주는 것이 핵심 기능인데, 위치정보보호법의 세부 규정을 위반하며 개인 위치정보를 활용한 혐의를 받았다.

공개된 개별 정보들의 위험한 결합

'내 주변 여자들' 앱은 SNS와 위치정보가 널리 쓰이는 상황에서 프라이버시와 관련된 논란을 일으켰다. 공개된 데이터를 합법적으로 활용해서 편리한 기능이나 부가 서비스를 만들어내는 것이 문제가 되느냐 아니냐의 논란이다. 사용자들이 소셜네트워크와 검색 서비스를 이용하면 얼마든지 '내 주변 여자들' 이상의 개인정보를 합법적으로 확보할 수 있는 것이 현실이다.

미국의 정보 감시 시민단체인 전자프라이버시정보센터(EPIC)의 데이비드 제이컵스(David Jacobs) 연구원은 NBC 뉴스와의 인터뷰에서 "공개된 정보를 한데 묶어 지도와 함께 제공하는 것은 개별 서비스 묶음과는 질적으로 다른 서비스가 될 수 있다"며 "공개된 정보라고 해도 그걸 이용하는 것은 또 다른 프라이버시 문제가 될 수 있다"라고 밝혔다.[16]

미국의 정보기술 전문지 〈PC 월드〉는 "문제가 된 앱은 여자들이나 프라이버시를 실제로 위협한다기보다 소셜네트워크를 통해 지나치게 많은 것을 공유하고 있는 사용자들에게 프라이버시 보호의 경각심을 일깨우는 역할을 했다"고 지적했다.[17] 개인들이 소셜네트워크에 스스로 공개한 정보가 자신을 얼마나 위험에 빠뜨리는지를 알려주는, 프라이버시의 호루라기 노릇을 했다는 것이다.

위치정보 자체가 위험하거나 문제가 되는 것은 아니다. 위성사진 제공 서비스인 구글 어스(Google Earth)는 세계 곳곳의 군사 기지 등 보안시설의 모습도 그대로 보여준다. 구글 어스로 미 공군의 전략 기지인 괌의 앤더슨 공군 기지를 찾으면 기지 내에 위치한 전투기들의 종류와 대수가 생생하게 나타난다. 하지만 이는 실시간 정보가 아니기 때문에 보안상 문제가 되지는 않는다. 특급 보안 사항인 국가원수의 일정도 마찬가지다. 대통령이 행차하기 전까지는 극비의 정보이지만 이동이 끝나면 해당 지역에 내려졌던 보안 경보가 해제된다. 위치정보 자체가 위험한 것은 아니지만 실시간 위치정보는 웬만해서는 노출하면 안 되는 정보다. 며칠 전의 여행 사진을 소셜네트워크에 공개하는 것은 문제없지만, 실시간으로 사진에 위치정보 태그를 달거나 "대학로 마로니에 공원에서 찰칵"처럼 공유하는 것은 지극히 위험하다. 소셜네트워크에 공개한 정보는 내 친구만 접근 가능한 것이 아니기 때문이다.

위치정보와 관련해서 명심할 것은 적극적으로 자신이 어디에 있음을 알리는 사진이나 게시글을 올리지 않아도 대부분의 사용자가 인터넷에서 자신도 모르는 새 위치를 공개하고 있다는 사실이다. 해커의 표적이 되는 것은 물론이고 사용자가 이런 사실을 모른 채 연인이나 거래 상대에게 자신의 행적이나 현재 위치에 관해 잘못된 정보를 줬다가는 믿을 수 없는 사람으로 낙인찍힐 수 있다.

위치정보를 이용한 앱과 서비스로 편리한 스마트폰 생활을 누릴 수 있지만 알게 모르게 남기는 나의 족적은 나를 위험에 빠뜨릴 수도 있다. 지금 바로 내 페이스북 게시물을 확인해보자. 게시글의 날짜나 시간과 함께 내가 머무른 도시 이름이 찍혀 있지 않은가?

4

스스로 털어놓게 만드는
사회공학 해킹

▼

"보안에서 가장 취약한 곳은 '쉽게 속아 넘어가는 사람의 마음'이다."

_케빈 미트닉, 전설적 해커

우리나라 성인 두 명 중에 한 명은 2014년 신용카드사의 대규모 개인정보 유출 사고의 피해자다. 금융기관의 대형 보안 사고는 파장이 크다. 금융기관의 전산망은 한 번 뚫리면 거액의 고객 예탁금이 인출되는 등 기업 활동과 신뢰도에 치명적이기 때문에 보안 정도가 매우 높다. 하지만 국내에서는 현대캐피탈, 농협 등의 금융기관과 국민카드, NH카드, 롯데카드 등 주요 카드사에서 잇따라 해킹과 개인정보 유출 사고가 발생했다. 고객의 금융자산을 관리하는 곳은 정보보안에 각별한 신경을 쓰고 고가의 설비와 전문가를 동원해 침해 사고와 유출을 막고 있지만 기술적 대응에는 한계가 있다.

인터넷에서 보안은 가장 견고한 방패를 마련하는 것만으로 보장되지 않기 때문이다. 보안은 기본적으로 고사성어 '모순(矛盾)'의 사례나 군비경쟁과 비슷하다. 창과 방패는 서로를 무력화시키기 위해 끊임없이 경쟁을 벌인다. 이제까지처럼 앞으로도 영원히 완벽한 방패와 창은 나올 수가 없다. 이는 더 많은 자원과 뛰어난 기술을 투입하는 쪽이 상대를 제압하는 군비경쟁이기도 하다. 또한 소수 전문가들의 도구가 아니라 인터넷뱅킹이나 온라인쇼핑, SNS처럼 범용화 서비스의 경우에는 보안을 이유로 사용자를 지나치게 번거롭게 해서도 안 된다. 인터넷 서비스에서 보안은 사용자가 감내할 수 있는 편의성과 안전을 담보할 수 있는 견고성을 동시에 충족시켜야 한다.

빗장을 열게 하는 심리 해킹의 기술

하지만 아무리 튼튼한 자물쇠를 채우더라도 진정한 대책이 되지는 못한다. 단단히 빗장을 채우더라도 문지기를 협박하거나 속여서 스스로 빗장을 풀게 하면 곳간이 열리기 때문이다. 보안 전문가들은 '사회공학(social engineering)적 방법'이 소셜네트워크 환경에서 무엇보다 커다란 보안 위협이라고 강조한다.

1990년대 미국 국방부와 국가안보국(National Security Agency, NSA) 등 수많은 주요 시설의 컴퓨터에 침입하는 신출귀몰한 천재 해커로 활동하다가 보안 전문가로 변신한 케빈 미트닉(Kevin Mitnick)은 기술적인 해킹뿐만 아니라 사회공학에도 뛰어난 전설적 해커로 통한다.

미트닉은 3중, 4중의 철벽 보안 시설 앞에서 기술적 해킹이 가로막히면 관리자의 허점을 파고드는 사회공학을 활용한 해킹을 통해 침입에 성공했다. 미트닉이 다른 사람들의 운전면허증 정보를 얻어내기 위해 교통관리국과 경찰 시스템에 접근할 당시 사용한 방법은 사회공학적 사기 수법의 전형을 보여준다.[18] 무엇보다 먼저 공격 대상에 대한 상당한 정보를 수집한 다음 사전 시나리오를 만들어 상대로부터 핵심 정보를 끌어내는 질문을 던진다. 이때 "나는 이런 답을 받을 만한 지위에 있는 내부인이고 접근 자격이 있으니 질문에 답하라"고 상대를 속이고 상대가 자기 입으로 핵심 정보를 털어놓게 만든다. 그래서 미트닉은 "보안에서 가장 취약한 곳은 '쉽게 속아 넘어가는 사람의 마음'"이라고 말했다.

사회공학적 해킹은 기술적 접근보다는 사람들의 심리와 행태에 대한 연구를 통해 실제 사용 환경에서 인간적 요소에 의해 드러나는 보안 취약점에 초점을 맞추는 접근법이다. 해킹과 같은 불법적인 시스템 접근을 위해서는 전문적인 정보기술 지식이 요구되지만 사회공학 해킹은 시스템이 아닌, 인간의 취약점을 노린 방법이다. 컴퓨터 코드에 대한 지식이 전혀 없어도 시스템에 침입할 수 있다. 컴퓨터를 해킹하는 것이 아니라 사람의 마음을 해킹하기 때문이다.

사회공학은 해커와 사기꾼만 사용하는 특출 난 사기 수법이나 심리적 접근법이 아니다. 사실상 인간관계 일반에 두루 적용되는 수단이다. 다른 말로 '효과적인 설득의 방법'으로 불리는 기술이다. 검사나 형사가 용의자로부터 자백을 받아내거나 수사의 실마리를 얻어내기 위해 사용하는 심문과 수사 기술이 사회공학에 기초하고 있다. 의사가 환자들을 안심시키면서 정보를 얻어내고 수술 같은 위험한 치료법에 동의하게 만드는 것에도 사회공학은 활용된다. 연인 사이나 부모와 자녀 사이에서도 서로에게 원하는 것을 얻어내고 전달하고자 할 때 사회공학을 활용하면 효과적이다.

무작위적 전화 통화나 단편적인 개인정보로 사기와 협박을 하는 보이스 피싱이 대표적이다. 기계가 거는 자동 전화를 받은 많은 사람들이 "서울지방법원에서 알려드립니다. 귀하께서는 1차 법정 출두 기일인 O월 O일 O시에 출두하지 않아 2차 출석을 통보합니다. 자세한 내용은 9번을 누르십시오"라는 안내에 깜짝 놀라 시키는 대로 따라 했다. 보이스 피싱에는 주로 사회생활 경험이 적거나 세상 물정에 어두운 사람들이 걸려드는 경우가 많지만 반드시 그렇지만도 않다.

몇 해 전 한 지방법원의 법원장이 보이스 피싱에 속아 6000만 원을 송금한 사례가 보도되었다. "아들이 우리 손에 있다. 살리고 싶으면 5000만 원을 보내라"는 전화에 법원장은 동료 직원들과 상의해가면서 추가적으로 돈을 보내는 등 모두 6000만 원을 범인에게 송금했다.[19] 사회 활동이 적은 사람들이 주로 피해를 입는 줄만 알았던 보이스 피싱에 법원장마저 걸려든 이 사례는 보안의 약한 고리를 보여준다. 법원장은 사기 사건 이후 "급박한 상황이라서 전화로 들려온 '살려달라'는 비명 소리를 아들의 목소리로 믿었다"고 말했다.

인터넷 메신저 등으로 인한 사기도 친한 친구가 '도움'을 요청하면서 일어나는 경우가 많다. 친하지 않은 친구가 돈을 요구하는 경우에는 거의 응하지 않지만 친밀한 친구가 다급하게 요청할 때는 평상시처럼 합리적인 의문과 판단이 작동하지 않기 때문이다.

대상을 면밀히 관찰하고 그의 심리와 취약점을 노린, 사회공학적 해킹은 사기범의 수법과 유사한 것이 특징이다. 주도면밀한 방법을 동원해 거액을 사기로 떼어먹은 범인들은 대부분 사기범답지 않은 외모가 특징이다. 생김새, 말투, 행실에서 사람들이 상상하는 전형적인 사기꾼의 모습과는 전혀 다르다. 사기꾼과 가장 거리가 멀어 보이는 성실한 행실과 단정한 외양을 갖춘 사람이 실제로 대형 사기극의 주인공이 되는 것과 유사하다.

이메일이나 문자메시지를 통한 피싱도 받는 사람의 심리를 꿰뚫고 있을 경우 성공률이 높다. 회사에서 연봉 협상이 진행 중일 때 회사 인사팀을 가장하고 '연봉 협상을 위한 사전 준비 사항' 같은 제목의 메일을 보내거나 모교에서 졸업생을 상대로 주소 확인을 요청한다는 메시지를 보낼 경우 깜빡 속아 넘어가기 쉽다.

최근 등장하는 이메일 기반의 악성 코드는 대부분 화제의 뉴스성 키워드를 소재로 하는 사회공학적 방법을 사용하고 있다. 연말에 회계팀 명의로 '필독:올해 연말정산 서류 작성 시 달라진 점'이라고 피싱 메일을 보내는 형태다. 사람들의 관심이 집중되는 뉴스가 발생하면 어김없이 이를 악용한 스미싱이 성행한다. 2014년 4월 16일 세월호 침몰 참사가 발생했을 때도 '속보:세월호 침몰 중 극적 구조 동영상 보기' 식의 스미싱이 급속도로 유포됐다.

유출과 노출은 동전의 양면

몇 해 전 미국에서 배우 패리스 힐튼(Paris Hilton)의 휴대전화에 저장된 친구들의 사진과 전화번호 등이 유출된 일이 있었다. 힐튼은 이동통신사의 서버에 휴대전화 속의 데이터를 저장하는 클라우드 서비스를 이용했는데, 한 10대 소년이 이를 해킹해서 인터넷에 퍼뜨렸던 것이다. 소년이 유명 배우의 전화를 해킹한 방법은 너무 간단했다. 이동

> **클라우드 서비스**Cloud Service
> 사진, 문서, 동영상 등 사용자의 콘텐츠를 인터넷 서버에 저장해 스마트폰이나 PC, 노트북 등의 기기로 언제 어디서든 네트워크를 통해 접근·이용할 수 있게 한 서비스.

통신사는 가입자가 이통사에 저장된 자신의 정보에 접근할 때 비밀번호를 잊을 경우에 대비해 추가적인 질문을 요구했고 그중 하나는 애완동물의 이름을 묻는 것이었다. 힐튼의 애완견 이름 '팅커벨'은 힐튼이 방송을 통해 여러 차례 소개했기 때문에 이미 널리 알려져 있었다.[20]

사회공학적 보안 위협은 사용자가 상대방을 믿거나 자신의 정보를 스스로 알려줄 경우 어떤 물리적 보안 방벽도 무용지물이라는 사실을 알려준다.

정보보안 전문가인 카이스트 테크노경영대학원의 문송천 교수는 "해커들은 심리전 전문가다. 해킹을 하기 위해 몇 개월에 걸친 연구 끝에 공격 대상의 심리를 이용하기 때문에 넘어갈 수밖에 없다. 해커는 이렇게 연구해서 하는데 우리는 스마트폰이나 PC에 뜬 메시지를 보고 수초, 수분 만에 클릭을 해버린다"고 말했다. "편리함과 해커의 먹잇감은 동전의 양면"이라고 말하는 문 교수 자신은 이런 위험성 때

문에 인터넷뱅킹 자체를 이용하지 않는다.[21]

고정 불변의 주민등록번호를 만능 식별 도구로 사용하는 한국 사회는 해킹과 피싱 등 온라인 사기 피해에 유난히 취약한 환경이 됐다. 더욱이 2014년에는 그보다 1년 전에 1억 건 넘는 개인정보가 유출된 사실이 뒤늦게 드러났고, 이미 이 정보가 범죄에 활용된 사실도 밝혀졌다. 심리전 전문가인 해커가 유출된 개인정보와 소셜네트워크에서 캐낸 최신 정보로 공격할 경우 위험성은 이전과는 비교할 수 없을 만큼 높아진다.

온 국민의 주민등록번호가 사실상 유출되어 돌아다니고 있지만 이를 바꾸거나 폐기하는 것은 사실상 불가능한 현실이다. 게다가 SNS를 통해 자신에 관한 다양한 정보를 노출하는 경우는 점점 늘어나고 있다.

————— 5 —————

드러내지 않고 살 수 있을까

▼

네트워크에서 오가는 정보를 통해 추적하려는 감시자를 무력화시키는
거의 유일한 길은 외부 세계와 단절하는 것이다.
하지만 빈라덴이나 카진스키처럼 정보화 도구를 외면한 채 살아갈 수 있는 현대인은 거의 없다.
휴대전화와 인터넷을 쓰는 사람들은 언제든지 노출의 가능성을 안고 살아간다.

영국 작가 조지 오웰(George Orwell)이 1949년 출판한 소설 《1984》는
절대 권력자 '빅브라더(big brother)'가 집집마다 설치된 카메라와 모니
터(텔레스크린)를 통해 개인의 모든 일상을 감시하고 할 일을 명령하는
사회를 그린 작품이다. 독재 권력이 고도로 발달한 기술을 이용해 개
인의 모든 것을 감시하고 명령하는 사회에서 역사와 개인의 의식은 조
작되고 인간은 권력에 복종적으로 개조됨으로써 영구적 독재가 획책
되는 모습을 생생하게 그렸다. 모든 것을 감시하는 절대 권력자에 의
해 개인은 자유, 의지, 존엄성이 뿌리부터 거세되고 한없이 무기력한
존재로 추락한다. 빅브라더는 1984 디스토피아(dystopia)의 주인공이

자 절대 악의 화신이다.

오늘날 빅브라더의 실체는 2013년 에드워드 스노든(Edward Snowden)이 미국 국가안보국의 무차별적 감청 프로그램을 폭로하면서 생생한 모습을 드러냈다.

스노든의 폭로로 미국 국가안보국은 자국만이 아니라 우방국과 적성국을 가리지 않고 인터넷과 통신망을 통해 오가는 거의 모든 정보를 중간에서 가로채왔음이 알려졌다. 페이스북, 구글 등 정보기술업체의 서비스를 통해 암호화된 통신 내역까지 모두 미국 국가안보국의 도·감청과 분석 대상이었다.

미국은 주요 우방국인 독일의 앙겔라 메르켈(Angela Merkel) 총리의 통화마저 조직적으로 감청하는 등 정보 세계의 냉혹함을 보여줬다. 독일은 선진 기술 국가를 자부하면서도 특급 기밀인 자국 총리의 전화 통화를 스파이 행위로부터 보호하지 못했다는 굴욕을 겪었다. 메르켈의 전화 통화를 미국이 10년 넘게 도청해왔다는 사실에 메르켈과 독일 국민들은 뒤늦게 분노했지만 미국은 마지못해 진정성 없는 사과를 했을 따름이다. 버락 오바마 대통령은 2013년 10월 "미국 정부는 메르켈 총리의 전화를 (현재는) 엿듣지 않고 있으며, 앞으로도 그런 일은 없을 것"이라고 해명했다.

감시의 덫을 피한 사람들

에드워드 스노든은 미 중앙정보국(CIA)과 국가안보국 출신 보안 전문가답게 내부 고발을 위한 준비도 주도면밀했다. 스노든은 혹시 있을지 모를 미국 정보기관의 추적을 따돌리기 위해 휴가를 내고 미국의 사법권이 미치지 않는 홍콩으로 가서 한 호텔로 숨어들었다. 거기에서도 스노든은 자취를 감추기 위해서 노력했다. 우선 호텔 밖으로 돌아다니지 않아 추적을 피했다. 호텔 방문의 틈새는 베개로 막아 방 안의 소리가 혹시라도 새나가지 않도록 했다. 그가 컴퓨터로 비밀번호를 입력할 때는 혹시라도 있을지 모를 감시 카메라를 의식해 붉은 천을 머리끝까지 덮어쓰고 작업했다.

수년 넘게 우방국 정상은 물론 전 세계인을 몰래 감시해온 미국 정보기관도 자신의 정체를 전 세계에 폭로해 곤경으로 내몬, 내부 고발자를 추적하는 데는 실패한 것이다. 폭로 이후 미국은 스노든을 체포하기 위해 모랄레스(Evo Morales) 볼리비아 대통령이 탑승한 대통령 전용기마저 오스트리아 빈 공항에 잡아두고 오스트리아 경찰에게 수색을 하게 했다. 이처럼 각국에 갖은 압력을 행사했지만 스노든은 미국 정보 당국을 따돌리고 홍콩에서 다시 러시아로 숨어들어 망명 허가를 받아냈다. 정보기관의 스파이 수법과 압력 행사에 정통한 전문가다운 방법이었다.

정보화 사회의 기술적 특성을 간파한 사람들은 디지털 환경에서 대부분의 사람들이 걸려드는 덫을 피해간다. 대표적인 사례가 오사마 빈라덴(Osama bin Laden)과 유나바머다.

2011년 5월 파키스탄 아보타바드의 주

> **유나바머** UnaBomber
> 대학과 항공사를 대상으로 하는 폭탄 테러범(University and Airline Bomber)이라는 의미의 합성어.

택가에서 미군에 의해 사살된 빈라덴은 10여 년 가까이 미군의 추격을 따돌리고 은거해왔다. 미 정보 당국은 최첨단 장비와 인력을 동원하며 총력을 기울였지만 10여 년간 빈라덴의 생사조차 확인하지 못하는 수모를 겪었다. 테러공격 주모자답게 빈라덴은 어떤 경로로 정보가 누설돼 상대의 손에 들어가는지를 꿰뚫고 있었다.

빈라덴은 은거하는 동안 전화, 인터넷, 텔레비전 등 외부와 연결되는 네트워크를 전혀 사용하지 않았다. 도청과 감청을 통해 자신을 추적하려는 상대방에게 아무런 정보도 제공하지 않은 것이다. 빈라덴의 은신처가 발각된 실마리도 그의 연락책이 사용한 위성전화 한 통이었다.

현대 기술 문명이 인간을 망치는 주범이라는 생각에 각 언론사에 성명서를 보내고 무차별 우편물 폭탄 테러를 감행한 '유나바머' 시어도어 카진스키(Theodore Kaczynski)의 장기간 은신 비결도 비슷하다. 카진스키는 하버드대학을 졸업하고 캘리포니아주립대학 버클리캠퍼스에서 수학 교수로 재직한 천재 수학자였다. 그는 1978년부터 1995년까지 미국의 각 대학과 항공사 등에 18차례 폭발물 우편을 보내 세 명을 숨지게 하고 23명을 부상하게 함으로써 유나바머란 별명을 얻었다.

유나바머 사건은 미국 범죄 수사 역사상 가장 길고 가장 많은 돈이 들어간 사건으로 알려져 있다. 연방수사국(FBI)을 비롯한 미국의 모든 수사기관이 동원됐음에도 1996년 카진스키의 동생이 형을 용의자로 신고하기까지 18년 동안 전혀 단서가 확보되지 않았다. 카진스키가 잡힌 뒤 그가 폭탄을 만든 거처가 알려지면서 비로소 미국 수사기관들을 괴롭히던 미스터리도 풀렸다. 정교한 폭탄을 만들어낼 만한 시설을 갖춘 곳이라 여겨졌던 카진스키의 거처는 문명과 단절된 몬태나주 숲 속의 작은 오두막이었다. 전화는 물론 전기도, 수도도, 도로도 연결되지 않은 외딴 곳이었다.

최첨단 기술과 장비, 막대한 자원을 동원해 전 세계인을 상대로 그물망 감시를 하는 미국이 국가적 차원에서 모든 수단을 활용하고도 10년 넘게 그 존재조차 파악하지 못한 빈라덴과 유나바머. 비록 빈라덴이 미군의 군사작전으로 사살당하고 유나바머는 1996년 체포된 이후 현재까지 감옥에서 종신형을 살고 있지만 두 사람의 장기간 은신 비법은 정보화 시대에 추적을 피하는 방법에 대해 시사하는 바가 크다.

투명사회의 일원으로 산다는 것

반면 리비아의 독재자 무아마르 알 카다피의 은신과 발각 과정은 오사마 빈라덴의 용의주도한 장기 도피와 대조된다. 철권통치로 자국민을 감시하면서 장기 독재체제를 유지해온 권력자도 빅브라더 앞에서는 무력했다.

카다피는 2011년 북아프리카를 휩쓴 민주화 시위에 무너지며 42년 독재의 비극적 종말을 맞았다. 그는 시민군과 성난 군중을 피해 은신한 지 두 달여 만인 2011년 10월 20일 도피 행각이 들통 났다. 고향인 시르테에 피신한 것으로 추정된 채 오리무중이던 카다피의 꼬리가 밟힌 것은 위성전화 때문인 것으로 알려졌다. 북대서양조약기구(NATO)

군은 카다피가 위성전화를 사용하는 것을 눈치채고 감청과 음성인식 기술을 이용해 카다피의 신원을 확인했다. 그러고는 전화 발신지에 무인비행기를 출동시켜 폭격을 퍼부었다. 결국 카다피는 체포됐다.

이처럼 네트워크를 감시하며 그 위에서 오가는 정보를 통해 추적하려는 감시자를 무력화시키는 거의 유일한 길은 외부 세계와 단절하는 것이다. 네트워크를 통해 오가는 모든 정보는 누군가 마음만 먹으면 들여다보는 것이 가능하기 때문에 아무리 강한 보안과 지능적 우회도 안전하지 않다. 메르켈 독일 총리마저 10년 넘게 도청당하고 있다는 사실을 몰랐다는 점은 권력과 기술로 정보 추적을 따돌리려는 노력에는 한계가 있음을 말해준다.

정보화 시대 빅브라더로부터 숨는 방법은 메르켈 총리처럼 강한 권력과 국가의 첨단 기술에 의존하는 것이 아니다. 빈라덴이나 카진스키처럼 추적에 노출될 수 있는 커뮤니케이션 수단을 아예 사용하지 않음으로써 상대에게 추적의 근거를 제공하지 않는 것이다.

하지만 빈라덴이나 카진스키처럼 정보화 도구를 외면하고 살아갈 수 있는 현대인은 거의 없다. 휴대전화와 인터넷을 쓰는 사람들은 신원과 활동 내역이 언제든지 노출될 가능성을 안고 있다.

디지털 세상에서는 그 기기를 사용하는 이상 기본적으로 누구도 일거수일투족을 감시하는 빅브라더의 손아귀에서 벗어날 수 없다.

누가 빅브라더를 돕는가

"미래에는 누구나 15분간은 유명해질 수 있다."

_앤디 워홀, 팝아트의 거장

1998년 개봉한 할리우드 영화 〈트루먼 쇼〉는 거대 자본의 방송사가 트루먼 버뱅크라는 남자아이의 삶을 태어나는 순간부터 걸음마를 떼고, 초등학교에 입학하고, 대학에 진학하고, 결혼하고, 취업한 이후까지 TV로 생중계하는 프로그램을 내보낸다는 것이 소재다. 트루먼이 사는 공간은 달에서도 관찰되는 거대한 TV 촬영 세트이고 그의 가족, 아내, 친구 등은 모두 연기자다. 모든 것이 세트이자 가짜이고 모든 상황이 24시간 생중계된다는 것을 트루먼 자신만 모르고 있다.

전 세계 시청자들은 날마다 집에서 TV나 대형 스크린을 통해 생중계되는 트루먼의 일거수일투족을 열광적으로 시청한다. 수십 년 동안

TV프로그램 〈트루먼 쇼〉는 대성공을 거두며 승승장구한다. 〈트루먼 쇼〉는 카메라에 의해 개인의 일상이 촬영되어 상업 TV프로그램 형태로 중계되는, 미래의 감시 사회를 다룬 영화다.

쇼가 된 '빅브라더'

이 공상 과학 영화의 상상력이 현실화되는 데는 오랜 시간이 필요하지 않았다. 이듬해인 1999년 네덜란드의 케이블TV 베로니카(Veronica)는 〈빅브라더 쇼(Big Brother Show)〉를 제작해 방송하기 시작했다. 네덜란드의 미디어 거물인 존 데 몰(John de Mol)이 설립한 TV프로그램 제작·배급사인 엔데몰(Endemol)이 만든 리얼리티 TV프로그램의 원조격이다. 〈빅브라더 쇼〉는 일반인 남녀 10여 명을 뽑아 외부 세계와 단절된 공간에서 약 100일간 함께 생활하게 하고 그 과정에서 일어나는 모든 일을 카메라를 통해 중계하는 프로그램이다. 2주마다 한 번씩 시청자들에 의해 축출될 사람이 선정되고, 최후까지 살아남는 사람에게 수억 원의 상금이 주어지는 생존 경쟁 형태의 리얼리티 프로그램이다.

'빅브라더 하우스' 곳곳에 카메라와 마이크로폰을 설치해 출연자들의 행동과 대화를 그대로 담아 방송한다. 주방, 욕실, 화장실, 침실에도 카메라가 설치돼 있으며, 어두운 밤에는 적외선 카메라로 촬영한다. 옷을 입고 벗는 것은 물론, 목욕과 용변, 출연자끼리의 애정행위나 성관계도 볼 수 있다. 방영 초기에 한 여성 출연자가 인기 높은 남성 참가자와 성관계를 갖는 장면이 적외선 카메라에 잡히는 바람에 여성

시청자들의 질투심을 유발했고 곧이어 해당 여성 출연자는 축출당했다.[22]

〈빅브라더 쇼〉는 '인간 동물원'으로서 '관음증'을 자극한다는 드센 윤리적 반대에 부딪히면서도 참여자와 시청자들로부터 열띤 호응을 받았다. 네덜란드 심리학회는 비윤리적인 프로그램이라며 비난 성명을 발표했지만 베로니카TV가 첫 시리즈 제작을 위해 아홉 명의 출연자를 모집했을 때 수천 명의 지원자가 몰렸다. 70개국 이상으로 프로그램 포맷이 수출돼 나라별로 제작되었다. 독일에서는 열 명 선발에 2만 명이 넘는 지원자가 쇄도했다. 72개국에서 동시에 43개의 각각 다른 〈빅브라더 쇼〉 시리즈가 방송되기도 했다. 독일 헤센 주정부는 초기에 저속하다며 방송을 금지시키려 했으나 높은 시청률 때문에 계속 내보낼 수밖에 없었다. 프랑스에서는 15~24세 젊은이의 80퍼센트가 시청했다.

〈빅브라더 쇼〉에는 고백실(confession room) 또는 일기방(diary room)이 있다. 참여자들이 〈빅브라더 쇼〉 프로그램이나 다른 참여자 혹은 스스로에게 깊은 속마음을 털어놓는 공간이다. 물론 시청자를 의식한 고백이다. 출연자들의 행동만이 아니라 내면과 심리 변화까지 들여다보기 위한 장치다.

유럽에서 〈빅브라더 쇼〉가 인기를 끌자 미국에서 〈누가 백만장자와 결혼하고 싶어 하는가(Who Wants to Marry a Multi-Millionaire?)〉, 〈서바이버(Survivor)〉, 〈어프렌티스(The Apprentice)〉, 〈치터스(Cheaters)〉 등이 잇따라 제작되는 등 리얼리티 쇼는 방송의 새로운 대세가 되었다.

〈빅브라더 쇼〉가 세계 각국에서 높은 인기를 누린 이유는 비슷하다. 방송사로서는 제작비를 적게 들이고 높은 시청률을 확보해 돈을 벌어들이는 최고의 상품이다. 출연자로서는 경쟁에서 살아남으면 수억 원의 상금을 받을 수 있고, 날마다 중계되는 인간 동물원의 주인공이 되어 자연스레 '셀러브리티(celebrity: 유명인) 효과'를 누리게 된다. 유명인이 되기 위해서는 남다른 재능이나 외모, 화제가 된 사건의 주인공과 같은 요소가 필요했으나 특별할 것 없는 일반인도 리얼리티 프로그램을 통해 단번에 유명인이 될 수 있다.

시청자들은 이런 프로그램을 통해 각본 없이 진행되는 야생 그대로의 인간관계와 드라마를 생생하게 엿볼 수 있다. 남의 사생활을 엿보는 꺼림칙한 개인적 관음 심리를 공공연하게 채워주는 고마운 프로그램인 것이다. 〈빅브라더 쇼〉의 프랑스판인 〈로프트 스토리〉는 노골적으로 '엿보는 눈동자'를 프로그램의 상징으로 홍보한다. 시청자들은 또 2주마다 전화 투표를 통해 추방할 사람을 선정함으로써 스스로 빅브라더가 됐다는 느낌을 갖게 된다.

이는 누드 비치나 토플리스가 일종의 문화로 여겨지는 일부 유럽 국가만의 일이 아니다. 우리나라의 사정도 크게 다르지 않다. 한국에는 〈빅브라더 쇼〉가 상륙하지 않았지만 〈짝〉이라는 방송 프로그램이 유사한 역할을 했다.

2011년 3월 23일 첫 방송을 시작한 SBS의 〈짝〉이 2014년 2월 26일 방송을 끝으로, 3년 만에 막을 내렸다. 2014년 3월 5일 새벽 제주도 서귀포에 차려진 애정촌에서 70기 '여자 4호' 전 아무개(29세) 씨가 최종 선택을 몇 시간 앞두고 자살로 자신의 생과 〈짝〉 프로그램을 비극적으로 끝냈다.

〈짝〉은 연인을 찾으려는 남자 일곱 명과 여자 다섯 명을 6박 7일 동안 '애정촌'에서 함께 생활하도록 함으로써 낯선 남녀 간에 애정 관계가 형성되는 과정과 구성원 사이에서 변화하는 미묘한 감정을 '리얼하게' 시청자들이 관찰하게 하는 프로그램이다.

애정촌에서 6일째 생활하다가 바깥세상으로 빠져나오기로 예정된 날 새벽 전 씨가 죽음을 선택하면서 〈짝〉에 대한 비판과 함께 그동안의 이야기가 봇물처럼 터져 나왔다. SBS는 전 씨가 자살한 지 이틀 만에 결국 '〈짝〉을 폐지한다'고 발표했다. 방송이 예정돼 있던 67기, 68기, 69기 촬영분도 시청자를 만나지 못한 채 프로그램은 중도 하차했다.

'짝'을 찾으려고 대중 앞에 나선 '여자 4호'는 꽃다운 20대에 왜 갑작스러운 죽음을 선택하게 되었는가? 전 씨의 사망 이후 보도된 기사들과 전 씨 부모의 회견을 통해 부분적이지만 합숙 촬영 당시의 상황이 알려졌다. 사건 한 달 반 뒤인 5월 12일에는 경찰의 최종 수사 결과가 발표됐다. 방대한 분량의 현장 동영상 분석 등을 거친 수사 결과 촬영 중에 강요나 협박, 모욕 등은 없었던 것으로 밝혀졌다. 〈짝〉이라는 짝짓기 게임은 강요 없이 자발적 동의로 운영되었지만 결국에는 잔혹한 '동물의 왕국'이 되어버렸다.

전 씨의 사망 사실이 알려지자 전 씨의 친구들은 애정촌 생활 중에 전 씨와 주고받은 문자메시지와 통화 내용을 언론에 공개했다. 그들은 전 씨가 통화에서 "맺어지는 커플들을 부각시키려고 내가 혼자 있는 장면을 너무 많이 찍는다", "화장실 앞까지 카메라를 가지고 와서 괴롭다", "내가 너무 이상하게 방송될 것 같아 PD에게 편집을 부탁해야겠다"고 말했다고 주장했다.

전 씨는 4일 밤 11시 어머니와 "방송이 나가면 한국에서 살 수 없을 것 같다"는 내용의 통화를 했다. 전 씨는 통화 두 시간 뒤에 애정촌에서 유일하게 촬영 카메라가 없는 화장실로 들어갔고 이후 숨진 채 발견됐다.[23]

비극이다. 이 비극을 이해하기 위해서는 프로그램이 만들어져 소비되는 과정과 방송 이후의 효과를 살펴봐야 한다.

〈짝〉은 일반인의 출연 신청을 통해 만들어지는 리얼리티 프로그램이다. 하지만 기본적으로 시청률이 높아야 유지되는 예능 프로그램이다. 제작진은 다양한 흥미 유발 장치를 두고 있다. 신청 순서대로 출연시켜 촬영하는 것이 아니라 출연자들끼리 미묘한 긴장 관계가 이뤄지고 재미를 만들어낼 수 있도록 제작진이 출연자들을 고른다. 담당 프로듀서는 "출연자들의 '궁합'이 맞아야" 한다고 말한다.[24] 전 씨의 출연 결정도 프로그램과 시청자의 재미를 위한 '궁합'이 고려된 결과로 봐야 한다.

짝짓기 프로그램이지만 〈짝〉 출연을 계기로 결혼까지 이어지는 비율은 높지 않다. 방송에서 '짝'을 이룬 커플 상당수는 방송 직후부터 관계가 단절되곤 한다. 60여 회가 진행되기까지 결혼에 이른 커플은 여섯 쌍에 불과하다.[25] 대략 10회당 한 커플이 결혼에 이르는 셈이다.

10회 동안 100명 이상이 출연했다는 점을 고려하면 성공률은 높지 않은 편이다.

〈짝〉에 출연하는 데에는 연인을 찾으려는 동기 이외의 욕구가 깔려 있다. 주변의 미혼 남녀 다수는 〈짝〉을 시청하면서도 '출연'은 엄두도 내지 못한다고 말한다. 〈짝〉에는 어떤 사람들이 어떤 동기로 출연할까?

〈짝〉 출연자는 이름이 불리지 않고 '남자 6호', '여자 3호' 식으로만 호칭된다. 그러나 이름 없이도 출연자가 누구인지는 쉽게 드러난다. 그들은 방송 직후부터 전국적 유명 인사가 된다. 〈짝〉은 동시간대 시청률 1~2위를 유지해온 인기 프로그램이다. 방송을 보지 않은 사람들에게도 알려진다. 짝이 방송되는 매주 수요일 밤이면 포털 첫 화면에 '여자 3호 섹시댄스 볼륨몸매' 같은 식으로 사진과 함께 기사가 뜬다. 순식간에 수십 개 이상의 기사가 만들어지고 요란한 댓글이 따라 붙는다. 그중에는 악플도 많고 출연자의 신상 털기도 흔하다. 출연자가 과거 경력을 속인 것이 드러나거나 성인물에 출연한 과거가 알려지는 것은 이러한 '신상 털기' 때문이다.

〈짝〉 출연은 일반인이 단숨에 유명인이 되는 경험을 하게 해준다. 바로 '셀러브리티 효과'다. 이를 노려 〈짝〉 출연을 홍보 기회로 활용하는 사례가 여러 차례 알려져 문제가 됐다. 주로 인터넷 쇼핑몰 등 사업체를 운영하거나 연예인을 지망하는 사람들이다.

문제는 〈짝〉 출연자가 방송 이후 순식간에 유명인이 되어 인터넷 댓글과 가십의 대상이 된다는 사실을 얼마나 이해하고 있느냐다. 출연으로 인한 득과 실을 감당할 수 있느냐의 문제가 뒤따른다. 〈짝〉 출연 이후 시청자들의 신상 털기로 인해 숨기고 싶었던 과거가 드러나거나 적나라한 편집으로 감당하기 힘든 악플이 따라붙어 낙인이 찍히는 것은 출연자가 이런 문제를 예상하지 못하고 출연한 데서 비롯하는 현상이다.

70기 촬영 도중 숨진 전 씨의 비극은 일반인이 공개 무대 노출의 특성을 충분히 이해하지 못하고 순진하게 출연을 감행했기 때문이다. 전 씨가 친구에게 출연 직전 망설이면서 보낸 "그렇게 요란 떨면서 짝을 찾아야 되나 싶다"라는 메시지에서 전 씨의 주요 출연 동기가 진짜 '짝 찾기'였음이 드러난다. 〈짝〉의 목적이 '인간 동물원'이라는 점을 좀 더 정확하게 알고 이를 자신의 목적에 맞게 활용하려는 생각을 갖고 결정했다면 촬영 도중 "방송이 나가면 한국에서 살 수 없을 것 같다"는 극단적 감정에 휩싸이지 않았을 것이다.

공개적으로 프라이버시를 노출하는 삶을 선택했지만 실제 절차가 진행되면서 일어날 일을 너무 쉽고 순진하게 예상한 결과다. 셀러브리티 효과를 내세워 자발적 프라이버시 공개를 유도하는 방송사가 당사자에게 치명적 위험을 제대로 알리지 않은 것은 물론이다.

포르노그래피적 노출과 파놉티콘 통제의 이중주

비단 방송만의 문제도 아니다. 디지털 환경은 누구나 하루아침에 '유명인'이 될 수 있게 하는 구조를 갖추고 있다. 대중문화 시대의 도래를 예견한 팝아트의 창시자 앤디 워홀(Andy Warhol)은 일찍이 "미래에는 누구나 15분간은 유명해질 수 있다"고 말한 바 있다. 위홀의 예언은 리얼리티 쇼와 소셜네트워크를 통해 오늘날 현실이 됐다. 이처럼 방송에 출연한 적이 없더라도 우리들 다수는 이미 디지털 환경에서 소셜네트워크를 통해 스스로를 노출하는 삶을 살고 있다. 하지만 그에 따른 대가는 극단적 사례가 생겨나기 전까지는 잘 드러나지 않는다는 것이 진짜 위험이다.

'유동하는 근대성' 개념을 제시한 폴란드 출신의 유대인 사회학자 지그문트 바우만은 이를 올드 빅브라더와 뉴 빅브라더의 차이로 설명한다. '파놉티콘(panopticon : 원형감옥)'을 통해 효율적 감시를 구상한 제러미 벤담(Jeremy Bentham)과 《1984》를 통해 전체주의 국가의 폭압적 감시 사회를 경고한 조지 오웰이 생각한 것이 '올드 빅브라더'다. 현대 사회는 사용자들이 스스로 감시 사회의 질서에 굴복하고 적응해서 마침내 자발적으로 복종하는 상호적인 DIY 감시의 시놉티콘(synopticon : 서로 동시에 감시한다는 뜻)이 되었다는 것이 사회학자들의 주장이다. 빅브라더에게 저항하지 않는 것은 물론, 오히려 자발적으로 충성하는 현대를 바우만은 '뉴 빅브라더'의 특징으로 설명한다.[26] 실제로 〈트루먼 쇼〉의 주인공 버뱅크는 자신이 감시당하는 것을 알지 못한 상태로 모든 일상이 카메라에 찍혀 방송됐지만 〈빅브라더 쇼〉와 〈짝〉 같은 리얼리티 쇼의 출연자들은 자신의 일거수일투족이 카메라에 찍혀 방송된다는 것을 알고 자발적으로 자신을 공개한 점에서 차이가 있다.

재독 철학자 한병철은 《투명사회》에서 자발적인 동의에 의해 스스로를 감시와 통제에 노출하는 이러한 현상을 디지털 통제 사회의 특징으로 규정한다.[27] 포르노그래피적 노출과 파놉티콘 통제의 결합이다. 한병철은 민주주의, 효율화, 정보 개방의 명분으로 진행되는 투명성의 증대가 오웰식의 억압적 감시를 능가하고 대체하는 자발적 감시가 된다고 지적한다.

디지털 시대의 빅브라더는 감시 대상들의 행동을 금지하고 억압하는 대신 그들이 스스로를 노출하고 '좋아요'를 누르도록 유혹한다. 스마트폰과 모바일 인터넷을 쓰면서 사용자 스스로 만들어내는 방대한 데이터는 감금 상태에서 수감자의 겉모습을 감시하는 것을 넘어서서 수감 대상의 내면까지 파악하게 한다. 빅브라더는 오웰이 《1984》에서 묘사한 물리적 절대 권력자가 아니라 정보화 사회를 살기 위해 자발적으로 또는 어쩔 수 없이 스스로 노출하고 동시에 그만큼 타인의 일상과 내밀한 영역을 들여다보게 하는 정보기술 구조 자체다.

DIY 감시사회.

현대 사회는 사용자들이 스스로
감시 사회의 질서에 굴복하고 적응해서
마침내 자발적으로 복종하는
상호적인 DIY 감시의 시놉티콘이 되었다.

─── 7 ───

과거에 발목 잡힌 사람들

많은 기업과 대학이 취업과 입학 과정에서 인터넷 흔적을 조사해
평판을 살펴보는 핵심 도구로 쓰고 있다.
디지털 시대에 평판은 소중히 관리되어야 할 자신의 정체성이자 자산이다.

방해받지 않고 홀로 있을 권리이자 남에게 알리고 싶지 않은 자신만의
은밀한 취향인 프라이버시는 인간답고 존엄한 삶을 위한 필수 조건이
다. 대한민국 헌법 17조는 "모든 국민은 사생활의 비밀과 자유를 침해
받지 아니한다"라고 사생활 보호를 기본권으로 보장하고 있다.

누구나 누려야 할 기본권인 '프라이버시'가 소수의 특별한 계층만
누릴 수 있는 '사치품'이 되어가고 있다. 높은 담장을 쌓고 철조망을
두른 뒤 감시 카메라까지 설치한 고급 주택의 거주자와 골목길에 창문
이 노출된 반지하방 거주자의 프라이버시 보호 정도는 다르기 마련이
다. 그런데 이와 유사한 현상이 온라인에서도 나타나고 있다. 대중의

관심 속에 있는 유명인이 아니라 일반인마저 인터넷과 SNS로 인해 지속적으로 사생활 영역이 침식됨에 따라 프라이버시 보호를 위해 별도의 자원과 지출을 필요로 하게 됐다.

입학과 취업의 새로운 관문, 구글링

그 배경에는 검색으로 단편적 정보를 끌어모아 개인에 관한 종합적 신상 파일을 만들어내는 프로파일링이 쉬워졌다는 점이 깔려 있다. 이제 프로파일링 같은 범죄 수사 기법이 전문 프로파일러의 영역에만 머물지 않는 세상이 되어버린 것이다.

> **프로파일링** Profiling
> 자료 수집을 통한 정보 재구성. 범죄유형분석법을 가리키는 수사 용어로 주로 쓰이며 범죄 관련 정보를 분석해 범인의 습관, 나이, 성격, 직업, 범행 수법을 추론한 뒤 이를 바탕으로 범인을 특정해내는 기법을 말한다.

익명의 수많은 누리꾼들이 각자의 전문 지식과 노하우를 동원해 사소한 실마리들을 찾아 나서고 그 정보를 집대성하면 누구인지 제대로 몰랐던 사람의 프로파일링이 가능해진다. 다른 말로 하면 '신상 털기'다.

인터넷을 떠도는 과거의 흔적들은 개인의 명망과 평판에 끼치는 영향이 지대하다. 특히 많은 기업과 대학은 채용과 입학 사정에서 인터넷 흔적을 조사해 평판을 살펴보는 일을 중요한 절차로 채택하고 있다. 2010년 마이크로소프트가 미국, 영국, 독일 등 4개국 100대 기업 인사 담당자를 대상으로 조사한 결과 응답자의 70퍼센트가 구직자들의 인터넷 활동을 살펴본 다음 입사를 거부할 수 있다고 밝힌 것으로 나타났다.

실제로 국내 대표적인 헤드헌팅업체의 사장은 "헤드헌팅과 평판관리의 모든 대상자를 상대로 인터넷 검색을 하고 있다"며 "공식 기록으로 제출되지 않는 유용한 단서를 '구글링'으로 많이 얻게 된다"고 말했다.[28] 특히 페이스북 같은 SNS는 누가 어떤 그룹에 속해 누구와 어울리는지를 파악하는 데 결정적이다. 실제로 많은 기업에서 경력 직원을 채용할 때 가장 신경 쓰는 부분은 그에 대한 평판이다. 이력서와 경력 증명서는 형식적 요건에 불과하고 함께 일한 전 직장의 동료나 지인을 통해 전해지는 평가와 평판이 입사에 결정적 역할을 하게 된다. 또한 그와 함께 일했거나 그를 알고 있는 사람들이 인터넷에 실명과 익명으로 올려놓은 글도 주요한 고려 대상이 된다.

이 때문에 디지털 시대에 평판은 소중히 관리되어야 할 자신의 정체성이자 자산이다. 디지털 평판을 관리하지 못하면 인생의 기회는 축소된다. 평판이 무너진 삶은 초라하고 고단하다.

국내에서도 언론에 보도된 사례가 적지 않다. 2011년 봄 인터넷을 달궜던 사건이 있다. 경남지방경찰청 소속의 한 여경은 그해 4월 갑자기 대기 발령 처분을 받았다. 7년 전 경남 밀양에서 여중생 집단 성폭행 사건이 벌어질 당시 친구이던 가해자의 미니홈페이지에 피해자를 비방하는 글을 올린 사실이 뒤늦게 알려지면서 비난 여론이 쏟아진 탓이다. 글을 올렸을 당시 그는 고교 3학년으로 미성년자였지만 성폭행 피해자를 비방하고 친구인 가해자를 두둔했다. 싸이월드 미니홈피는 실명을 쓰도록 돼 있어 글쓴이의 이름이 드러난다. 가해자의 미니홈피에 글을 남겼던 친구가 성인이 된 뒤에 경찰로 일하고 있다는 사실을 알고 많은 사람들이 분노했다.

페이스북 등 SNS에 과거에 올린 글이 문제가 되어 취업이 좌절되거나 직장에서 곤란한 지경에 처하는 일이 국내에서도 발생한 것이다. 해당 여경은 문제가 불거진 날 바로 경남지방경찰청 자유게시판에 사과문을 올렸다. "7년 전 고등학교 시절 철모르고 올린 글이지만 피해자의 마음을 아프게 했던 행동을 깊이 반성하고 사과드린다"며 "평생의 짐으로 안고 자숙하겠다. 앞으로 생활하면서 언행을 조심하고 사회적 약자를 배려하는 경찰이 되겠다"고 용서를 구하는 내용이었다. 하지만 누리꾼들의 분노는 가라앉지 않았다. 경남지방경찰청 홈페이지는 당시 여러 차례 접속 장애를 기록할 정도로 접속이 폭주했다. 실명 확인을 거쳐야 글을 올릴 수 있는 이 게시판에는 4000여 건에 이르는 항의 글이 쏟아졌다. 문제가 불거진 이후 경남지방경찰청 자유게시판에 2주 동안 올라온 글의 양은 과거 10년간 올라온 글과 맞먹는 수준이었다. '철없던 시절의 잘못'이라는 해명은 거의 수용되지 않았고 오히려 그의 과거 다른 행적들까지 게시판에 올라와 비난의 대상이 됐다. 이 여경은 2014년 초 진급 시험에 합격했다는 사실이 알려지면서 또다시 사이버 괴롭힘에 노출됐다. 경남지방경찰청 관계자는 "앞으로도 그가 벗어날 방법이 있을지 모르겠다"고 말했다. 경찰은 2012년 이와 관련해 징계 여부를 검토했지만 법적으로 문제 삼을 근기를 찾을 수 없었다.[29]

2012년 9월 성균관대학교는 1년 전 입학사정관제 전형으로 합격한 1학년 재학생의 합격과 입학을 취소하는 결정을 내렸다.[30] 해당 학생이 고교 시절 지적장애인 집단 성폭행 사건에 가담했던 사실이 인터넷을 통해 뒤늦게 알려지고 네티즌 여론이 들끓은 것이 배경이었다. 입학사정 절차에서 드러나지 않았던 고교 시절의 행적을 이유로 재학생의 입학 자체를 취소한 사례는 매우 이례적이었다.

디지털 시대의 새로운 산업, 온라인 평판관리

이런 배경에서 디지털 시대에 새로운 산업이 만들어지기도 했다. 프라이버시를 지켜주고 온라인에서 평판을 관리해주는 유료 서비스가 등장한 것이다. 표현의 자유가 보장되어 있어 자유롭게 프라이버시 관련 정보를 공개하거나 이를 상업화하는 것이 허용되고 SNS 이용이 활발한 미국에서는 온라인 평판을 관리해주는 유료 서비스가 활성화되어 있다.

특히 미국 법률은 기업들이 채용 전에 대상자들에 대해 SNS 등을 통해 다양한 조사를 하는 것을 허용하고 있다. 미국에서는 기업이 채용 전에 대상자에 대한 평판 조사를 하는 것을 허용하나 채용 이후에는 이런 조사가 법으로 금지된다. 기업이 사원들의 SNS 활동을 조사하고 이를 이용할 경우 부당한 차별로 간주해 처벌하고 있다.

온라인 평판관리 서비스의 등장은 온라인 프라이버시 침해가 워낙 광범위해서 유명인 등 일부 사람들에게 국한된 문제가 아니라는 점을 보여준다. 미국의 '레퓨테이션닷컴(Reputation.com)', '리무브유어네임(RemoveYourName.com)', '디펜드마이네임(DefendMyName.com)' 등은 개인과 기업을 상대로 다양한 온라인 평판관리 상품을 판매하고 있는 대표적인 업체들이다.

주된 고객층은 대학 입학이나 취업을 앞두고 인터넷에 남아 있는 부정적 기록 때문에 불이익을 당할 우려가 높은 사람들이다. 레퓨테이션닷컴의 경우 한 달에 15달러짜리 개인용 서비스에 가입하면 인터넷에서 가입자가 어떤 형태로 언급되거나 검색되고 있는지를 알려준다. 구글, 야후(Yahoo), 빙(Bing) 등의 검색엔진에 노출되는 고객의 부정적 정보를 삭제하거나 감춰주는 서비스는 29.95달러에 팔리고 있다. 구직을 앞둔 대학생을 겨냥해서 아예 '마이 레퓨테이션 스튜던트'라는 저렴한 상품까지 내놓았다.

구글도 2011년부터 유사한 평판관리 서비스를 무료로 제공하고 있다. 인터넷에서 자신의 이름이 언급될 때마다 전자우편으로 알려주는 '웹 세상의 나(Me on the Web)' 서비스다. 유료 서비스와 달리 모니터링만 제공할 뿐, 삭제 요청이나 검색 결과 감추기 등의 서비스는 제공되지 않는다.

《카오스 시나리오(The Chaos Scenario)》의 저자인 언론인 밥 가필드(Bob Garfield)는 2011년 미국 공영라디오방송(NPR)과의 인터뷰에서 "역사상 처음으로 프라이버시가 거의 사라져가면서 그 가치가 매우 높아지고 있다"며 "홀로 있으려는 개인의 요구를 '가르보 경제(Garbo Economy)'라고 부르자"고 제안했다.[31] 스웨덴 출신의 영화배우 그레타 가르보(Greta Garbo)는 얼음처럼 차가운 눈빛과 도도한 매력으로 20세기 전반 전 세계 영화팬들의 마음을 사로잡았다. 그러나 최고의 전

성기를 누리던 1941년 30대 중반의 나이로 돌연 은퇴했다. 이후 미국 뉴욕에서 1990년 84세를 일기로 숨지기까지 50년 동안 단 한 번도 공개석상에 나타나지 않고 홀로 살아 '신비주의'의 대표 아이콘이 됐다. 신비로운 미녀 영화배우를 향해 쏟아지는 매스컴과 대중의 호기심으로부터 프라이버시를 지키기 위해 그레타 가르보는 상당한 비용을 대가로 치러야 했다. 가필드는 그레타 가르보가 프라이버시를 지키기 위해 지불해야 했던 높은 비용에 빗대 가르보 경제라는 말을 만들어 낸 것이다.

프라이버시 보호를 내건 유료 서비스가 신종 산업으로 등장하는 현실은 인터넷 시대 사생활의 종말을 알려주기만 하는 것이 아니다. 새로운 불평등 문제를 제기하기도 한다. 사용자들이 인터넷을 쓰면서 부지불식간에 노출한 사생활 정보로 인해 프로파일링 위협 속에 있음에도 경제력과 정보력이 있는 일부 사용자만 프라이버시 보호 유료 서비스를 이용할 수 있는 현실은 프라이버시를 행복추구와 평등의 관점에서도 바라보아야 할 필요성을 제기한다.

8

미디어 시대의 소년등과(少年登科)

▼

아이는 성인으로 자라나는 과정에서 스스로 자아 정체성을 찾아가며
크고 작은 실수나 모색을 하게 마련이기에
사회는 아이들의 자연스럽고 건강한 성장을 보호해야 한다.

'추블리.' 방송에 소개된 뒤 국민 귀염둥이로 불리고 있는 추성훈·야
노시호 부부의 딸 추사랑의 애칭이다. 생김새만이 아니라 표정과 몸
짓이 이름 그대로 사랑스럽기 그지없어 '추 러블리(lovely)'로 불린다.
2013년 KBS의 예능 프로그램 〈슈퍼맨이 돌아왔다〉에 추성훈·추사랑
부녀가 고정 출연하면서 세 살배기 사랑이의 애교는 시청자를 사로잡
았다.

아기를 돌보거나 자녀와 노는 방법에 서툰 아빠들이 자녀와 함께 지
내면서 생기는 일을 다룬 방송사들의 예능 프로그램이 여럿 있다. 이
런 프로그램은 MBC의 〈아빠! 어디 가?〉가 영화배우, 가수, 운동선수,

PART 1 스스로 드러내는 사람들

아나운서 등 방송으로 이미 익숙한 유명인들의 자녀가 아빠와 함께 여행을 다니면서 일어나는 일들을 담아 큰 성공을 하면서 유행이 됐다. 대본과 연출을 통해 강요되는 갈등과 긴장 대신 주변을 의식하지 않고 수시로 분출되는 아이들의 천진난만한 몸짓과 말에 절로 웃음이 터진다. 방송 때문에 텐트를 꾸려 캠핑을 떠나야 하는 주말 과업이 생겨났다는 아빠들의 불평도 있지만 자녀와 노는 법을 알려주는 좋은 프로그램이라는 것이 많은 사람들의 의견이다.

방송에 출연한 귀염둥이들의 인기는 연예인인 아빠를 능가할 정도다. 단숨에 전국적 유명인이 되어 라면, 이동통신, 세탁기, 의류, 학습지, 쇼핑몰 등을 홍보하는 광고 모델이 되기도 한다. 아이들은 아직 말도 서툴러 제 뜻을 잘 전달하지도 못한다. 함께 있는 아빠를 비롯해 대화하는 다른 사람들의 생각을 성인처럼 이해하지 못하다 보니, 예상하지 못한 아이들 고유의 천진함이 터져 나와 웃음과 감동으로 이어진다.

만들어진 이미지의 소비

어린아이는 다른 사람들이나 세상에 대해 알지 못하지만 수많은 시청자는 예능 프로그램에 출연한 아이들에 대해 웬만한 옆집 식구보다 잘 알고 있다. 자신은 상대에 대해서 거의 정보가 없지만 자신이 만날 사람들 대부분은 자신에 대해서 잘 알고 있는 경우다. 더욱이 아이는 스스로 기억하지 못하더라도 귀엽고 천진한 이미지를 평생 안고 살아갈 운명이다.

어린 시절 한 마을에 학업 성취가 뛰어난 형들을 둔 친구가 있었다. 수재 집안으로 통했다. 동급생인 친구도 뛰어난 형들에게 쏠리는 주변의 관심을 자랑스러워했다. 주변에서는 막내에게도 형들의 상급 학교 진학이나 전국 단위 수상 실적 등을 자주 물으며 찬사와 부러움을 표시했다. 그런데 이 친구는 사춘기가 되자 "형들은 잘 있느냐"는 평범한 안부 인사에도 발끈했다. "나는 ○○○인데, 왜 나만 만나면 형 소식을 묻느냐"고 신경질적으로 대꾸했다. 개별적 존재로 인식되기보다 잘난 아무개의 동생으로 여겨지는 것에 대한 질풍노도기의 반응이었다. 정체성을 찾는 시기에 스스로 만들지 않은 것들로 자신의 이미지가 형성된 것에 대한 거부로 해석할 수 있을 것이다.

마을이나 교회 공동체 안에서 목회자 자녀들이 어린 시절 다른 아이들에 비해 심하게 겪는 정체성 고민도 유사하다. 여느 10대와 똑같이 또래 집단에 소속돼 이런저런 시도와 일탈을 통해 성인됨을 탐색해 가는 시기이지만 '우리 교회 목사님 아들'에 대한 과도한 관심과 기대는 10대 소년에게는 가뜩이나 혼란스러운 정체성을 더욱 어지럽게 만드는 조건이 되곤 한다. 무리 속에서 유난히 구별되는 존재가 되는 것에는 빛과 그늘이 따른다. 사소한 일에도 "역시 목사님 자제라서 다르네"라는 관심과 찬사를 받다가 여느 10대와 다름없는 일을 했는데도 어느 순간 "아버지 망신스럽게 목회자 집안의 아들이……"라는 평가까지 짊어지게 된다.

미디어의 시대가 되어버린 세상에서 '아역 스타'는 많은 이들에게 선망의 대상이다. 재능과 별개로 유명세와 인지도를 이용해 더 많은 기회와 좋은 조건을 만들어낼 수 있다. 초등학생이나 청소년들이 과거에 비해 가수, 모델, 운동선수, 방송인 등 대중에 노출되는 직업을 선호하게 된 것도 젊은 스타들이 누리는 미디어 효과의 영향이 크다. 하지만 아역 스타로 상징되는 '초년 출세'에는 그늘도 짙다. 거대한 자산이나 이미지는 만들어내는 것만큼이나 관리하기가 어렵다. 어린 나이에 지나치게 화려하고 묵직한 자산을 얻게 되면 미처 관리법을 익히기 전에 그 무게와 빛에 스스로 압도당하는 경우가 흔하다. 자유의 영역도 그만큼 축소된다.

초년 출세가 축복이 아니라 멍에가 된 사례는 숱하다. 세 살 때부터 무대에 섰던 셜리 템플(Shirley Temple)은 1930년대 할리우드 최고의 아역 스타였지만 성인이 된 이후에는 한 번도 어릴 적의 성공과 인기를 누리지 못했다. 1990년 개봉한 영화 〈나 홀로 집에〉에서 여덟 살 케빈 역을 맡았던 열 살 매콜리 컬킨(Macaulay Culkin)은 단번에 세계인의 귀염둥이가 됐지만 성인 이후의 삶은 불행의 연속이었다. 그는 이혼, 마약, 대인 기피에 시달렸으며 노숙자 신세로 전락해 햄버거를 먹는 근황이 공개되기도 했다.

비슷한 사례는 우리나라에도 있다. 2005년 11월 SBS 〈그것이 알고싶다〉는 "어린 스타, 그 행복의 조건" 편에서 아역 출신 배우들의 현실을 조명했다. 2000년 무렵 인기 시트콤 〈순풍산부인과〉에서 여덟 살 미달이로 나와 인기를 끌었던 김성은은 열다섯 살이 됐을 무렵 SNS에 "나를 미달이라고 부르는 사람들을 칼로 찌르고 싶었다"고 심정을 밝혔다. 여전히 '미달'이라고 놀림을 받으며 김성은이 아닌 미달이로 여겨지는 것이 너무 속상하다는 얘기였다. 방송에서는 힘들고 아파도 즐거운 표정을 지어야 했는데, 현실에서 힘들어 짜증을 내면 "너 왜 그러니? 방송에 나오면 다니?"라는 비아냥을 들어야 했다는 것이다. 1980년대 말에 인기를 누렸던 또 다른 아역 배우는 사기 혐의로 수감 중이라는 사실도 이 방송을 통해 알려졌다.

여덟 살부터 광고 모델로 활동한 아역 스타 출신의 할리우드 영화배우 조디 포스터(Jodie Foster)는 성인 배우로 더 큰 성공을 이어간 이례적 경우다. 하지만 그도 2013년 초 골든글로브 시상식에서 "난 세 살 때부터 모든 것을 포기했다. (삶 자체가) 리얼리티 쇼였다"고 토로했다. 그는 레즈비언임을 뒤늦게 고백하며 자신에게 프라이버시가 얼마나 소중했는지를 설명하는 연설로 많은 사람들의 공감을 이끌어냈다.

미디어에 노출되면 대중의 시선이 집중되고 얼굴과 목소리로 돈벌이를 할 기회를 얻지만 노출된 삶에는 그늘도 뒤따른다. 공적 인물로서 공개된 삶을 감당해야 하는 것이다. 자신이 계획하고 원하는 대로 사는 자유로운 삶이 아니라 타인의 기대와 시선에 맞춰서 살아가는 것을 피할 수 없다는 점이 가장 짙은 그늘이다.

1960년대와 1970년대를 지나온 사람들은 당시 'IQ 210'의 천재 소년 김웅용에게 쏟아진 찬사와 기대는 물론이고 이후 소년이 감당해야 했던 무거운 삶도 기억하고 있을 것이다.[32] 그는 다섯 살에 네 개 국어를 구사하고 여섯 살에 일본 후지TV에 출연해 고등 미·적분을 술술 풀어냈다. 일곱 살 때는 한양대에서 물리학을 공부했다. 여덟 살 때는 미국으로 건너가 콜로라도주립대에 입학해 석·박사 과정을 마치고 5

년간 미 항공우주국 핵물리학 분야에서 선임연구원으로 일했다. 그러나 열여섯 살 때 미국 생활을 접고 한국으로 돌아왔다. 뒤늦게 국내 지방대 입학을 위해 검정고시를 치르는 그에게 언론은 '실패한 천재'라는 딱지를 붙였다.

일찍이 옛사람들은 인생의 불행 중 하나로 '소년등과'를 꼽았다. 너무 이른 나이에 높은 자리에 올라 이후에 내려올 일만 남아 있는 인생은 힘든 법이란 얘기다. 출중한 재주와 실력이 자연히 드러나면서 어려서부터 유명해지고 중요한 역할을 맡으며 기대를 한 몸에 받게 되지만 오히려 그것이 인생의 불행이 되기 쉽다는 것이 선인들의 가르침이다. 하물며 자신의 노력이나 재주보다는 부모의 결정이나 미디어의 이미지 소비 대상으로 아역 스타가 되어 어린 시절의 삶이 노출되고 그에 대한 세상의 기억과 기대가 고착화되면 어린 당사자가 이를 제대로 관리해나가기는 어려운 법이다.

어린아이가 '스타'가 되면 대중들을 통해 그 이미지가 소비되고 결국 뒷얘기와 수다의 대상이 된다.[33] 일찌감치 성공을 경험한 이후 이를 관리하지 못하거나 더 큰 목표를 세우고 나가지 못하면 스스로 낙담하게 되는 것이 초년 출세의 위험이다. 성인들도 감당하기 힘든 유명인으로서의 노출된 삶과 부자유를 어린아이에게 선사하는 것이 바람직한지 의문이다. 더욱이 성인들은 공인의 직업을 선택해 노출된 삶을 스스로 결정한 셈이지만 어린 스타들은 다르다. 아이의 선택이 아니었다. 자신이 선택하지 않은 상태에서 부모 등 어른들에 의해 결정된다. 그리고 아이는 커가면서 스스로 선택하지 않았지만 누군가에 의해 만들어진 이미지를 안고 살아야 한다는 사실을 알게 된다. 어린 시절 자연스러운 성장의 한 단면만을 미디어에 노출시켜 어른들이 이를 소비하고 그 아이에게 평생 지속될 이미지를 부착시킨 결과다.

아이에게도 사생활이 있다

어린아이와 청소년은 웬만한 잘못을 저지르기 전에는 이름이나 얼굴이 공개되어서는 안 된다. 그뿐만 아니라 즐겁고 쾌활한 일상의 사진이라도 친권자의 동의 없이는 미디어에 노출하지 않는 편이 좋다. 아이들을 각종 범죄 노출로부터 지켜내야 함은 물론이고, 아이는 성인으로 자라나는 과정에서 스스로 자아 정체성을 찾아가며 크고 작은 실수나 모색을 하게 마련이기에 사회는 아이들의 자연스럽고 건강한 성장을 보호해야 하기 때문이다.

하지만 상품화한 미디어는 대중의 눈요기를 위해서 자극적인 내용을 끝없이 추구한다. 아이들이 성장하면서 질풍노도기에 겪게 마련인 정체성 혼란을 고려하는 경우는 거의 없다.

지금은 과거처럼 방송을 탔다가 방송이 끝나면 사라지고 마는, 그래서 기억 속에서도 잊히는 세상이 아니다. 디지털 시대는 어린 자녀들의 신원 노출로 인해 겪을지 모를 미래의 상황에 대해서도 부모가 고려하게 만들었다. 이는 유명인들과 그 자녀들만의 문제도 아니다. 인터넷 기술의 발달로 인해 미래에는 지금보다 훨씬 사소한 정보까지 손쉽게 검색되고 유통될 전망이다. 평범한 부모들도 소셜네트워크 사이트에 자녀들의 사진이나 사연을 과도하게 공유하는 관행에 대해 숙고 해보아야 한다.

아이 스스로 개인정보에 관해 어디까지 결정할 수 있어야 하는지에 대해서는 독일의 사례가 참고가 된다. 독일 RTL TV방송사는 2013년 초 야심차게 준비해온 〈베이비붐, 세상에 태어난 것을 환영합니다〉라 는 리얼리티 프로그램을 방송하려다 좌초했다.[34] 2010년 영국에서 큰 인기를 얻은 프로그램의 독일 편으로, 종합병원 산부인과 병동에 수십 대의 카메라를 설치하고 산모들의 출산 과정을 담는 다큐 형식의 프로 그램이었다. 영국에서는 산모와 가족의 동의만 거치면 됐지만 독일은 달랐다.

독일 아동법은 신생아가 태어나는 순간부터 아동으로 권리를 갖는 다고 본다. 부모가 동의를 했더라도 나중에 아이가 커서 자신의 출생 순간이 담긴 방송을 보고 수치심이나 혐오감을 느긴다면 이는 아동 인 격권 침해라는 것이다. 독일 상원은 아동법을 근거로 이 프로그램 제 작을 금지했다.

독일 고유의 사례이지만, 독일 아동법의 조항은 인터넷 시대에 중요 한 함의를 지닌다. 과거와 비교할 수 없이 나에 관한 모든 정보가 손쉽 게 프로파일링되어 나를 따라다닐 것을 고려하면 아직 어린 자녀가 미 래에 겪을지 모를 프라이버시 침해와 정체성 고민에 대해서 부모는 이 전보다 더 깊이 생각해봐야 하기 때문이다.

새 출발의 불가능성

▼

잊어버리고 싶고 지워버리고 싶은 기억과 사건이 인터넷에 남아 있는 한,
다른 사람들의 접근을 막을 길은 사실상 없다.
인터넷은 소통의 도구로만 기능하지 않는다.
과거로부터 벗어나 새로운 출발을 하려고 할 때
인터넷의 정보 검색 기능과 스마트폰의 연결성이 결정적 걸림돌이 된다.

빅토르 위고(Victor Hugo)의 《레 미제라블(Les Miserable)》에는 성당 주교
관의 은그릇을 훔친 혐의로 붙잡힌 장발장이 "내가 준 은촛대는 왜 가
져가지 않았느냐"라는 미리엘 주교의 감화로 새로운 삶을 다짐하는
장면이 그려진다. 굶주린 조카를 위해 빵을 훔친 죄와 잇단 탈옥 시도
로 인해 19년간의 옥살이를 끝내고 세상으로 나오지만 전과자 장발장
은 식사도, 잠자리도 구할 수가 없었다. 장발장은 '마들렌'이라는 이름
으로 신분을 바꾼 뒤 기업가로 성공하고 가난한 이들을 돕는다. 위험
을 무릅쓰고 죽을 뻔한 시민들을 여러 차례 구조하며 시민들을 감동시
켜 시장 자리에 오른다. 장발장이 전과자라는 낙인을 벗고 과거와 단

절할 수 있었기에 가능한 일이었다. 하지만 장발장의 신분 세탁을 집요하게 추적한 자베르 경감은 전과자가 과거로부터 벗어나지 못하게 하는 것이 경찰의 숭고한 의무라고 믿는다.

사회적 망각의 보장

1789년 프랑스 대혁명 이후 제정되어 근대 사법제도의 기틀을 다진 프랑스 형법은 '형의 실효' 제도를 도입했다. 형이 집행되고 일정 기간이 지나면 형벌의 소멸과 복권을 규정해 전과자로 겪어야 할 각종 제약이나 불이익을 없애주고 정상적인 사회 복귀를 지원함으로써 사회의 안전도를 높이는 것이 목적이다. 죄에 대한 대가로 형벌을 받고 갱생의 삶을 살고 있는 장발장에게 평생 전과자라는 낙인찍힌 신분을 부여하는 것은 잘못이라는 생각이 담긴 제도다. 우리나라도 '형의 실효에 관한 법률'을 두고 있다. 전과자도 일정 기간이 지나면 자동으로 전과 기록이 삭제된다. 무기징역도 형벌을 이수한 지 10년이 지나면 자동으로 형의 실효가 이뤄진다. 전과자가 한 번의 전과 기록으로 인해 영원한 범죄자로 낙인찍히고 지속적으로 사회적 차별을 받는 것을 막고 사회 복귀를 지원하기 위한 제도다.

한때의 실수로 사람을 영원히 낙인찍지 말고 새로운 출발을 하도록 사회적으로 지원해야 한다는 정신이 가장 잘 반영된 영역은 청소년의 비행과 관련된 법률이다. 성장 단계에 있는 청소년의 비행에 대해서는 어느 나라나 엄중한 처벌 대신 교육과 선도를 통해 관용을 제공한다. 민주주의 국가는 기본적으로 만인에게 재판 절차를 개방하는 재판 공개주의를 원칙으로 하고 있지만 청소년 범죄에 대한 재판은 예외다. 비공개로 이뤄지고 언론 보도는 엄격하게 통제된다. 청소년 범죄를 다루는 소년법은 범죄 기록의 열람과 유통에 대해서도 엄격한 기준을 적용한다. 소년부 판사의 허가가 있어야만 열람할 수 있고 청소년이 형을 마친 이후에는 아예 형 자체를 선고받지 않은 것으로 간주해 성년 이후의 삶을 보호하고자 한다.[35] 청소년이 성인이 된 후 새로운 인생을 살아가도록 보장하는 것이 사회적 안정성과 교정 측면에서 효과가 높다는 고려가 바탕에 깔려 있다.

불명예스러운 과거와의 의도적 단절을 통해 새로운 기회를 제공하는 법률적 장치는 또 있다. 파산과 신용정보에 관한 법률이다. 신용정보법은 파산, 연체, 부도, 체납 정보 등을 사유가 사라진 뒤 5년 안에 삭제하도록 규정하고 있다. 또한 유효기간이 지난 개인의 과거 신용정보와 기록을 근거로 차별할 수 없도록 하고 있다. 파산한 사람도 새 출발이 가능하도록 사회적 망각을 적용하는 제도다.

범죄자나 파산한 사람만이 자신의 과거로부터 벗어나고자 하는 것은 아니다. 새 출발을 위해서 과거와의 결별이 필요한 영역은 그밖에도 많다. 불가에서는 출가자에게 속세에서의 일을 묻지 않는 것이 불문율이다. 구도의 삶을 수행하려면 속세에서의 과거를 끊는 것이 필수적이라고 보기 때문이다.

기억하고 싶지 않은 불행하고 아픈 과거로부터 벗어나기 위해 의도적으로 과거와의 단절을 시도하는 경우도 있다. 사회 전체를 놀라게

한 대형 사건의 피해자가 사건 이후 오랜 시간이 지났지만 사람들의 기억 속에 각인되어 있어서 잊고 싶은 과거로부터 벗어나지 못하는 일이 있다.

1979년 4월 14일 '정효주 양 유괴 사건'이 일어났다.[36] 당시 부산 남성초등학교 4학년이던 정효주 양은 아침 등굣길에 승용차를 이용한 유괴범에 의해 납치됐다. 납치범은 효주 양의 부모에게 딸의 목소리를 녹음한 테이프를 보내고 1억 5000만 원을 요구했다. 신문과 방송이 이 소식으로 뒤덮이고 납치 닷새째 당시 박정희 대통령은 "무사히 효주 양을 돌려보내면 관용을 베풀 것"이라는 대통령 긴급 담화까지 발표했다. 정효주 양은 1년 전인 1978년 세상을 떠들썩하게 만든 유괴 사건의 피해자였다. 하굣길에 유괴범에 납치돼 33일간 끌려다니다가 천신만고 끝에 부모 품으로 돌아온 지 178일 만에 또 다른 납치범에게 두 번째로 납치된 것이다. 1차 구출 뒤에 대대적인 언론 보도를 통해 효주 양이 부산의 부유한 기업가 외동딸이라는 신상정보와 함께 사진까지 널리 알려졌다. 이 때문에 효주 양은 2차 범행의 표적이 됐다. 2차 납치에서 다시 극적으로 생환한 효주 양은 이후 과거의 악연과 단절을 시도했다. 사람들의 관심과 언론의 노출을 피하기 위해 아예 이름을 바꾼 것이다.

'호랑이는 죽어서 가죽을, 사람은 이름을 남긴다'는 속담처럼 사람에게 이름은 다른 사람과 자신을 구별해주는 가장 중요한 식별 수단이다. 하지만 점점 더 많은 사람들이 다양한 이유로 개명을 신청하고 있다. 법원은 과거에는 사회적 혼란을 이유로 개명 신청에 대해 엄격한 기준을 적용해왔지만 최근에는 개인의 행복추구권 차원에서 폭넓은 개명 사유를 인정하는 추세다. 개명 신청은 2000년 3만 3210건이던 것이 2010년에는 16만 5924건으로, 다섯 배 넘게 늘어났다.[37] 부정적인 어감, 놀림감, 범죄자와 동명 등 개명 신청 사유는 다양하지만 상당수의 개명 신청자는 자신의 이름에 붙어 있는 과거와 결별하고 새 인생을 도모하고자 한다.[38]

이름을 바꾸는 정도가 아니라 아예 새로운 신원을 부여함으로써 다른 사람으로 인생을 살아가게 하는 제도도 있다. 할리우드 영화에서 종종 볼 수 있는 미국 법무부의 증인 보호 프로그램이 대표적이다. 1996년 개봉한 아널드 슈워제네거(Arnold Schwarzenegger), 바네사 윌리엄스(Vanessa Williams) 주연의 〈이레이저(Eraser)〉(척 러셀 감독)는 증인 보호 프로그램에 따라 증인의 과거를 지워주는 연방 보안관을 소재로 다뤘다. 해당 제도는 보복의 위험에 노출된 증인이나 범죄 신고자에게 주거지 이전과 직업 알선은 물론, 성형수술과 신분 세탁을 지원한다.

> **피해자 및 증인 보호법**
> The Victim and
> Witness Protection Act
>
> 1970년대 마약 밀매나 조직범죄 등 강력 사건의 증인이나 피해자가 수사 협조나 재판과 관련해 보복 범죄의 대상이 되는 일이 잇따르자 미국 정부가 1982년 입법한 제도.

한국 정부도 범죄 피해자나 고발자 보호를 위해 미국과 유사한 피해자와 증인 보호 프로그램을 운영하겠다고 밝혔지만 제대로 실행되고 있지 않다.[39]

연결이 기본값인 디지털 세계의 족쇄

2014년 개봉한 독립 영화 〈한공주〉(이수진 감독)는 2004년 일어난 밀양 지역의 고교생 집단 성폭행 사건을 소재로 했다. 피해 여학생은 고통과 악몽에서 벗어나기 위해 이름도 '한공주'로 바꾸고 다른 지역의 학교로 전학을 갔다. 노래를 좋아하는 공주는 전학 간 학교에서 아카펠라 동아리에 들어가 새 친구들과 사귀는 등 새 인생을 꿈꾼다. 하지만 친구가 공주의 노래 실력이 뛰어난 것을 보고 노래하는 모습을 동영상으로 찍어 인터넷에 올리면서 과거의 악몽이 다시 엄습하게 된다. 동영상이 인터넷 공유를 통해 가해 학생들의 부모에게도 알려지게 되고, 공주는 그토록 벗어나고 싶었던 가해자 집단을 다시 마주하게 된다.

인터넷 이전에는 과거 혹은 기존의 네트워크를 끊고 새로운 인생을 선택하는 길이 다양했고 방법도 크게 어렵지 않았다. 한 지역에서 다른 지역으로 주거지를 옮기는 것만으로도 기존의 네트워크와 평판으로부터 단절되어 새로운 관계들로 구성된 달라진 삶을 사는 것이 가능했다. 시골 초등학교 졸업은 곧 친구들과의 기약 없는 이별이 되기 쉽고 다른 도시로 전학 가는 친구는 연락이 끊기게 마련이었다.

이제는 개인마다 연결 수단을 늘 휴대하고 다니면서 인터넷과 SNS를 통해서 항상 소식을 점검하고 연락이 가능한 상황이 됐다. 연결은 선택이 아니라 벗어날 수 없는 기본 환경이 됐다. 모든 것이 디지털로 연결된 세상에서 개인이 과거와 결별하고 살아가기는 더욱 어려워졌다. 이사와 개명, 성형수술과 이민으로는 내가 알던 사람들, 기존의 네트워크로부터 끊어지지 않는다.

잊어버리고 싶고 지워버리고 싶은 기억과 사건이 인터넷에 남아 있는 한, 다른 사람들의 접근을 막을 길은 사실상 없다. 인터넷은 소통의 도구로만 기능하지 않는다. 과거로부터 벗어나 새로운 출발을 하려고 할 때는 인터넷의 정보 검색 기능과 스마트폰의 연결성이 결정적 걸림돌이 된다. 영화 속 '한공주'의 일만이 아니다.

1983년 6월 30일 시작된 KBS의 〈'이산가족 찾기' 특별 생방송〉이 몇 달간 온 나라를 울음바다로 만든 일이 있었다. 6.25 전쟁으로 흩어진 혈육이 30년 넘게 만나지 못하고 애를 태우다가 전국에 생방송되는 무대에 나온 오빠가 "1.4후퇴 때 헤어진 동생 어깨에는 붉은 점이 있었습니다"라고 말하면 이튿날 방송에서 오누이의 눈물 상봉이 이뤄졌다. 수십 년간 헤어져 생사를 모르고 살아왔던 혈육이 지상파의 전국 생방송을 통해 손쉽게 찾아졌다. 미처 방송에 소개되지 못한 사연들이 여의도 광장에 만들어진 '만남의 광장'에 벽보로 가득 붙었고 이산가족들은 이 벽보들을 한 장 한 장 읽으며 혈육을 찾아 나섰다. 사람마다 만날 수 있는 사람과 접근할 수 있는 정보가 제한되어 있던 세상에서 전국 동시 생방송을 통해 다수의 사람에게 동일한 정보가 제공될 때 어떤 현상이 일어나는지를 비로소 경험한 것이다. '가족이 헤어져 30년간 생사도 모른 채 서로 그리워하기만 했다고?' 오늘날 디지털 세대에게는 그때의 사정과 느낌을 제대로 설명하기도 어렵다.

초기에 미국으로 이민을 감행한 유럽인 상당수는 신앙의 자유, 풍요와 성공에 대한 기대를 품고 배로 몇 달간 대서양을 건너는 위험을 무릅썼다. 그중 상당수는 기존에 속해 있던 사회에서 탈출하겠다는 동기도 품고 있었다. 미국 건국 초반에 동부 도시를 떠나 새로운 기회를 잡기 위해 서부로 서부로 나아갔던 개척민들의 상당수도 비슷한 동기를 갖고 있었다.[40]

"누가 이 사람을 모르시나요"라며 생사를 모른 채 애태우고 기다려야 했던 상황은 거의 사라졌다. 하지만 〈레 미제라블〉의 전과자 장발장이 과거와 단절하고 마들렌이라는 이름과 신분을 통해 비로소 새로운 삶을 살 수 있었던 것처럼 변화하는 존재인 우리에게는 새 삶의 기회도 허용되어야 한다. 과거를 벗어나 '새 출발'을 계획하는 이들에게 인터넷 세상이 지금처럼 가혹해서는 안 된다.

지워지지 않는 시대, 잊혀질 권리의 부상

▼

"유사 이래 인류에겐 망각이 기본이고 기억하는 것이 예외적 현상이었으나
디지털 기술과 인터넷은 망각이 예외가 되고 기억이 기본값이 되게 만들었다."

_빅토어 마이어쇤베르거, 《잊혀질 권리》 저자

검색의 영역이 갈수록 확대되고 강력해지면서 우리가 가지는 다양한
궁금증은 대부분 질문을 던지는 즉시 해소되고 있다. 스마트 기기에
의존한 삶은 뛰어난 검색 기능 덕분에 빠르고 편리해졌지만 전에 없던
그늘도 드리워졌다.

2000년대 초반 신문사에서 인터넷 뉴스 부문을 맡아 일할 때 전
화 한 통을 받았다. "인터넷에서 제 이름을 검색해보니, 오래전 신문
에 실린 부끄러운 절도 기사가 검색됩니다. 이미 처벌받고 사면, 복권
을 받아 정부 기록에서도 지워진 전과인데, 당시 기사가 남아서 검색
이 됩니다. 나중에 아이가 아빠 이름을 검색해볼 것을 생각하니, 걱정

입니다. 인터넷에서 검색되지 않도록 지워주기를 부탁합니다"라는 요청이었다. 개인적 사정은 딱했지만 "일종의 역사 기록물인 기사를 인터넷에서 지울 수 있는 권한이 제게는 없습니다"라고 답을 했다. 이후 "군에서 자살한 아들의 기사가 오래됐는데도 인터넷에 남아 있어 고통스럽다. 지워달라"는 등 여러 차례 유사한 기사 삭제 요청이 접수됐지만 대답은 비슷했다. 개인적 차원의 문제도, 특정 언론사만의 문제도 아니었다. 그다지 오랜 시간이 지나지 않아 '잊혀질 권리'는 전 세계 인터넷 세상에서 가장 뜨거운 논쟁거리의 하나로 부상했다.[41]

인터넷에서 키워드만 입력하면 원하는 정보가 찾아지는 편리함은 누군가에게 알리고 싶지 않은 일도 가감 없이 공개되는 난처함을 안겨주고 있다.

인기 그룹 투피엠(2PM)의 전 멤버 박재범은 10대 연습생 시절 미국의 SNS인 마이스페이스(MySpace)에 남겼던 "한국이 싫다"는 인터넷글이 2009년 뒤늦게 알려지면서 온갖 비난 속에 그룹을 탈퇴하고 한국을 떠나야 했다. 가수 엠씨몽은 네이버 지식인에 치아 발치와 병역면제 조건에 대한 문의 글을 남긴 것이 나중에 병역 면제를 노린 고의 발치 의혹으로 번져 홍역을 치른 바 있다. 방송인 김구라, 팟캐스트 "나는 꼼수다"의 김용민 씨 등 본인도 기억하지 못하는 오래전 발언이 누군가에 의해 인터넷에서 발견돼 뜻하지 않게 곤욕을 치른 유명인의 사례는 헤아릴 수 없을 정도로 많다.

최초의 '잊혀질 권리' 판결

2014년 5월 13일 유럽연합의 최고법원인 유럽사법재판소는 특정인에 대한 구글 검색 결과 중에 오래전 일이어서 더 이상 그 사람에 대한 적절한 정보가 아닌 링크를 삭제하라고 판결했다. 이 판결은 온라인상에서 '잊혀질 권리'를 최초로 인정한 판결로 인터넷 역사에서 주요한 이정표가 됐다. 판결 이후 구글은 유럽에서 이용자들의 검색 결과 삭제 요청을 접수하고 이를 삭제하는 것이 적정한지를 사안별로 판단해 지워주는 절차를 도입했다.

> **'잊혀질 권리' 판결**
> 스페인의 한 변호사가 구글에서 자기 이름을 검색한 결과 사회보장 분담금 미납으로 인한 주택 경매 공고가 실린 1998년 신문이 나오자 이를 삭제해달라고 요청했다. 구글은 이 요청을 거부했지만 2014년 유럽 최고법원은 기사 링크를 삭제해야 한다고 판결했다.

　개인에 관해서 과거 한때는 정확한 정보였으나 이제는 적절하지 않은 정보에 대해 당사자가 삭제를 요청할 경우 이를 삭제해야 하느냐의 문제가 바로 잊혀질 권리다. 유럽연합에서는 프라이버시 보호와 개인정보 자기결정권(개인이 스스로 자신의 정보를 결정할 수 있어야 한다는 원칙) 차원에서 잊혀질 권리 도입을 추진하고 있지만 미국에서는 사실인 공개 정보에 대해 당사자의 삭제 요청을 받아들이는 것은 '표현의 자유' 보호 차원에서 허용되어서는 안 된다고 본다.

　이처럼 잊혀질 권리는 표현의 자유와 함께 논란의 중심에 있다. 잊혀질 권리에 반대하는 쪽에서는 지금으로서는 사소하고 공적인 의미가 없어 보이는 것이라도 삭제되지 않고 남아 있으면 오랜 시간이 지난 뒤에라도 유용하게 사용될 수 있다고 주장한다. 그들은 또한 누군가의 권리 주장에 의해 삭제될 우려 없이 말할 수 있는 것이 표현의 자유의 기본이라고 주장한다.

사용자 스스로 편찬해가는 개방형 온라인 백과사전 위키피디아는 구글과 함께 잊혀질 권리 도입에 반대하는 진영의 선봉에 서 있다. 위키피디아 설립자인 지미 웨일스(Jimmy Wales)는 잊혀질 권리가 일종의 검열과 삭제라고 비판한다. 웨일스는 "인터넷상의 정보 공유 활동이 부당한 검열 요구로 제약당하지 않도록 인터넷 권리장전이 필요하다"며 '대중의 기억할 권리'를 강조한다. 유럽사법재판소 판결 이후 잊혀질 권리를 이유로 구글 검색 결과에서 링크가 삭제되기 시작하자 위키피디아를 운영하는 위키미디어 재단은 2014년 8월 구글에서 링크 삭제 요청을 받은 일부 위키피디아 페이지의 내용을 공개하며 반격을 시도했다.[42] 그들이 공개한 바에 따르면, 출소 이후 수도승 같은 삶으로 화제를 모은 아일랜드의 유명한 무장 강도 게리 허치와 이탈리아의 악명 높은 조직폭력배 레나토 발란자스카(Renato Vallanzasca)에 대한 위키피디아 페이지로의 링크가 유럽 구글의 검색 결과에서 삭제됐다는 것이다.[43]

한편 잊혀질 권리 도입을 옹호하는 쪽에서도 표현의 자유 측면에서 잊혀질 권리의 중요성을 강조하고 있다. 우리가 말한 내용이나 움직인 경로가 보존되는 빅데이터 시대에는 자유롭게 행동하고 말할 환경을 위해서도 공적 의미가

빅데이터 Big Data
기존에 활용되지 않은 방대한 규모의 정형 또는 비정형 데이터를 처리해서 새로운 결과와 가치를 추출하는 기술.

없는 개인적 정보에 대해서는 삭제 요청이 가능해야 한다는 말이다. 공개적인 발언이 아니라 개인 간의 사소한 잡담과 푸념, 일시적인 감상 토로가 삭제할 방법 없이 인터넷에 영원히 남아 검색되고 이로 인해 내가 평가된다면 말 한마디도 자유롭게 할 수 없고 자신의 생각을 표현하는 데도 나중의 평가를 의식해서 늘 위축될 수밖에 없다는 것이 그 이유다.

기억하는 기술에서 망각하는 기술로

잊혀질 권리가 부상한 이유를 살펴보면 인터넷이 지닌 기술적 특성을 이해하게 되는 부수적 효과가 있다.[44] 인터넷에 올라가는 정보는 디지털 정보로, 종이나 녹음테이프 등에 기록된 아날로그 정보와 달리 오랜 시간이 지나도 낡거나 훼손되는 일이 없다. 아무리 먼 곳에 있거나 아무리 시간이 지나도 원본 그대로 손쉽게 전송과 복제가 가능하다. 갈수록 컴퓨터 저장 장치의 용량이 확대되고 값이 떨어짐에 따라 디지털 형태로 보관되어 유통되는 정보는 늘어나게 된다. '무어의 법칙(Moore's Law)'은 약 18개월마다 컴퓨터 칩의 성능이 두 배가 된다는 것으로 이러한 현상을 설명해준다. 또한 갈수록 강력해지는 검색 기능은 온라인에 존재하는 정보들을 단번에 찾아내는 것을 가능하게 해준다.

《잊혀질 권리》를 펴낸 영국 옥스퍼드대학 인터넷연구소(Oxford Internet Institute)의 빅토어 마이어쇤베르거 교수는 디지털 문명으로 인해 수천 년 전 문자의 발명 이래 기본적으로 변화가 없던 인류의 기억과 망각에 관한 구조가 근본적으로 바뀌었다고 주장한다.

"유사 이래 인류에겐 망각이 기본이고 기억하는 것이 예외적 현상이었으나 디지털 기술과 인터넷은 망각이 예외가 되고 기억이 기본값이 되게 만들었다"는 것이다. 즉 과거에는 기억하기 위해서 돌에 새기고 종이에 적고 책을 보존하는 등의 노력을 기울였지만 지금은 삭제를 위해 특별히 노력을 기울이지 않으면 우리가 남기는 대부분의 정보가 영구히 보존되어 기억된다는 뜻이다.

우리는 더 이상 예전처럼 기억에 의존하지 않는다. 전화번호, 주소, 지도는 물론 많은 일들의 상세한 내용을 일일이 기억하지 않고 스마트폰과 인터넷에 맡겨 처리한다. 기억할 필요 없이 그때그때 디지털이 기억하는 정보를 스마트폰과 인터넷에서 불러내 처리하면 된다. 일찍이 1945년 미국 과학자 버니바 부시(Vannevar Bush)가 인간 기억의 보조 장치로 구상하고 설계한 '메멕스(Memex: 오늘날 컴퓨터의 모델로 여겨진다)'의 최첨단 초소형 모델을 누구나 몸에 지니고 있는 셈이다. 인간이 좌뇌, 우뇌에 이어 외뇌(外腦)를 얻었다는 표현도 있다. 하지만 변화는 단순한 기억 장치의 획득과 확장에 그치지 않는다.

손쉬운 검색으로 간편하게 찾아진 정보는 빛의 속도로 전 세계에 유통되어 공유된다는 점 때문이다. 잊혀질 권리를 주장하며 삭제를 요청하거나 스스로 정보를 없애는 노력을 기울이지 않으면 한 번 만들어진 정보가 사라지지 않는 세상이 될 것이다.

잊혀질 권리는 언론의 자유와 표현의 자유 그리고 정보접근권과 충돌하기 때문에 사안별로 다양한 권리들과의 조화로운 조정이 필요하다. 하지만 인터넷에서 잊혀질 권리가 요구되는 근본적 상황을 이해해야 한다. 과거 우리가 자연적으로 또는 의도적으로 망각해오고 용서해왔던 것들이 오늘날 인터넷 환경에서 작동하지 않기 때문에 잊혀질 권리가 요청되고 있다.

수십 년 전 신문 스크랩과 마이크로필름에 담겨 있던 옛날 신문 기사도 이제 포털의 통합검색에서 한 번에 찾아진다. 지난 시절 도서관에 보관되어 있어 연구자가 오랜 시간과 비용을 들여 찾아야 했던 옛날 기사가 방금 보도된 기사처럼 손쉽게 검색된다. 네이버 뉴스라이브러리는 1920년부터 1999년까지 네 개 일간지의 모든 지면을 디지털로 변환해서 검색에 포함시켜 서비스하고 있다.

색인을 통한 분류를 의미하는 인덱싱(indexing)이 중요한 개념이다. 인덱싱되어 검색어로 바로 찾아지는 디지털 정보는 낡은 종이 문서 더미와 같은 아날로그 정보와 근본적으로 다르다. 미국 연방대법원은 인덱싱되어 검색 가능한 디지털 정보 파일과 개별적으로 존재하는 공개 문서를 같은 것으로 볼 수 없다는 판결을 내렸다.[45] 여기서 '실질적 모호성(practical obscurity)'이란 개념이 제시됐다. 미국의 각 경찰서는 전과자 정보를 공개하고 있어 누구나 접근이 가능하다. 미국 법무부는 공개된 전과자 정보를 모아서 검색 가능한 형태로 보유하고 있지만 이에 대해서는 일반의 접근이 허용되지 않는다는 판결이다. 엄청난 시간과 노력을 들여서 찾아낼 수 있는 아날로그 정보는 실질적 모호성 덕분에 무차별 공개로부터 보호되고 있지만 검색어 하나로 무엇이든 즉시 찾을 수 있는 디지털 정보는 그렇지 않다는 얘기다.

잊혀질 권리가 중요한 이유는 모든 것이 공개되고 검색되는 인터넷 환경에서 실질적 모호성이란 일종의 가림막을 회복하고자 하는 시도이기 때문이다. 도서관이나 해당 웹사이트에는 남아 있어서 연구자나 관심 있는 사람은 찾을 수 있지만 검색어 하나로 모두에게 공개되어서는 안 되는 정보가 인터넷에는 있다. 철없던 미성년 시절에 남긴 게시판 댓글, 전혀 공적인 의미를 갖고 있지 않은 개인적 정보나 프라이버시, 기억될 필요 없는 개인의 일상, 효력을 상실해 법률로 삭제를 명령한 정보 등이다. 스스로 올린 정보를 당사자가 삭제할 수 있게 하거나 공적 기능이 없는 사적 정보가 담긴 웹사이트로의 링크가 검색되지 않도록 요청할 수 있는 권리가 절실해지고 있다.

잊혀질 권리는 권리로서 이해되기 어려운 낯선 개념이다. 사실 잊혀질 권리란 단어 자체가 어불성설인 문학적 상징 표현이기도 하다. 이중피동형으로 쓰인 것도 어색하지만 누군지 모를 제3자의 뇌 속에 있는 정보와 기억에 대해 '잊힐 것'을 요청한다는 것 자체가 권리로서 성립이 불가능한 개념이기 때문이다. 하지만 인터넷은 인류가 지녀왔던 망각과 기억에 관한 기본 구조를 바꿔놓았고 우리에게 잊혀질 권리에 대한 새로운 사회적 약속을 만들 것을 요구하고 있다. 이제까지 망각 없는 인터넷이 가져온 편리함에 그늘이 가려 있었지만 빛이 강렬해지면서 서서히 그늘의 윤곽도 선명해지고 있는 것이다.

PART 2

우리를 공공재로 만드는
디지털의 방식

–

뉴 빅브라더의 진화

––––– 1 –––––

주어진 대로만 사용한다면

▼

디폴트 세팅은 단순히 편의성을 제공하는 역할에 머무르지 않는다.
사용자의 기기 활용 습관과 행동을 규정해버리는 막강한 권한과 기능을 갖고 있기 때문이다.

요즘은 어딜 가나 곳곳에서 '카톡', '카톡' 소리가 쉴 새 없이 들린다. 카카오톡을 설치하면 메시지가 올 때마다 울리는 기본 알림음이다.

고성능 DSLR(digital single lens reflex) 카메라 대신 스마트폰만으로 찍은 작품들로 사진전을 열어 화제를 모은 사진작가 한창민 씨는 이 기능을 꺼두었다. 수시로 울리는 알림 때문에 주위를 소란스럽게 하거나 자신만의 시간을 방해받고 싶지 않아서다. 그의 카카오톡 계정에는 "알림을 꺼서 답장이 늦습니다. 급한 일은 문자로 주세요"라는 문구가 적혀 있다. 그는 카카오톡뿐만 아니라 사진 촬영과 리터칭 관련 앱, 다양한 SNS와 위치정보 기반 앱, 뉴스 앱들을 사용하고 있지만 앱을 설치한 뒤 설정 메뉴에서 각종 알림(notification) 기능을 비활성화한다.

하지만 이처럼 기기나 서비스가 기본으로 제공하는 설정 값을 자신의 용도에 맞게 변경할 줄 아는 사람들은 소수이고 대부분은 구입 또는 설치 당시의 '디폴트 세팅(default setting: 초기 설정)'대로 사용한다.

디지털 기기는 사용자들이 각각 다른 방식으로 사용할 수 있도록 다양한 선택을 제공하는 것이 특징이다. 자동차는 자동 변속 기능과 수동 변속 기능을 한 모델에 탑재하려면 비용이 많이 들지만 소프트웨어를 사용하는 디지털 제품은 다르다. DSLR 카메라는 조리개 우선, 셔터 속도 우선, 수동 조작(매뉴얼) 등 사용자에 따라 다양한 모드를 지원하지만 많은 사용자들은 대부분 '자동(auto)' 모드로 쓴다. 가장 많은 사용자들이 사용하는 대표적 기능이 디폴트 세팅으로 채택되는 경우가 많다. 소프트웨어에서는 주로 '표준 설치(또는 권장 설치)'나 '사용자 설치'로 제공된다. 소프트웨어를 구입해 설치하려면 표준 설치나 사용자 설치 가운데 하나를 선택해야 다음 단계로 진행된다. 대부분의 제품은 디폴트 세팅이 표준 설치에 체크되어 있어 사용자 설치를 선택하는 경우에만 초기 설정 값을 바꾸게 되어 있다.

제품을 개발해 공급하는 사업자가 초기 값이나 표준 설치를 제공하지 않고 모든 것을 사용자가 일일이 설정하게 하면 십중팔구 혼란이 일어난다. 사용자들이 가장 많이 쓰는 '권장 설정'을 초기 값으로 세팅해서 제공하는 것은 이런 이유 때문이다. 이 덕분에 소프트웨어를 사용하기 위해서 몇 시간 동안 사용 설명서를 읽고 하나하나 설정할 필요 없이 설치한 즉시 쓸 수 있다.

스마트폰으로서는 2007년에 뒤늦게 출시된 애플 아이폰이 크게 성공하고 스마트폰의 대명사로 올라선 것은 그 이전까지 복잡했던 화면 조작법을 직관적인 사용자 환경과 디폴트 세팅으로 표준화해 기술 지식이 없는 사람도 누구나 손쉽게 사용하게 해준 덕분이다. 디지털 제품을 만들어 판매하는 사업자는 기기 사용법에 익숙지 않은 다수의 고객들에게 최대한 직관적이고 편리한 사용자 경험을 제공하는 것을 제품 성공의 핵심으로 간주하고 이를 디폴트 세팅과 UI에서 구현하고자 한다.

사용자 환경 User Interface, UI 주로 정보기술에서 컴퓨터 장치와 사용자 간에 의사소통을 가능하게 하는 매개물을 뜻한다. 도스 시절의 명령어 입력 방식을 대체한 윈도의 그래픽 UI와 아이폰에서 선보인 터치 UI가 대표적이다.

사용자 경험 User Experience, UX 사용자가 제품과 서비스를 이용하면서 느끼고 생각하게 되는 경험의 총체를 말하는데, 주로 정보기술 제품에서 사용 편의성과 관련해 언급된다. 아이폰과 안드로이드폰 등 스마트폰은 얼마나 뛰어난 사용자 경험을 제공하느냐로 경쟁한다.

디지털 제품에서 디폴트 세팅은 단순히 편의성을 제공하는 역할에만 머무르지 않는다. 사용자의 기기 활용 습관과 행동을 규정해버리는 막강한 권한과 기능을 갖고 있기 때문이다. 디폴트 세팅은 사용자에게 친절한 사용 환경을 안내하는 도우미 노릇을 하기도 하지만 주인을 무례하고 무식한 시민으로 만들기도 한다.

국가별 장기 기증률 차이의 원인

디폴트 설정에 따라 결과가 달라지는 경우로 국가별 장기 기증률의 차이를 들 수 있다. 2004년 심리학자인 에릭 존슨(Eric Johnson)과 댄 골드 스타인(Dan Goldstein)이 발표한 논문에 따르면 오스트리아와 프랑스 국민의 장기 기증 동의율은 각각 99.9퍼센트다. 벨기에는 98퍼센트, 포르투갈은 99.6퍼센트, 스웨덴은 85.9퍼센트다. 하지만 이들 국가와 인접한 영국은 17.2퍼센트, 독일은 12퍼센트, 덴마크는 4.25퍼센트에 불과하다.[1] 이 차이는 장기 기증 여부를 묻는 질문의 디폴트 세팅에서 비롯한다. 사람들에게 장기 기증에 동의하는지를 묻는 질문 방식이 결과의 차이를 부른다는 것이 연구를 통해 밝혀졌다. 설문 조사 결과 디폴트 설정이 장기 기증 동의로 체크되어 있고 이에 동의하지 않는 사람들만 별도로 의사를 표시하게 한 경우에 장기 기능 동의율은 82퍼센트였다. 이와 대조적으로 디폴트 세팅이 반대로 되어 있어 장기 기증에 동의하려는 사람이 별도로 의사를 표시해야 하는 경우에는 동의율이 42퍼센트에 불과했다. 디폴트 세팅을 정해놓지 않고 사람들에게 둘 중 하나를 자유롭게 선택하게 하는 중립적인 경우에도 장기 기증 동의율은 79퍼센트로 나타났다. 낮은 사후 장기 기증률의 배후에는 장기 기증 의사가 있는 사람들에게 별도의 '행동'을 취하게 한 디폴트 세팅이 있다는 연구 결과다.[2]

'귀차니즘'이라고 표현되는 이런 성향에 대해 경제학자인 보스턴대 경영대학원의 윌리엄 새뮤얼슨(William Samuelson) 교수와 하버드대 케네디스쿨의 리처드 젝하우저(Richard Zeckhauser) 교수는 웬만해서는 초기 설정 값을 바꾸지 않는 사람들의 심리를 '현상 유지 편향(status quo bias)'이라고 불렀다.[3]

이런 이유로 업체들은 디폴트 세팅을 사용자 경험 개선에 활용하는 데서 그치지 않는다. 다양한 용도로 '초기 설정'을 해놓고 변경이 불가능하거나 어렵게 만든다. 이를 경쟁 제한과 소비자 현혹 마케팅에도 활용한다. 대표적인 것이 인터넷의 시작화면 설정 경쟁이다. 인터넷 브라우저를 띄우면 처음으로 보여주는 시작화면을 자사의 홈페이지로 설정하라는 안내를 경쟁적으로 내보내는 것이다. 국내 포털들은 유난히 이 분야에서 치열하게 경쟁한다. 무료 백신, 툴바, 보안도구 등 소프트웨어를 내려받을 경우 사용자들의 시작화면을 자사 홈페이지로 변경하도록 기본 설정을 해놓고 '동의'를 받아 진행하는 방식이다. 물론 사용자들이 홈페이지 변경을 선택하지 않고 진행할 수도 있고 시작화면은 브라우저의 설정에서 손쉽게 바꿀 수도 있다. 하지만 상당수의 사용자들은 한 번 설정된 시작화면을 좀처럼 변경하지 않는데 업체들은 이러한 현상을 마케팅에 활용하고 있는 것이다.

사용자가 손쉽게 바꿀 수 있는 인터넷 시작화면에 비해 웹브라우저나 기본 검색엔진은 업체 간 디폴트 세팅 경쟁이 더 치열한 영역이다. 마이크로소프트는 PC 운영체제를 판매하면서 웹브라우저인 인터넷 익스플로러(Explorer) 장착을 디폴트 세팅으로 제공해왔다. 마이크로소프트의 끼워 팔기는 유럽연합으로부터 다른 브라우저의 선택을 방해하는 불공정 경쟁 행위로 여겨져 제재를 받았다. 컴퓨터 운영체제 시장을 지배하고 있는 지위를 악용해 소비자들이 자유롭게 브라우저를 선택하지 못하게 하고 자사의 인터넷 익스플로러를 디폴트 세팅으로 제공하는 것은 공정 경쟁을 위반한다는 것이 골자였다. 유럽연합의 제재로 인해 마이크로소프트는 유럽 지역에서 컴퓨터 운영체제인 윈도(Windows)를 판매할 때 브라우저를 끼워 팔지 못하고 소비자들이 다양한 브라우저를 선택해 설치할 수 있게 하는 서비스(web browser ballot)를 제공하고 있다.

하지만 마이크로소프트는 유럽에서와 달리 한국에서는 브라우저 끼워 팔기를 계속하고 있다. 유럽연합에서는 브라우저업체인 오페라 소프트웨어(Opera Software)가 탄원서를 제출하는 등 문제를 제기했으나 한국에서는 이를 문제 삼는 기업이 없고 공정거래위원회 같은 당국도 개입하지 않고 있기 때문이다. 다만 2005년 마이크로소프트는 한국에서 컴퓨터 운영체제에 메신저와 미디어 재생 프로그램을 끼워 팔아오다 공정거래위원회로부터 330억 원의 과징금과 시정 명령을 받았다. 국내 업체인 다음의 고발로 인한 결과였고 마이크로소프트는 2006년부터 해당 제품 끼워 팔기를 중단했다.

디폴트 세팅 경쟁은 스마트폰 등장 이후 PC에서 모바일 환경으로 옮겨갔다. 스마트폰은 화면이 작아 PC에 비해 사용자가 수시로 설정을 바꾸기가 쉽지 않다. 또한 휴대 기기로 각종 센서를 탑재하고 SNS 등 복잡한 기능의 다양한 서비스와 연결된 상태로 사용된다. 스마트폰의 디폴트 세팅이 사용자에게 끼치는 영향이 증폭된 배경이다.

스마트폰에서 운영체제에 따라 기본으로 탑재되는 검색엔진과 지도 서비스를 놓고 구글, 애플, 마이크로소프트 등이 치열한 경쟁을 벌이고 있다. 2011년 4월 국내의 네이버와 다음 등 포털업체는 구글이 스마트폰 제조사에 안드로이드 운영체제(OS)를 공급하는 과정에서 구글의 검색엔진만 선탑재하고 다른 회사의 검색 프로그램을 배제하도록 강제한 의혹이 있다며 공정거래위원회에 구글을 제소했다. 하지만 2013년 공정거래위원회는 사용자가 네이버와 다음 앱을 손쉽게 설치할 수 있고 대체재가 있는 점 등이 경쟁 제한에 해당하지 않는다며 구글에 무혐의 처분을 내렸다.

업체 위주의 디폴트 세팅은 공정한 경쟁을 방해하고 결국 사용자 편의를 저해한다. 대표적인 것이 애플 아이폰에서 구글 지도를 추방한 해프닝이다. 아이폰은 2007년 출시 이후 줄곧 구글 지도를 기본 탑재해왔다. 그러다 스마트폰 운영체제를 놓고 애플과 구글의 경쟁이 격화되자 2012년 9월 애플은 아이폰5와 새 운영체제(iOS6)에서 구글 지도를 없애버렸다. 대신 애플이 자체 제작한 애플 지도를 탑재했지만 품질이 낮고 오류가 많아 대대적인 소비자 불만을 야기했다. 아이폰 사용자는 지금껏 사용해 익숙하고 서비스도 뛰어난 구글 지도를 쓰려고 해도 애플이 아이폰에서 구글 지도를 추방해버렸기 때문에 사용할 수 없었다. 최신 스마트폰과 운영체제로 바꿨지만 애플의 디폴트 세팅 변경으로 인해 오히려 서비스의 질이 하락한 것이다. 업체 위주의 디폴트 세팅이 소비자 편익을 저해한 대표적 사례다. 한바탕 소동이 이어진 뒤 결국 팀 쿡(Tim Cook) 애플 최고 경영자가 사과하고 아이폰에 구글 지도 탑재가 다시 허용됐다.

디폴트 세팅의 함정

세계 최대의 SNS인 페이스북의 디폴트 세팅은 사용자에게 끊임없이 더 많은 개인정보 공개를 요구하도록 설계되어 있다. 대표적인 것이 페이스북의 성공 요인으로 손꼽히는 뉴스피드 기능이다. 2004년 서비스를 시작한 페이스북이 2년 뒤인 2006년 뉴스피드 기능을 도입하자 상당수의 사용자들은 친구들의 소식을 내 담벼락(wall)에 자동으로 등록하는 것은 프라이버시 노출이라며 강하게 반발했다. 이 과정에 사용자들의 '동의'를 구하는 절차는 없었

뉴스피드 News Feed
페이스북이 싸이월드나 마이스페이스 같은 기존의 SNS와 구별되는 특징으로, 친구의 사이트를 방문할 필요 없이 내 사이트에서 친구들이 무엇을 하고 있는지를 알려주는 기능이다.

다. 다만 뉴스피드 설정에서 사용자가 디폴트 세팅을 바꿈으로써 뉴스피드의 공개 범위와 제한 대상을 정할 수 있게 했다. 하지만 대부분의 사용자들은 페이스북이 디폴트 세팅한 대로 사용한다. 내 담벼락에 친구들의 소식만 전해지는 것이 아니라 거꾸로 친구들의 담벼락에 내 활동이 그대로 뉴스피드로 올라가고 내가 공개하고 싶지 않았던 내용도 친구의 친구에게 노출된다. 페이스북의 디폴트 세팅 때문이다.

페이스북은 기본적으로 더 많은 개인정보와 프라이버시가 노출되도록 설계된 서비스다. 내 지인들과 빠르고 쉽게 연결해주어 관계를 더욱 깊게 해주는 도구라기보다는 모르는 사람들과 새로이 친교를 맺고 개인적 정보를 교환하게 해주는 도구다. 페이스북 서비스는 사용자들에게 끊임없이 '당신이 알 만한 사람'이라고 친구를 추천하고 내 친구들 몇 명이 그 사람과 친구인지를 알려준다. 또 좋아하는 영화는 무엇인지, 좋아하는 스포츠팀은 어디인지, 어느 지역 출신인지, 어느 학교를 졸업해서 현재 어떤 직장에 무슨 직위로 있는지를 쉴 새 없이 물

어보고 이를 공개하라고 요구한다. 그렇게 디폴트 세팅이 되어 있어서 상당수의 사용자들은 페이스북의 요청에 따라 개인정보를 공개한다.

페이스북에 글을 게시할 때는 디폴트 세팅으로 글 쓴 장소를 글과 함께 공개하도록 되어 있다. '서울특별시 근처'와 같은 방식으로 글마다 자동으로 내가 지금 머무르는 도시 이름이 뜨게 되어 있는 것이다. 적극적으로 자신이 어디에 있음을 알리는 사진이나 게시글을 올리지 않아도 대부분의 사용자가 인터넷에서 자신도 모르는 사이에 본인의 위치를 공개하고 있는 셈이다.

페이스북만 유별난 것이 아니다. 트위터 등 거의 모든 인터넷 서비스가 마찬가지다. 특히 플리커(Flickr)와 같은 사진 공유 서비스는 업로드하는 사진의 촬영 정보(EXIF)를 비롯해 웬만한 정보를 모두 공유하도록 디폴트 설정이 돼 있다. 업로드한 사람은 자신이 나온 사진 한 장을 올렸을 뿐이라고 생각하지만 함께 공유된 사진의 촬영 정보에는 조리개 값과 셔터 속도만이 아니라 다양한 정보가 낱낱이 담겨 있다. 스스로 공개한 사진에 촬영 시각이나 위치정보가 정밀하게 기록되어 있는 것을 알지 못한 채 다른 주장을 하다가 망신당하는 경우도 흔하다.[4]

이처럼 디폴트 세팅에 의해 자동적으로 자신의 글과 여타 정보가 공개되고 있다는 사실을 모르고 서비스를 사용하면 무식한 사용자가 되어 스스로 피해를 볼 수 있다. 민감한 정보는 디폴트 세팅에서 사용자가 수동으로 비공개로 바꿔야 한다. 그러자면 알아야 한다.

소프트웨어와 인터넷 서비스의 디폴트 세팅은 수시로 변경된다. 디지털 기기의 특성상 복잡한 수학적 알고리즘을 기반으로 만들어진 이

기능은 성능 개선과 시장 상황에 따라 자주 수정된다. 물론 운영체제나 소프트웨어의 버전이 업그레이드될 때마다 사용자의 동의를 거치지만 복잡하고 어려운 서비스 이용 약관을 꼼꼼히 읽고 동의하는 이용자는 거의 없다. 사용자는 습관적으로 '동의'하는 경우가 일반적이다.

디폴트 세팅은 사용자인 당신이 스스로를 위해 맞춤형으로 설정한 것이 아니다. 사업자의 이익을 위해 개발되었거나 설정된 경우가 대부분이다. 비록 사용자가 자신의 용도와 프라이버시 보호를 위해 초기 설정 값을 변경할 수 있도록 선택이 주어질 때도 있지만 사용자들은 디폴트 세팅을 그대로 사용하는 경우가 많다. 더욱이 기술의 구조를 모르거나 이해하지 못할 경우, 또 알더라도 게을러서 수정하지 않는 경우 사용자들은 사업자들이 만들어놓은 디폴트 세팅의 덫에 걸려든 먹잇감이 될 수 있다.

찰리 채플린, 〈모던 타임스〉(1936). 톱니바퀴가 '설정'의 아이콘으로 쓰이는 것은 의미심장하다. 우리가 톱니바퀴에 빨려 들어가 디지털의 도구로 전락하지 않으려면 톱니바퀴가 돌아가는 정교한 기계적 구동을 이해하고 활용할 줄 알아야 한다.

디폴트 세팅은 사용자에게 친절한 사용 환경을 안내하는
도우미 노릇을 하기도 하지만
주인을 무례하고 무식한 시민으로 만들기도 한다.

2

'좋아요'는 어떻게 우리를 옭아매는가

▼

페이스북을 세계 최대의 SNS로 우뚝 서게 만든, 뉴스피드와 함께 페이스북 최고의 병기.
치켜든 엄지손가락 모양의 페이스북 '좋아요' 버튼은
단순히 '좋다'는 의미 이상의 복합적 기능을 수행한다.

상대편의 페이스북에 가서 '좋아요'를 눌렀다고 해고를 당했다? 직접 글을 올린 것도 댓글을 단 것도 아니었다.

2009년 미국 버지니아주 햄프턴의 부보안관 대니얼 카터(Daniel Ray Carter Jr.)는 페이스북에서 '좋아요(like)' 버튼을 누른 것이 빌미가 되어 해고당했다. 카터의 상사인 B. J. 로버츠(B. J. Roberts) 보안관은 보안관 선거운동 기간에 카터가 자신의 경쟁자인 짐 애덤스(Jim Adams) 후보의 페이스북에 들어가 '좋아요'를 누른 것을 문제 삼았다. 카터만이 아니라 '좋아요'를 누른 보안관실 직원 다섯 명도 같은 이유로 해고됐다.⁵ 2012년 미국 의회도서관 직원인 피터 터비어(Peter TerVeer)는 동성애 지지 단체의 페이스북에서 '좋아요'를 눌렀다는 이유로 동료들로부터 놀림과 따돌림을 받다가 결국 해고당했다.[6]

공감에서 공유까지, '좋아요'의 복합적 의미

'좋아요' 버튼은 뉴스피드와 함께 페이스북을 세계 최대의 SNS로 우뚝 서게 만든 페이스북 최고의 병기다. '좋아요' 기능은 2007년 SNS 회사인 프렌드피드(FriendFeed)에서 첫선을 보였지만 2009년 페이스북이 프렌드피드를 인수하고 '좋아요'를 콘텐츠에 달 수 있게 하면서 널리 쓰이기 시작했다. 페이스북이라는 세계 최대 SNS의 플랫폼 영향력을 통해 '좋아요'는 빠르게 확산됐다. 페이스북이 '좋아요'를 통해서 SNS를 장악해가자 2011년 3월 구글은 유사한 서비스인 '구글 플러스(+)'를 출시하고 '좋아요' 기능을 대신하는 '+1'을 도입했다. 하지만 페이스북만큼 영향력을 발휘하지 못하고 있다.

치켜든 엄지손가락 모양의 페이스북 '좋아요' 버튼은 단순히 '좋다'는 의미 이상의 복합적 기능을 수행한다. 유튜브에는 '좋아요'와 함께 '싫어요' 버튼도 있지만 페이스북에는 '좋아요'만 있다. '좋아요'가 다양한 의미를 갖는 이유다. '읽었어요', '멋져요', '재미있어요', '공감합니다'라는 뜻으로 쓰이는가 하면 맥락에 따라서 '싫어요', '슬퍼요'와 같은 정반대의 의미를 나타내기도 한다. 부모님이 돌아가셨다는 글을 올리면 사람들이 추모의 뜻으로 '좋아요'를 눌러대는 경우도 있다.

기관이나 단체가 홈페이지로 활용하는 페이스북 페이지에서 '좋아요'는 팔로(follow)와 배달 기능을 수행한다. 페이스북 페이지에서 '좋아요'를 누르면 이후 해당 페이지의 콘텐츠가 내 페이스북 뉴스피드에 배달되는 것이다. '좋아요'를 사고파는 사업도 생겨났다.[7] 기업과 연예인은 물론, 정치인들도 페이스북의 '좋아요'를 구매하고 있다. 2014년 지방선거에 출마한 일부 정치인의 페이스북은 '좋아요' 가운데 80∼90퍼센트가 터키에서 클릭된 것으로 나타나 의도적 구매로 의심받았다.[8] 자유롭게 계정을 만들 수 있는 SNS의 특성을 활용해 수많은 페이스북 계정을 유지하면서 '좋아요'를 늘려달라는 주문자의 계정을 클릭해 '좋아요' 숫자를 순식간에 수천, 수만 개로 만드는 방식이다.

'좋아요'는 관심 자원을 기반으로 하는 소셜네트워크상에서 일종의 화폐로 기능한다. 한 사람이 한 번만 '좋아요'를 누를 수 있다는 속성상 '좋아요' 숫자는 얼마나 많은 사용자의 관심, 인기, 신뢰를 얻고 있는지를 보여주는 정량적 지표다. 동일한 주제에 관한 콘텐츠를 고르거나 쇼핑몰에서 여러 상품 가운데 하나를 구매할 경우 선택은 자연스레 '좋아요'가 많은 쪽이다. '좋아요'가 많은 콘텐츠가 주요하게 노출되거나 검색되어 구매 같은 실제 행동으로 이어지는 현상이 강화될수록 인터넷에서 콘텐츠 생산자와 소비자는 더욱더 '좋아요'에 의존하게 되고 이는 긍정적 피드백의 순환 고리를 형성하게 된다.

상업적 목적을 갖고 있지 않은 페이스북 일반 이용자에게 자신의 글과 사진에 대한 지인들의 '좋아요'는 뇌 신경망에 쾌감을 가져오는 신경전달물질인 도파민과 같은 기능을 한다. 멋진 사진이나 글을 올린 뒤 스마트폰 알림으로 쏟아지는 '좋아요'는 사용자들을 페이스북에 빠져들게 하는 마력이다. 더 많은 '좋아요'를 얻기 위해 개인도, 기업도 안달하고 있다. '좋아요'를 늘리는 글쓰기 방법, 품앗이로 상대의 '좋아요' 눌러주기 등의 노하우가 공유되고 있다. 페이스북에서는 글쓴이도 자신이 올린 콘텐츠에 '좋아요'를 누르는 '셀프 좋아요'도 허용하고 있다. 실제로 자신이 올린 글과 사진에 스스로 '좋아요'를 누르는 이용자들도 적지 않다. '좋아요'의 참기 힘든 매력이다.

페이스북의 '좋아요'는 간단한 설정을 통해 전자 상거래 사이트, 뉴스 사이트, 블로그 등 페이스북 바깥의 다양한 콘텐츠에 쉽게 부착된다. 이제 '좋아요'를 달고 있지 않은 뉴스 사이트, 블로그, 인터넷 쇼핑몰을 찾기 어려울 정도다.

인터넷에서 콘텐츠나 상품, 서비스에 대한 사용자의 의견을 보여주는 '추천' 기능은 일찍부터 도입되어 많은 사이트에 적용됐다. 오프라인 매장에서는 상품에 대해 공급자의 소개나 전문가의 평가가 '추천' 기능을 해왔다. 하지만 이는 기본적으로 일방향적이다. 영화, 음식점, 호텔을 평가하는 '별점'이 그렇다. 하지만 온라인에서는 제조자와 전문 비평가가 아닌 일반 사용자들의 반응을 보여준다. 온라인에서는 상품을 사용해본 사용자들의 체험담과 콘텐츠를 읽은 독자들의 평가가 '추천', '비추천'으로 나타난다. 인터넷 쇼핑몰이 실물을 전시하지 않고 사진과 상품 소개만으로 엄청난 매출을 이뤄내는 데는 사용자들의 사용 후기와 추천 기능이 큰 역할을 했다. 포털이나 인터넷 뉴스 사이트에서는 이를 기반으로 '많이 본 기사'나 '댓글 많은 기사' 순으로 정렬해서 서비스를 제공한다. 뉴스에 달린 댓글도 '추천순'이나 '등록순'

으로 선택할 수 있다. 인터넷의 쌍방향성과 추천 기능을 잘 살려서 온라인 뉴스만의 특징으로 정착시킨 서비스다.

페이스북의 '좋아요'는 사용자들의 평가와 추천이라는 점에서 기존의 온라인 별점이나 후기와 유사하지만 본질적으로 다른 특성이 있다. 소셜네트워크상에서 작동하는 도구라는 점이다. 내가 포털이나 영화 사이트에서 별점을 확인하는 것이 아니라 내가 관계를 맺고 있는 친구들이 추천한 내용이 SNS에서 즉시 공유되는 구조라서 사이트를 찾아갈 필요가 없다. 내가 모르는 누군가의 추천이 아니라 나와 긴밀한 관계를 유지하고 있는 지인의 추천이 실시간 '알림'으로 찾아오는 방식이다.

이런 특성 덕분에 '좋아요'는 특정한 글이나 사진에 대한 추천과 공감을 나타내지만 실제로는 '공유'하는 행위가 된다. 페이스북의 해당 콘텐츠에 '공유하기' 버튼이 있기는 하지만 페이스북에서 공유는 '좋아요'를 통해 더 광범위하게 일어난다. '공유하기'는 '좋아요'만큼 페이스북 외부 콘텐츠에 널리 부착되지 않는다. 사용자들이 '좋아요'를 통해 공유하기 기능도 수행하기 때문이다. 내가 누군가 '전체 공개'로 올린 콘텐츠에 '좋아요' 버튼을 누르거나 글을 올리면 그 글이 나를 팔로하는 친구들의 뉴스피드에 뜬다. 국내 10대들 사이에는 페이스북 친구들끼리 '좋아요'를 통해 은밀한 동영상 등 자신들만의 콘텐츠를 공유하는 문화가 있다. 이렇게 페이스북 친구끼리는 직접 올린 글과 사진은 물론 티커 창(ticker: 국내에선 '지금 이 순간')과 뉴스피드를 통해 '좋아요'와 '댓글 달기' 같은 반응도 실시간으로 공유된다.

내가 관계를 맺고 있는 지인들의 글을 비롯해 콘텐츠 추천이나 행동을 알려주는 '좋아요' 기능과 이에 대한 사용자들의 호응은 인터넷의 발달 방향을 알려준다. 모르는 사람들의 추천이나 답변에 비해 내 친구들이 권하는 '좋아요'와 콘텐츠 소개는 월등한 가치를 지닌다. 이는 친구들이 인터넷에서 무엇을 하고 있는지, 그들의 취향이 어떤지를 알려주는 소식 배달부이기도 하다. 미래 인터넷의 엔진으로 추앙받는 소셜네트워크의 연료는 사용자들이 쉴 새 없이 눌러대는 '좋아요'다. 통계에 따르면 2013년 6월 11일 현재 75억 개 사이트에 페이스북의 '좋아요'와 '공유하기' 버튼이 장착돼 있으며, 이들 버튼을 통해 열람되는 페이지뷰는 하루 220억 페이지라고 한다. 페이스북의 '좋아요'를 누르는 건수는 하루 45억 회다.[9]

숨기고 싶은 '좋아요'의 궤적

편리한 '좋아요'에는 그늘도 있다. 누군가 나의 글과 사진에 '좋아요'를 눌러 관심을 보여주고 관계를 형성해가는 것은 즐거운 일이지만 동시에 '좋아요' 숫자를 늘리기 위해 수고로운 헛일도 마다하지 않는 사태가 벌어지기도 한다. "칼질 하다가 손을 베었어요"라고 올려도 '좋아요'가 쏟아진다. 이미 상당수의 페이스북 사용자 사이에서 '좋아요'는 베푸는 만큼 돌아오는 일종의 품앗이가 됐다. '좋아요'에 의존하는 인터넷 생활은 콘텐츠의 다양화가 아니라 '좋아요'를 더 많이 받기 위한 획일화로 이어질 수 있다는 우려도 나오고 있다.[10]

또 하나의 문제는 내가 페이스북에서 누군가의 글을 읽고 '좋아요'를 누르는 행위가 나와 글쓴이 사이의 공감과 공유를 넘어서서 나의 페이스북 지인 모두에게 확성기로 떠들어대는 행위가 되어버렸다는 점이다. 페이스북의 디폴트 세팅은 '좋아요'가 기본적으로 공개되는 구조다. 이는 햄프턴 보안관실의 여섯 직원들처럼 예상치 못한 해고로 이어질 수도 있고 피터 터비어처럼 공개하고 싶지 않았던 자신의 성적 취향을 노출시킬 수도 있다. 미국에서는 페이스북 같은 SNS 때문에 해고당한 사람들의 다양한 사례를 모아놓은 '페이스북 해고자' 사이트 (www.thefacebookfired.com)가 만들어졌을 정도다.

사용자의 웹사이트 방문 기록이나 검색 이력 또는 인터넷 쇼핑몰 구매 내역 등은 기본적으로 공개되지 않는다. 하지만 페이스북의 '좋아요'는 사용자의 특성을 드러낼 뿐만 아니라 프로파일링과 결합해 신원까지 노출시킨다. 2013년 3월 영국 케임브리지대학 연구진은 모르는 미국 사람들의 페이스북에서 무작위로 수집한 5만 8000개의 '좋아요'를 분석한 결과 상당한 수준의 개인적 정보를 파악할 수 있었다.[11] 계정의 주인이 흑인인지는 95퍼센트의 정확도로, 동성애 등 성적 취향은 88퍼센트의 정확도로, 지지 정당은 85퍼센트의 정확도로 파악해냈다. 페이스북 사용자들이 프라이버시로 여기는 내용이 '좋아요'를 통해서 제3자에게 노출되고 분석되는 것이다.

페이스북 설정에는 '좋아요'의 노출 범위를 조정하는 기능이 있다. 자신의 계정 화면에서 '더 보기'를 눌러 '좋아요'를 선택한 다음 연필 버튼을 눌러 '섹션 관리'와 '공개 범위 수정'으로 들어가면 가능하다.

하지만 이런 기능을 활용할 줄 아는 사람은 드물다. '좋아요' 설정 화면에 들어간 김에 '활동 로그'를 눌러보면 상당수의 사용자는 깜짝 놀라기 마련이다. 자신이 이제껏 페이스북을 사용하면서 누른 '좋아요'가 날짜별로 고스란히 나열되어 있기 때문이다.

페이스북은 2011년 실리콘밸리 멘로 파크(Menlo Park)의 새 사옥으로 이사하면서 입구에 거대한 상징물을 세웠다. 엄지손가락을 치켜든 '좋아요'였다.

페이스북의 '좋아요'는 긍정적 느낌을 전달하면서 사람을 미소 짓게 하고 행복감을 느끼게 하는, 소셜네트워크 시대의 호감 표시 방법으로 통용되고 있다. 하지만 '좋아요'는 현실 세계에서 상대에게만 "좋아요"나 "멋져"라고 정감 어린 눈길을 주거나 문자메시지를 보내거나 말을 건네는 것과는 사뭇 다른 행위다. 사용자들은 '좋아요'가 자신의 취향과 관심을 상대에게 보여주는, 그 순간에만 국한된 행위라고 여기지만 '좋아요'가 네트워크 안에서 수행하는 기술적 기능은 훨씬 범위가 넓다. '좋아요'는 온라인에서의 자기 행적을 낱낱이 자발적으로 공개하는 디지털 궤적(digital shadow)을 새기는 행위이기도 하다는 것을 명심해야 한다.

3

페이스북은 당신의 얼굴을 알고 있다

▼

페이스북은 얼굴 자동 인식 기능이 프라이버시를 침해할 우려가 있다는 비판에
"자신이 나온 사진을 더 쉽게 찾아주기 때문에
사용자가 자신의 개인정보를 더 잘 통제할 수 있게 해준다"고 주장했다.

빠르게 발달하고 있는 두 종류의 최신 기술이 모순적 상황을 만들고 있다. 얼굴 인식 기술과 성형수술 기술의 발달이 서로를 의식해야 하는, 희한한 상황이다.

근래 중국을 비롯한 동남아시아 각국에서 성형수술을 받기 위해 한국을 방문한 의료 관광 여행자들이 늘어나면서 이들을 위한 특별한 서비스가 제공된다는 사실이 보도됐다. 수술 전과 후의 용모가 확연하게 달라져서 출입국 심사에서 난처한 상황이 벌어질 것에 대비해 병원들이 자체적으로 발급하는 '성형수술 확인서'가 바로 그것이다. 몇 년 전부터 서울 강남의 일부 성형외과 병원에서 환자들의 출입국 편의를

위해 제공해오던 '성형수술 확인서' 발급이 상당히 늘어났다고 한다.[12] 여권 사진과 판이하게 얼굴이 바뀐 성형수술 여행객을 위해 영문으로 작성된 확인서에는 환자의 이름, 여권 번호, 수술 부위와 체류 기간, 담당 의사와 병원의 서명이 담겨 있다. 영국 신문 〈데일리 메일〉도 이 사실을 보도하며 국내 성형외과들이 지하철 등에 광고하는 '시술 전, 시술 후' 사진들을 첨부해 실태를 전달했다.[13] 실제로 2009년 중국 상하이공항에서는 한국에서 성형수술을 받고 귀국하던 중국 여성 23명이 "여권 사진과 얼굴이 다르다"는 이유로 입국 심사에서 제지받은 사실이 알려졌다. 공항 당국은 이 여성들을 면밀하게 심사한 뒤 입국시켰지만 "즉시 여권 사진을 새로 찍어 여권을 바꾸라"고 권고했다.

한국 외교통상부는 2012년부터 여권을 발급받을 때는 발급 대행 기관에서 여권용 사진을 직접 찍어주는 '전자여권 얼굴 영상 실시간 취득 시스템'을 전면 도입했다. 여권을 신청할 때 따로 여권용 얼굴 사진을 가져오지 않아도 신청 현장에서 무료로 사진을 촬영해주는 서비스다. 외교부는 "규격에 맞지 않는 사진 등으로 인한 재촬영 불편이 사라질 것"이라고 시행 이유를 밝혔지만 배경에는 그동안 신청인이 제출해온 사진의 지나친 '포토숍 효과'로 인한 신원 식별의 어려움이 있다.

출입국 검사가 진행되는 공항은 얼굴 인식 시스템이 운용되는 곳이다. 특히 미국이 2001년 9.11 테러 이후 생체정보를 활용한 전자여권 체제를 도입하고 미국 방문 비자의 면제 조건으로 전자여권 사용을 요구하면서 우리나라도 영향을 받게 됐다. 전자여권용 사진은 한결 까다로워졌다. 눈썹이나 귀의 일부가 안경이나 머리카락에 가려져서는 안

된다. 귀가 고스란히 노출되어야 하고 미소가 허용되지 않는다. 미국 입국자 데이터베이스에서 얼굴 인식을 통한 사진검색의 효율성을 최고로 높이기 위한 조처다.

얼굴 인식의 다양한 활용

얼굴 인식은 다양한 영역에서 활용되고 있다. 국내외에서 출입자를 식별하는 보안 시스템에 활용된 지는 이미 오래다. 영화에서나 볼 수 있던 장면이 현실화한 모습도 종종 만나게 된다.

미국 플로리다주 탬파시 경찰은 2001년 1월 미식축구 슈퍼볼 결승전이 열린 레이먼드 제임스 스타디움에 운집한 수만 명의 관중 속에서 족집게처럼 지명수배자 19명을 찾아내 검거했다.[14] 경기장 출입구에 예고나 알림 없이 비치한 비디오카메라로 촬영한 관객들의 얼굴 사진을 3000명의 지명수배자 데이터베이스와 실시간으로 비교해서 확인한 결과다. 미 법무부 이민국(INS)과 교정 시설, 운전면허 발급 기관, 카지노 등에서 활용되고 있는 비사지 테크놀로지(Viisage Technology)사의 얼굴 인식 기술(FaceFinder)이 사용된 것이다. 2013년 4월 보스턴 마라톤 대회 결승 지점에서 일반인을 대상으로 한 폭탄 테러가 발생해 다섯 명이 숨지고 280여 명이 부상했다. 별 단서가 없는 상황에서 미 연방수사국은 얼굴 인식 기술을 사용해 며칠 만에 범인을 검거하는 성과를 거뒀다. 사고 현장 부근의 폐쇄 회로 화면(CCTV)을 확보한 뒤 얼굴 인식 기술로 분석하고 용의자들을 압축해나가는 수사 기법 덕분이었다.

중국은 2008년 베이징올림픽 개막식과 폐막식 때 참석 대상자들의 얼굴 사진을 미리 확보한 뒤 입장 당일 동일인 여부를 확인하는 방식으로 올림픽 경비의 안전도를 높였다. 2002년 미국이 솔트레이크시티 겨울올림픽 때 처음으로 얼굴 인식 기술을 도입했지만 당시에는 인식률이 낮아 불편만 야기했다. 6년 동안 이 기술은 빠르게 발달했다.

자동판매기의 왕국으로 불리는 일본에서는 2007년부터 얼굴 인식 기능의 자판기를 놓고 논란이 일고 있다. 자판기 제조업체인 후지타카라는 술이나 담배를 미성년자가 아닌 성인에게만 판매하기 위해 자판기에 얼굴 인식 카메라를 장착했다. 자판기가 구매자를 촬영한 사진에서 얼굴의 피부 탄력도, 눈가 근육 등을 파악해 성별과 연령층을 판단하고 그에 맞는 상품을 추천하는 방식이다. 제조사는 정확도가 90퍼센트 이상이라고 주장했다.[15] 일본에서는 이렇게 얼굴 인식 기술을 통해 상품을 추천하는 기능을 갖춘 자판기가 사용자들의 동의 없이 일반인 이용자들의 얼굴 정보를 수집하여 회사의 마케팅 수단으로 활용해도 되는지를 놓고 논란이 일고 있다.

캐나다의 의류 매장에서는 마네킹의 눈에 감춰진 소형 카메라가 물건을 고르는 고객들의 얼굴을 촬영해 나이, 성별, 인종 등의 정보를 파악한 뒤 고객 유형별로 방문 시간과 선호 상품을 분석한다. 이 분석 정보는 맞춤형 판매 전략에 활용된다. 영국의 대형 유통업체 테스코는 450개 매장에 얼굴 인식 광고 디스플레이(Digital Signage)를 설치했다. 매장 내의 카메라로 고객의 얼굴을 촬영해 성별과 연령별로 정보를 분

석한 뒤 고객이 만나게 되는 광고판에서 흥미를 가질 만한 광고 화면을 보여주는 기술이 적용됐다.[16]

얼굴 인식 기술이 활용되는 영역이 점점 늘어나고 있지만 갈수록 급증하는 성형수술과 나날이 발달하는 성형 기술은 얼굴 인식 기술에도 새로운 과제를 제기했다. 바로 성형수술 후에도 동일인임을 손쉽게 알아내는 방법이 있을까 하는 과제다. 미용 목적의 성형수술은 당사자가 직접 내미는 '성형수술 확인서'로 동일인임이 확인되지만 정보보안 당국이 얼굴 인식 시스템으로 식별해내고자 하는 범죄자나 테러리스트 등은 그런 식으로 확인되지 않는다.

범죄와 연결된 성형수술은 심각한 문제가 된다. 〈양들의 침묵〉, 〈페이스오프〉 등 영화 속의 상상물이던 성형수술을 통한 범죄는 성형수술의 대중화와 더불어 현실이 됐다. 외국만이 아니라 국내에서도 지난 2010년 연쇄 성폭행을 저지른 범인이 방송사의 범죄자 공개 수배 프로그램을 통해 사진이 공개되면서 지명수배가 되자 성형수술을 하고 3년 이상 도피 생활을 하다가 검거되었다.

최신 정보기술은 성형한 얼굴도 자동 인식을 통해 식별해내는 기능을 탐구하고 있다. 2012년 1월 미국 노터데임대학 컴퓨터공학과 케빈 보이어(Kevin Bowyer) 교수의 연구팀은 성형수술 전후에 달라진 얼굴 사진을 식별하는 기술을 발표했다.[17] 성형수술로 얼굴이 달라졌을 경우 기존의 얼굴 인식 소프트웨어는 인식 성공률이 50퍼센트로 떨어졌다. 새 기술의 기본 원리는 성형 전후의 사진만을 비교하는 것이 아니라 데이터베이스에 수많은 사람의 다양한 사진을 비교 분석해서 특정인의 고유한 개인적 특징을 식별해내는 것이다. 성형수술로 얼굴 모습을 바꾼 뒤에도 개인적 특징은 여전히 남는다는 점이 이 기술을 가능하게 한다. 이들은 전체 얼굴을 비교하는 기술보다 눈과 코를 이용한 매칭 방법이 더 효과적이란 것도 발견했다. 얼굴의 모든 특징을 결합해서 식별하는 방법의 경우 인식 성공률은 78퍼센트로 나타났다.

문제는 이 기술이 더 많은 사람의 사진을 지닌 데이터베이스를 필요로 한다는 것이다. 성형수술의 대중화는 얼굴 인식 기술의 고도화와 방대한 얼굴 사진 데이터베이스의 필요성으로 이어지고 있다.

얼굴 인식 기능은 최신 디지털카메라와 사진 관리 소프트웨어에도 활용되고 있다. 디지털카메라는 촬영하려는 얼굴을 자동 인식해 초점과 노출을 맞춰주고 웃는 순간을 자동 포착해서 셔터 순간을 맞춘다. 애플의 아이포토(iPhoto)나 구글 피카사(Picasa) 같은 사진 관리 소프트웨어는 사진 데이터베이스를 검색해 동일인의 얼굴을 찾아낸 다음 분류해준다.

페이스북도 2011년 6월 얼굴 인식 기술인 '이름표 추천(tag suggestion)' 기능을 도입했다. 사용자가 페이스북에 사진을 올릴 때 사진 안에 친구로 확인한 적이 있는 사람이 포함돼 있으면 얼굴 인식 기능을 활용해 자동적으로 그의 이름(태그)을 보여준다. 이전에는 사진을 올린 뒤 게시자가 일일이 이름을 달아줘야 했다.

문제는 이 기능이 사용자의 프라이버시를 침해할 가능성이 무척 높다는 점이다. 사용자가 선택하지 않더라도 초기 설정(디폴트 세팅)으로 얼굴 인식 기능을 통한 이름표 노출을 적용했기 때문이다. 하지만 페이스북은 얼굴 자동 인식 기능이 프라이버시를 침해할 우려가 있다는 비판에 대해 "자신이 나온 사진을 더 쉽게 찾아주기 때문에 사용자가 자신의 개인정보를 더 잘 통제할 수 있게 해준다"고 주장했다.

독일과 오스트리아를 비롯한 유럽연합 국가의 정보보호 당국은 페이스북의 얼굴 인식 기능이 프라이버시를 침해한다고 지적했고 페이스북은 2012년 9월 유럽연합 전역에서 해당 기능이 작동하지 않도록 수정했다. 유럽에서는 서비스가 좌절됐지만 페이스북은 관련 기술 개발에 박차를 가하고 있다. 페이스북 인공지능(AI) 팀이 2014년 공개한 '딥페이스(DeepFace)'의 얼굴 인식 정확도는 97.25퍼센트로, 평균 97.53퍼센트의 인식률을 보이는 사람의 눈에 육박하고 있다.[18] 얼굴이 어둡게 찍히거나 멀리서 찍히거나 옆에서 찍혀도 누구인지 식별해낼 수 있는 수준이다. 페이스북은 인공지능과 빅데이터 분석 기술의 집약으로 평가되는 딥페이스 기술을 아직까지는 페이스북에 적용하지 않고 있다. 하지만 실제 서비스 적용은 시간문제일 뿐이다.

구글이 유일하게 서비스하지 않는 기술

그러나 얼굴 인식 기능은 편리함 못지않게 위험을 내포한 기술이다. 더구나 구글이나 페이스북처럼 수많은 이용자들이 올린, 자신과 제3자의 사진 파일을 방대하게 보유한 업체가 얼굴 인식 기능을 적용할 경우 예기치 못한 문제들이 생겨날 수 있다. 구글은 2009년 스마트폰으로 사진을 찍어 올린 뒤에 검색할 수 있는 구글 고글스(Google

Goggles)라는 비주얼 검색 서비스를 내놓았다. 이름을 모르는 들꽃이나 곤충의 사진을 찍어서 올리면 이름과 특징을 알려주는 서비스다. 하지만 구글은 사생활 침해 우려 때문에 구글 고글스를 사람의 얼굴에는 적용하지 않기로 했다. 〈월스트리트 저널〉이 2011년 6월 개최한 콘퍼런스에서 에릭 슈미트 당시 구글 회장은 "(얼굴 인식을 통한 검색 기능은) 구글이 개발한 기술 가운데 검토 끝에 적용하지 않기로 한 유일한 기술"이라며 "이는 유용할 수 있지만 악용될 가능성이 매우 높기 때문"이라고 말했다. 구글 글래스(Google Glass)에 구글 고글스를 실행시켜서 행인들의 얼굴을 촬영한 다음 이를 구글과 피카사가 보유한 사진 데이터베이스와 연결해 실시간으로 행인들이 누구인지를 알려주는 것은 현재도 충분히 가능한 일이다. 다만 서비스하지 않을 뿐이다.

편리한 얼굴 인식 기술이 가져올 빛과 그늘을 함께 고려해서 어느 수준까지 서비스를 허용할 것인지에 대한 사회적 논의가 필요하다. 이런 점에서 2012년 10월 미국 연방거래위원회(Federal Trade Commission)가 얼굴 인식 기술과 관련해 제시한 가이드라인은 고려해볼 만하다. 미 연방거래위원회의 가이드라인은 얼굴 인식 기능의 카메라가 장착된 디지털 광고 디스플레이를 어린이들이 모인 장소나 보건 관련 시설에는 설치하지 못하게 했다. 또한 소비자는 얼굴 인식 기술이 가동 중일 경우 그 상황을 명확하게 인지할 수 있어야 하며, 자신의 정보 수집 여부에 대한 선택권이 보장되어야 한다.

스마트폰과 CCTV를 통해 엄청나게 많은 사진과 동영상이 만들어져 보관되는 것이 현실이다. 도시에서 살다 보면 하루에도 수백 번씩

CCTV에 얼굴이 찍히게 마련인데, 이 데이터베이스를 연계시킨 다음 얼굴 인식 기능을 적용하기만 하면 한 시민의 궤적을 낱낱이 알 수 있다. 현재도 범죄 수사에서 용의자의 지문이나 차량 번호판을 대상으로 유사한 이미지 검색을 활용하고 있지만 얼굴 인식 기능은 이와는 비교할 수 없이 막강한 도구다. 수사 당국은 용의자를 검거하거나 추가 범죄를 예방하기가 용이하다며 얼굴 인식 기술을 수사에 도입할 것을 주장한다. 하지만 얼굴 인식 기술이 널리 활용되는 세상은 《1984》의 빅 브라더가 지배하는 세상이기도 하다.

4

당신을 꿰뚫어보는 검색 서비스의 진실

▼

디지털 시대에 검색은 단순히 사용자가 필요로 하는 뭔가를 찾아주는 서비스가 아니다.
사용자의 개인정보, 관심사, 습관, 행동에 관해
어떤 기업보다 방대하고 상세한 정보를 확보하고 있다.

검색은 달리 표현하면 질문하는 행위다. 인터넷이 등장하기 전에 질문은 사람들의 보편적인 행위와는 거리가 있었다. 사람은 끝없는 호기심을 지닌 존재이지만 대부분의 사람들은 지금처럼 늘 묻고 또 물으며 살지 않았다. 연구자, 상담사, 수사관, 기자, 학생 등 물음을 주된 업무로 지닌 직종을 예외로 하면 물음은 성인이 아닌 아이들의 전유물이었다. 아이가 말을 배운 이후 사춘기를 거치며 성인이 될 때까지는 학습의 과정이고, 이 학습은 끝없는 물음을 통해 진행된다. 더 이상 남에게 물어보지 않고 스스로 결정하고 행동하는 것이 어른이고, 그래서 성인에게는 행위에 대한 책임을 지운다.

과거 물어보는 것이 당연시되는 영역은 그리 많지 않았다. 전화번호, 우편번호, 지도, 단어나 개념의 뜻 같은 것들을 일상적으로 문의했을 뿐이다. 답변을 위해 각종 안내 서비스가 운영되었고 전화번호부, 우편번호부, 국어사전, 옥편 등이 활용됐다. 이는 가정마다 갖춰야 할 필수품 목록이기도 했다. 심층적 질문은 전문가를 찾거나 도서관 또는 전문 서적을 이용했다. 영어에서는 박학다식한 이를 일컬어 '걸어 다니는 백과사전'이라고 한다.

이제는 인터넷 검색으로 답을 얻게 되면서 물음이라는 행위와 대상도 과거와 판이하게 달라졌다. 사람이 아닌 컴퓨터에 질의하게 되었고 이전에 묻지 않았던 것을 포함해 모든 것을 물어보게 되었다. 또 휴대하는 스마트폰은 궁금증이 생기는 즉시 어디에서나 물어볼 수 있게 함으로써 질문하는 행위를 시간과 장소에 구애받지 않도록 만들었다. 한밤중이나 새벽에도 궁금한 것이 생기면 바로 검색해본다. 검색은 단순히 호기심 해소의 차원을 넘어서서 우리가 기억하고 판단하는 방식에도 상당한 영향을 끼치게 되었다. '검색되지 않으면 존재하지 않는 것'이라는 표현이 생겨났을 정도다. 실체를 떠나서 검색 결과가 어떻게 나타나느냐가 그것에 대한 대중의 인식을 규정하게 되었다.

그 결과 사용자는 편리해졌다. 더 이상 전화번호를 외우거나 지도책을 차에 둘 이유가 없어졌다. 과거처럼 중요한 것을 잊지 않고 기억하려 애쓸 필요 없이 그때그때 필요한 것을 검색하는 것만으로 월등한 능력을 발휘할 수 있게 됐다. 스마트폰은 연결과 검색의 도구로만 그치지 않는다. 스마트폰은 가족의 전화번호를 비롯해 각종 연락처, 약속, 해야 할 일들을 모두 담고 있다 보니, 탈부착이 가능한 일종의 뇌와 같은 역할을 하게 됐다. 프랑스 철학자 미셸 세르(Michel Serres)는 이를 두 개의 뇌를 가진 '엄지 세대'라는 말로 표현하면서 유명한 성인의 전설에 빗대어 설명한다.[19] 서기 250년경, 파리 몽마르트르 언덕에서 참수형을 당할 예정이던 루테이아의 드니(Denis) 주교는 언덕에 못 미친 곳에서 목이 잘린다. 이에 드니 주교는 잘려나간 자신의 머리를 두 손으로 집어 들고 언덕으로 올라가 샘물에 씻은 다음 더 걸어 올라가 순교했다. 이후 그곳은 생드니(Saint Denis)라는 이름으로 바뀌었다. 스마트폰을 사용하는 젊은 세대는 생 드니 주교의 순교에 관한 전설에서처럼 또 하나의 뇌를 손에 들고 다니는 세대라는 것이 세르의 비유적 설명이다.

일본 소프트뱅크의 손정의 회장도 스마트폰과 트위터를 사용하게 되면서 "좌뇌, 우뇌에 이어 마치 외뇌를 얻은 느낌"이라고 표현한 바 있다. 검색은 단지 그때그때 궁금증을 해소하는 것을 넘어 디지털 세상에서 사람들이 일상에 필요한 기억과 판단 작용의 상당 부분을 의존하고 있는, 그야말로 정보화 사회의 두뇌와 중추신경 같은 가장 중요한 신체기관이 됐다. 개발자가 아닌 사용자도 검색의 구조와 속성을 이해해야 할 필요성이 커지고 있다. 스마트폰을 통해 시간과 공간에 구애받지 않는 검색은 정보화 시대의 라이프스타일을 바꾸고 있으며, 우리가 오랜 세월 익숙해 있던 사고방식에 영향을 끼친다. '질문(검색)하는 인간'은 어린 시절 한때의 특징이 아니라 이제 인간의 속성을 설명하는 한 요소가 될 법하다.

이처럼 인터넷은 모두를 질문하는 인간으로 바꿔놓았다. 더 이상 주변에 물어볼 부모나 교사가 없는 성인도 아이와 학생처럼 모든 것을 물어볼 수 있게 됐다. 검색은 자연히 우리의 일상 깊숙이 들어왔다. 이제는 궁금한 것이나 불분명한 것을 놓고 서로 주장을 굽히지 않고 우기거나 애를 태울 필요가 없다. "궁금하면 검색해봐." 이 한마디면 입씨름과 불필요한 공방이 사라진다. 만인의 물음에 가리지 않고 답을 해주는 네이버와 구글은 각각 한국과 글로벌 시장에서 엄청난 기회와 가치를 만들어냈다.

검색 알고리즘의 숨은 특성

우리가 휴대하고 다니는 제3의 뇌 기능을 하는 인터넷 검색은 부모나 교사 또는 수백만 권의 도서관 장서와는 다른 방식으로 질문에 답변한다. 검색은 사람이 아니라 컴퓨터 프로그램에 의해서 작동한다. 이를 검색 알고리즘이라고 한다.[20]

> **알고리즘** Algorithm
> 문제 풀이에 필요한 단계를 순서대로 명시한 구체적 계산법으로 구성된 컴퓨터 프로그램이다.

알타비스타(AltaVista), 라이코스(Lycos), 야후 등 선발 서비스에 이어 뒤늦게 검색시장에 뛰어든 구글이 뛰어난 검색 정확성으로 단기간에 세계 검색시장을 제패한 것도 탁월한 알고리즘 덕분이다. 페이지랭크(PageRank)로 불리는 구글 검색 알고리즘의 핵심은 스탠퍼드대학교 컴퓨터학과 박사 과정에 재학 중이던 래리 페이지(Larry Page)와 세르게이 브린(Sergey Brin)의 통찰에서 비롯했다.

중요한 논문일수록 다른 논문들이 이를 참고문헌으로 거론하는 인용 지수가 높다는, 학계에서 오래된 상식을 가져와 인터넷 검색에 적용한 것이다. 단순히 해당 키워드가 많이 들어 있다고 해서 검색 결과에서 우선순위를 높게 처리하는 것이 아니라 얼마나 많은 문서들이 해당 페이지에 직접 링크를 걸어놓았는가를 검색에 적용해 정확성과 신뢰도를 높인 방식이다.

페이지 랭크는 검색 시점에 뛰어난 결과를 제공할 뿐만 아니라 인터넷 정보 세계의 기본 구조를 잘 반영했다는 점에서 탁월한 성공 요인이 됐다. 인터넷은 시간이 갈수록 점점 엄청난 양의 정보가 생산되는 구조다. 야후 같은 다른 검색엔진이 더 나은 검색 결과를 위해 사람이 정보를 선별해서 제공하는 방식을 택한 것과 달리 구글은 기계적 알고리즘을 통해 처리했고 이는 처리할 정보가 늘어날수록 더 효과적임이 입증됐다.

이런 구글의 알고리즘 원리를 활용해 검색 결과를 교란하려는 시도도 있다. 구글 폭탄(Google Bombing)이 대표적이다. 한동안 구글에서 '참담한 실패(miserable failure)'를 검색하면 조지 부시(George Bush) 전 미국 대통령이 연결됐다. 존재하지 않는 대량살상무기를 빌미로 이라크 전쟁을 일으킨 부시를 조롱하기 위해 누리꾼들이 만들어낸 검색 결과다. 더 많이 링크된 콘텐츠를 높게 평가하는 구글 페이지 랭크 기술을 활용한 집단 창작물이었다. 우리나라 누리꾼들도 구글에서 '학살자'를 입력하고 '운 좋은 예감(I'm feeling lucky)' 검색 버튼을 누르면 '전두환'이 연결되는 검색 결과를 만들어냈다. 이런 사례는 다양하다. 구글은 나중에 검색 알고리즘을 수정했다. 검색기술의 발달은 검색 결과에 영향을 끼치려는 어뷰징(abusing)과의 심리 게임이자 누가 더 많은 자원을 동원할 수 있는가에 따라 승부가 좌우되는 군비경쟁이기도 하다.

한때 국내 포털에서는 맛집을 검색할 때 '오빠랑'이란 키워드를 붙이라는 검색 노하우가 알려져 화제가 됐다. 맛집 검색을 할 때 '동네이름＋맛집＋오빠랑'을 함께 검색해야 제대로 결과가 나온다는 검색 노하우였다. '강남 맛집'을 찾으면 검색 결과 첫 화면에 수십 개의 '강남 맛집' 광고가 먼저 나타난다. 이어지는 블로그와 카페 글도 업체나 전문 블로거가 올린 홍보성 게시물인 경우가 대부분이다. '오빠랑'을 추가해 검색하면 결과가 사뭇 달라진다. 맛집 광고가 사라지고 블로그도 상업성 없는 커플들의 맛집 데이트 후기가 많다. 검색 결과를 뒤덮는 광고와 상업적 블로그에 대한 사용자 불만이 불리언 연산자를 활용한 고급 검색을 능가하는 신선한 검색 팁을 만들어낸 것이다. 하지만 구글 폭탄처럼 이 노하우가 알려지기 시작하면서 '오빠랑'을 활용한 홍보성 블로그도 늘어났다.

구글 폭탄이나 오빠랑 검색 팁에서 알 수 있는 것은 검색 알고리즘이 물리나 화학의 법칙처럼 고정 불변의 수식이 아니라는 점이다. 더 나은 결과를 제공하기 위해서 그 작동 방식이 기밀로 유지되고 검색 어뷰징이 있을 경우 수시로 변경되는 것이

> **불리언 연산자**
> 집합이론에서 연산을 위한 확장자의 이름에 19세기 영국 수학자인 조지 불(George Boole)의 이름을 따서 불리언(Boolean)이라는 명칭을 붙였다. 자연어 검색이 일반화하기 이전 전문 검색을 하려면 검색어에 +, − 또는 and, &, or, not 등과 같은 연산자를 붙여야 했다.

검색 알고리즘의 특성이다.

사용자를 우물 안 개구리로 만드는 필터 버블

디지털 세상에서 검색의 중요성은 점점 더 커지고 있다. 늘 스마트폰을 휴대하고 하루에도 몇 시간씩 인터넷에 접속된 채 살아가는 세상에서 검색은 디지털 왕국을 건설하고 지배하는 데 필수적인 '절대반지'인 셈이다.

세계 인터넷 검색 시장을 압도적 점유율로 지배하는 구글은 효율적 검색엔진을 서비스하는 수익성 높은 혁신 기업이라는 말만으로 설명되지 않는다. 검색 외에도 컴퓨터 운영체제, 스마트폰 운영체제, 음성 인식, 번역, 웹브라우저, 클라우드 서비스 등 소프트웨어와 데이터에 기초한 분야, 그리고 몸에 부착하는(wearable) 컴퓨터 장치인 구글 글래스, 무인 운전 자동차, 로봇, 위성 인터넷 등 사업 영역을 끝없이 성공적으로 확장시켜나가고 있다. 이는 무엇보다 구글이 검색을 본업으로 하는 기업이라는 특성과 관련이 깊다. 국내 인터넷 콘텐츠와 광고 시장에서 압도적 지위를 유지하고 있는 네이버도 검색시장의 점유율 덕분에 그런 지배력과 영향력을 갖는 것이다.

검색 알고리즘의 최신 경쟁 요소는 개인별 맞춤화 기술이다. 검색의 주된 이용 환경이 PC에서 스마트폰으로 바뀌면서 사용자들의 개인적 정보와 검색 요구가 더 많아지고 있다. PC를 여러 사람이 공유하는 대신 자신만의 스마트폰을 이용해서 개인의 일정과 위치정보를 포함한 상태로 검색 질의를 던지는 것이다.

사람마다 각각 다른 필요와 관심을 반영해서 개인별 맞춤 서비스를 제공하는 검색 알고리즘은 인공지능을 갖춘 편리하고 강력한 기능이다. 사용자들이 해당 서비스에 더욱 매혹되고 의존하게 만드는 요소다. 하지만 이와 동시에 전에 없던 우려도 생겨난다. 자신의 선호나 필요에 적합한 정보 위주로 소비하고 맞춤화된 알고리즘을 사용하면 할수록 점점 더 '걸러진 정보'만 만나게 된다는 우려다.

신문이나 방송 등의 매스미디어에 실리는 모든 정보는 '문지기(gate keeper)'로 불리는 언론인들에 의해 선별된 내용이다. 즉 사람이 중요도나 근접성 같은 고유의 잣대로 선별한 결과가 대중매체의 뉴스다. 하지만 인터넷 검색을 통해 접하는 정보는 전문가와 공론장의 잣대가 아닌 개인별 맞춤화 알고리즘이라는 수많은 고유의 필터를 통해서 기계적으로 걸러진다. 이는 자신도 모르는 사이에 알고리즘과 그 설계자 또는 운영자가 걸러낸 정보만을 보게 만들 수도 있다. 검색엔진은 사용자 모두에게 동일하게 나타나는 '객관적인 정보'를 제공하는 것이 아니다. 대표적인 것이 사용자별 요구와 특성에 따라 맞춤화를 적용하는 구글 검색이다. 구글 검색창에 동일한 단어를 입력하고 검색한 사람들에게 나타나는 검색 결과는 모두가 서로 다르다. 사용자의 연령, 장소, 검색 시간대, 과거 검색 기록 등 다양한 정보를 통해 그에게 맞춤화된 정보를 제공하는 방식이다.

사용자 스스로는 사람이 개입하지 않은 '기계적 알고리즘'이 나에게 맞게 추천한 '맞춤 정보'라고 생각하지만 사실은 취향과 기술에 의해 편향된 정보라는 것이다. 엘리 프레이저는 자신의 저서 《생각 조종자들》에서 이를 '필터 버블(filter bubble)'이라고 부른다.[21] 개인별로 정교하게 맞춤화되어 사용자가 선호하는 정보만 '필터링'하는 서비스가 편리하고 유용하지만 장기적으로 보면 사용자는 사업자가 통제하는 '필터링된 거품'에 갇히게 되어 새로운 생각과 정보에 덜 노출된다는 것이 저자의 지적이다. 프레이저는 기술과 편의의 이름으로 걸러진 채전달되는 정보에 대해 사용자와 공론장이 의식하지 않으면 결국 정보가 무슨 기준으로 어떻게 여과된 것인지를 모른 상태로 살게 된다고경고한다.

우리는 이제 과거에는 상상할 수 없을 정도로, 묻고 또 묻는다. 인터넷을 PC에서 이용하던 시대에서 스마트폰으로 이용하는 시대가 되면서 물음은 더욱 다양해지고 잦아졌다. "약속 장소까지 가장 빨리 가는 길은?", "목적지까지 걸리는 시간은?", "근처에서 값이 싼 주유소는?", "내일 날씨는?", "이 근처 맛있는 파스타집은?", "청국장찌개맛있게 만드는 법은?", "리오넬 메시의 월드컵 출전 성적은?", "총리후보 지명자의 과거 이력은?" 검색 기업들은 사용자들의 질문을 통해그들의 관심 영역을 넘어서서 생각과 감정까지 엿볼 수 있게 됐다.

스마트폰으로 늘 인터넷을 이용하는 디지털 시대에 검색은 단순히사용자가 필요로 하는 뭔가를 찾아주는 서비스가 아니다. 검색은 사용자의 개인정보, 관심사, 습관, 행동에 관해 어떤 기업보다도 방대하고상세한 정보를 확보하고 있는 '슈퍼 울트라' 서비스다. 그 편리함에 사용자의 의존도는 갈수록 커져만 간다.

거대 검색 기업들은 사람들이 무엇을 원하는지, 무엇을 하려고 하는지에 대한 정보를 누구보다 상세하게 알고 있다는 점을 활용해서 점점 새로운 서비스를 내놓으며 사업 영역을 확장해가고 있다. 반대로 사용자의 세상은 축소돼가는 실정이다.

사용자 한 사람이 세계적 정보기술 기업의 시도를 저지할 수는 없고 복잡한 검색기술의 작동 방식은 제대로 이해하기도 어렵다. 하지만 기술의 영향력이 커지고 그에 대한 자신의 의존도 역시 높아졌다는 사실을 인식하는 것은 필수적이다. 자신의 인식이 형성되는 경로와 판단 방식을 꿰뚫어보고 있는, 정교한 검색 알고리즘이 있다는 사실을 알아야 한다. 자신의 관심사와 뇌 구조를 자신의 컴퓨터와 스마트폰에 접근할 수 있는 누군가에게 읽히고 싶지 않다면 당장 기기에서 구글 검색 기록을 삭제하라. 함정은 '구글 검색 기록 삭제 방법'도 구글에서 검색해야 한다는 것이다.

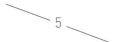

5

타자의 욕망을 검색하라

▼

인기 검색어와 연관 검색어 기능은 검색 수요를 만들어내는,
검색 기업의 주요 서비스지만 가끔은 다루기 힘든 '뜨거운 감자'가 되기도 한다.

검색하기 위해 검색창에 한 글자만 입력해도 찾으려는 단어를 컴퓨터
가 저절로 알아서 입력해주는 편리한 기능이 바로 검색어 자동완성 기
능이다. 스마트폰처럼 사용자가 움직이면서 작은 화면에 입력할 때는
더 요긴한 기능이다.

구글은 4년여 시범 서비스로 제공해오던 '검색어 추천' 기능을 2008
년부터 '구글 서제스트(Google Suggest)'라는 이름으로 정식 서비스했
다. 검색어 일부만 입력하면 관련된 주요 검색 단어와 문장들을 제시
하는 기능이다. 사용자가 입력 중에 오타를 내도 정확한 철자의 검색
어를 제시해주는 수정 검색어 추천 기능도 포함돼 있다. 사용자들이

입력하는 키워드와 오류 시의 수정 입력 행태를 데이터화해서 제공하는, 빅데이터를 활용한 편리한 서비스다.

해당 검색어와 관련해 사용자들이 가장 많이 검색하는 단어들을 제안하는 기능을 활용한 놀이도 생겨났다. 예를 들어 구글에서 영문으로 "오바마 대통령은(Obama is)"이라고 검색하면 사용자들이 많이 검색한 문장이나 연관 검색어가 자동으로 노출되는 방식이다. 구글의 검색어 자동완성 기능을 활용해 나라별 특성을 찾아내려는 흥미로운 시도도 생겨났다. "나는 왜……"라는 문장을 나라별로 입력하면 그 나라 이용자들이 가장 많이 검색하는 검색어 조합이 자동완성으로 추천되는 점을 활용한 것이다. 'Why am I(영어)', 'Pourquoi suis-je(프랑스어)', 'Warum Ich bin(독일어)' 등으로 검색해보면 나라별 특성과 함께 국경을 뛰어넘는 공통 질문을 할 수 있다. 프랑스에서는 "나는 왜 게이인가?", 독일에서는 "나는 왜 이토록 쾌활한가?", 브라질에서는 "나는 왜 슬픈가?", 일본에서는 "나는 왜 결혼을 못하는가?" 등이 가장 먼저 나타난 자동완성 검색어이고 우리나라에서는 "나는 왜 이 일을 하는가?"가 가장 먼저 나타났다. 영어권을 비롯해 각국에서 가장 흔하게 만들어진 자동완성 검색어는 "나는 왜 이토록 피곤한가?"였다.[22]

신상 털기 자동완성

사용자의 검색 의도와 무관하게 다른 사람들이 많이 검색하는 단어나 연관 단어들이 저절로 나타나는 이 흥미로운 기술은 다른 어떤 나라보다 우리나라에서 발달한 서비스다. 포털의 첫 화면에서 깜빡거리며 눈길을 끄는 '실시간 인기 검색어', 검색어를 입력하면 한 묶음으로 제공되는 '연관 검색어', 검색어 일부만 입력해도 다음 글자들이 포함된 검색어가 제공되는 '검색어 자동완성'과 같은 서비스다.

이들 검색 관련 서비스는 편리성과 함께 논란을 불러왔다. 검색하려고 찾아온 사용자의 주의를 산만하게 해서 애초의 방문 의도를 잊어버리게 만든다는 것 말고도 사생활 침해, 명예훼손, 왜곡 정보 확산 등의 문제를 야기하는 것이다.

포털이 제공하는 검색어 자동완성 기능은 이른바 '신상 털기 엔진'으로도 작용한다. 유명인이나 일반인의 은밀한 사생활이 담긴 동영상이 유출되거나 연예인의 스캔들 루머가 돌면 포털에서는 곧바로 연관 검색어가 만들어지거나 해당 단어가 실시간 인기 검색어로 첫 화면에 주요하게 노출된다. 루머를 듣지 못한 사람도 뉴스나 이메일 확인 등 다른 목적을 위해 포털을 찾았다가 인기 검색어에 끌려 클릭해보고 검색 결과 화면에 노출된 연관 검색어를 하나둘 눌러보다가 자연스레 알게 되는 구조다.

국내에서는 연관 검색어와 관련한 법원 판례가 없지만 외국에서는 이미 여러 건의 판결이 내려졌다. 2012년 크리스티안 불프(Christian Wulff) 독일 전 대통령의 부인인 베티나 불프(Bettina Wulff)가 구글을 상대로 명예훼손 소송을 제기했다.[23] 구글 검색창에 자신의 이름을 입력하면 창녀, 에스코트 등의 단어가 자동완성되어 나

에스코트 Escort
서양에서 출장 성매매로 통용되는 용어.

타나 피해를 입었다는 것이다. 베티나 불프는 열네 살 차이가 나는 불프 전 대통령의 18년 결혼 생활을 파경에 이르게 하고 재혼했다. 그 후에도 파격적인 차림새 등으로 인해 과거 성매매 이력이 있다는 루머가 따라다녔다. 많은 독일인들이 이 루머에 대해 알아보기 위해 불프의 이름과 함께 창녀, 에스코트 등의 단어를 검색한 결과 이들 단어가 연관 검색어로 만들어지면서 베티나의 이름만 치면 '베티나 불프 매춘' 같은 단어가 자동완성되어 나타났던 것이다. 베티나 불프는 구글에 연관 검색어와 자동완성 검색어 865개를 삭제해달라고 요청했으나 구글은 '매춘', '에스코트' 등 여덟 개의 연관 검색어만 삭제했다. 구글은 자동완성 검색어는 알고리즘에 따라 사용자들의 검색 행태를 반영해 자동으로 만들어지는 구조이기 때문에 지울 수 없다고 밝혔다.

2012년 한 일본인 남성은 도쿄법원에 구글 검색에서 자기 이름을 입력하면 범죄와 관련된 단어와 자동완성된다며 이를 삭제해달라는 가처분 신청을 냈다. 그는 자기 이름에 범죄 혐의가 자동으로 따라붙는 바람에 해당 범죄를 저지른 사람으로 오해받아 직장을 잃고 구직에도 어려움을 겪고 있다면서 구글을 상대로 소송을 제기했다. 이 남성은 소송 이전에 여러 차례 자신의 이름과 관련된 자동완성 단어를 삭제해달라고 요청했으나 구글은 알고리즘에 따른 것일 뿐, 사생활 침해가 아니라고 주장했다. 도쿄법원은 구글에 대해 해당 검색어를 삭제하라고 가처분 결정을 내렸다.[24]

2012년 오스트레일리아 법원은 마이클 트르쿨리아(Michael Trkulja)라는 남성이 구글을 상대로 제기한 명예훼손 소송에서 구글에 대해 20

만 달러의 벌금을 부과했다. 이 남성은 자기 이름을 구글에서 검색하면 특정 사건의 범인이라는 표현이 검색창 자동완성으로 나타나 피해를 입었다고 주장했다. 그는 야후를 상대로 한 동일한 내용의 소송에서도 승소했다. 실제 트르쿨리아는 해당 사건의 범인이 아니라 피해자일 뿐인데 구글 검색은 자동완성으로 범인이라고 표현하고 있다. 이 남성은 이미지 검색에서도 자신의 사진이 노출되는 바람에 범죄자로 오해받는 피해를 입었다고 주장했다.[25]

2012년 초 프랑스 법원은 회사 이름인 리오네즈 드 가랑티(Lyonnaise de Garantie)를 검색하면 '사기꾼(escroc)'이라는 단어가 자동완성되어 피해를 입고 있다는 한 보험회사의 주장을 받아들여 구글에 6만 5000 달러의 벌금을 부과했다.[26] 이들 국가 외에도 스페인, 아일랜드, 이탈리아, 아르헨티나에서도 구글의 검색어 자동완성과 연관 검색어를 둘러싼 유사한 소송이 잇따랐다.

모든 건 사용자 책임?

각국에서 제기된 검색어 삭제 요청에 대한 구글의 답변은 일관된다. 검색어 자동완성, 연관 검색어는 구글이 어떤 의도를 가지고 만든 것이 아니라 사용자들의 검색 결과를 반영하는 알고리즘에 의해 자동으로 형성된 결과다. 구글이 개입해서 만들어낸 결과가 아니기 때문에 명예훼손이나 사생활 침해와 관련해 구글의 책임이 없다는 주장이다. 구글은 검색어 자동완성이나 연관 검색어 추천 과정에 개입하지 않고 이용자들의 행위를 반영하는 사업자에 불과하기 때문에 콘텐츠의 내용에 대해 책임을 지지 않는다는 논리다. 즉 구글은 전달 내용에 대해 책임이 있는 발행인(publisher)이 아니라 단순한 전달자(carrier)에 불과하다는 것이다. 언론의 자유를 명확하게 보장하고 있는 미국 수정헌법 제1조는 신문에 불법적인 내용이 실려 있다면 발행인에게 책임을 물어야지 신문 배달부나 판매상 같은 전달자에게는 책임을 물을 수 없다는 법적 근거를 제공한다.

하지만 유럽 많은 나라에서 제기된, 구글의 검색어 자동완성과 관련한 소송은 구글의 책임을 인정함으로써 수정 명령과 벌금 부과라는 결과로 이어지고 있다. 구글은 연관 검색어나 검색어 자동완성 기능에 개입하지 않는다는 자신들의 주장과는 달리 성인물과 관련된 용어를 비롯한 일부에서는 자체 기준을 적용해서 걸러내는 등 연관 검색어 자동완성 서비스에 사실은 '개입'하고 있다.

포털의 검색어 자동완성 기능은 국내에서도 종종 논란이 됐다. 이명박 대통령 시절 포털에서 '이명박'을 검색할 경우 만들어지는 부정적 내용의 자동완성과 연관 검색어들을 놓고 포털이 의도적으로 개입했다는 의혹성 문제 제기가 잇따랐다.[27] 특정한 부정적 어감의 연관 검색어들이 구글에서는 노출되는 반면 국내 일부 포털에서는 전혀 노출되지 않았기 때문이다.

편리한 검색어 자동완성 기능과 연관 검색어 기능은 사용자의 프라이버시 침해와 명예훼손과 함께 이에 대한 권력 개입 문제를 불러왔다. 국내에서 논란이 이어지자 포털들의 자율 협의체인 한국인터넷 자율정책기구(KISO)는 2012년 검색어 자동완성 기능과 관련한 기준을 만들어 공개하기도 했다.[28] 이 기구는 개인정보 노출, 공공의 이익과 무관한 명예훼손과 사생활 침해, 저작권 침해, 불법 정보와 선정적 정보 노출, 법원 판결과 행정기관의 요청, 서비스 질 저하, 상업적 남용 등 일곱 가지 사유에 한해 연관 검색어를 삭제하도록 기준을 만들었다.

하지만 이런 기준은 관련자의 요구와 상황에 따라 계속 달라진다. 이 기구는 2012년 알권리 차원에서 국회의원, 장차관 등 주요 공직자와 공인에 대해서는 연관 검색어 삭제 요청을 들어주지 않기로 했으나 이듬해에는 사생활 침해를 주장하는 연예인도 삭제권을 인정해주기로 방침을 변경했다. 2014년 지방선거 당시 네이버는 이 기준과 별개로, 선거운동 기간 동안 아예 연관 검색어 서비스를 중단하기도 했다.[29] 인기 검색어와 연관 검색어 기능은 검색 수요를 만들어내는, 검색 기업의 주요 서비스지만 가끔은 다루기 힘든 '뜨거운 감자'가 되기도 한다.

6

스팸 메일의 경제학

▼

모든 사용자가 스팸 메일을 분류하고 지우는 비용을 지불하게 하는 구조다.
비용은 전 사회적으로 모든 사람이 치러야 하고 수익은 특정인이 독식한다.

상대방과 이메일로 소통하다가 문제가 생기는 때가 간혹 있다. 분명히 이메일을 보냈는데 받지 못했다는 경우다. 발송했다는 날짜의 받은 편지함을 샅샅이 뒤져도 메일을 확인할 길이 없으니 다시 보내달라는 요청을 받게 된다. 그런데 상대방의 요청에 의해 다시 이메일을 보내도 여전히 이메일이 도착하지 않았다는 연락을 받기도 한다.

이메일은 구조상 제대로 수신되지 않으면 발신자에게 '메일 배달 실패'라는 메시지가 온다. 다시 말해 이메일은 발신은 성공했는데 수신은 실패하는 '배달 사고'가 일어나지 않게 설계돼 있다. 따라서 상대가 이메일을 받지 못한 경우 대개는 '스팸 메일함'에 가면 문제의 이메일을 찾을 수 있다. 이메일을 기다리는 상대를 스팸 메일 발송자로 등록했을 까닭은 없으니, 스팸 메일을 걸러내는 이메일 소프트웨어의 정교한 필터가 작동한 탓일 것이다.

전 세계의 인터넷 보안 업체들에 따르면 2010년 전체 이메일 트래픽에서 스팸 메일이 차지하는 비중은 90퍼센트를 넘었다. 100통의 이메일 중 열 통만 정상 메일이라는 말이다. 소프트웨어와 개인별 필터링을 통해 스팸 메일을 상당 부분 걸러내는 덕분에 실제 수신자가 모든 스팸 메일을 직접 배달받지는 않는다. 대신 배달되어야 할 이메일이 스팸 메일함에 처박히는 일이 가끔 생기곤 한다.

스팸 메일은 왜 줄어들지 않을까?

마이크로소프트의 빌 게이츠(Bill Gates) 회장은 2004년 초 스위스 다보스에서 열린 세계경제포럼(WEF)에서 "2년 안에 스팸 메일이 근절될 것"이라고 호언장담했다. 빌 게이츠는 이메일 발송자의 신원 확인 방법을 기초로 '마술 같은 해결책'을 만들고 있다고 자랑했다.[30] 빌 게이츠는 이메일 발송자가 사람인지를 확인하는 방법, 대량 메일 발송 컴퓨터를 차단하는 방법, 스팸 메일 발송자에 대한 과금 등을 거론하며 구체적 방법론까지 설명했다. 하지만 빌 게이츠의 예언과 달리 스팸 메일이 근절되기는커녕, 오히려 몇 년 만에 스팸 메일은 크게 늘어나 전체 메일 유통량에서 차지하는 비중이 90퍼센트를 넘어섰다.

대부분 열어보지도 않고 삭제하거나 곧바로 스팸 메일함으로 자동

분류되는데도 왜 스팸 메일은 나에게 끊임없이 날아들까?

미국 샌디에이고에 있는 캘리포니아주립대학교(UC San Diego)의 스티븐 새비지(Stefan Savage) 교수 연구팀은 2008년 10월 스팸 메일의 효과에 관한 실험적 연구로 학계와 산업계의 이목을 집중시켰다.[31] 새비지의 연구팀은 스팸 메일이 왜 근절되지 않는가를 연구하기 위해 스팸 메일 발송자가 누리는 경제적 효과와 이윤 동기를 조사했다.

연구팀은 직접 스팸 메일 발송자가 되기 위해 일반적인 스팸 메일의 발송 루트를 택했다. 세계 최대의 스팸 발송 조직인 '스톰(Storm)' 네트워크에 들어가 7만 대가 넘는 PC를 해킹했다. 연구팀은 이렇게 확보한 7만여 대의 좀비PC 네트워크를 통해 자체 제작한 스팸 광고 메일을 전 세계 이메일 사용자들에게 마구잡이로 보내는 '실험'을 했다.

연구팀은 세 종류의 스팸 메일을 만들어 5억 통을 뿌렸다. 특히 비아그라와 시알리스 등 성기능 강화 보조제를 판다는 내용의 스팸 메일을 26일간 3억 4760만 통 발송했다. 3억 4760만 통은 메일 프로그램의 스팸 차단 필터를 통과해 실제 수신자의 메일함에 도달한 스팸 메일의 숫자다.

연구팀은 실험을 위해 성기능 보조제 판매 웹사이트를 만들고 카드 결제로까지 이어지는 경로를 개설했다. 스팸 메일을 받은 사람들 중에서 메일의 링크를 눌러 약품 판매 사이트를 방문한 사람은 1만 522명으로, 0.003퍼센트였다. 그중 28명은 실제로 신용카드 번호를 입력하면서 제품 구매를 시도했다. 비율로 보면 0.0000081퍼센트 수준이다. 일반적인 메일의 응답률이 2.15퍼센트인 것에 비교하면 지극히 낮은 수준이다.

응답률은 매우 낮았지만 수익성은 상당했다. 스팸 메일은 수억, 수십억 통이 뿌려지지만 별 비용이 들지 않아 규모의 경제 효과가 발생하므로, 고수익 비즈니스라는 것이 확인됐다. 실제로 새비지의 연구팀은 26일간 2732달러를 벌어들임으로써 하루 100달러꼴의 수익을 냈다. 이 연구에서는 스팸 메일 수신자가 제품 구매를 결정하고 카드 결제를 시도하면 에러 메시지(404 page error)가 뜨도록 설계되어 실제 대금 결제가 일어나지는 않았다.

연구팀이 실험에 활용한 좀비PC와 스팸 메일의 양은 매우 작은 규모다. 스팸 발송업자들에게 장악되어 스팸 메일을 보내는 PC들의 네트워크(봇넷)인 스톰에는 100만 대 이상이 연결되어 있고, 이를 통해 날마다 엄청난 규모의 스팸 메일이 뿌려진다. 새비지의 연구팀이 실험 결과를 기준으로 스팸 메일을 통한 스톰의 매출을 추산해본 결과 1년에 적어도 200만 달러(22억 원)를 벌어들일 것으로 추정됐다. 대량 스팸 메일을 보내는 비용이 저렴하기 때문에 지극히 낮은 응답률에도 상당한 수익이 나오는 구조다. 스팸 메일이 끊이지 않는 이유였다.

스팸 메일은 소수의 업자에게는 거액을 안겨주는 수익성 높은 비즈니스지만 메일을 받는 절대 다수에게는 해악을 끼친다. 사무실에 설치한 팩시밀리를 통해 수십 페이지짜리 쓸데없는 홍보물이 인쇄되는 상황이다. 필요하지 않은 홍보성 팩스를 인쇄하느라 팩스 용지가 소모되고 토너가 닳는다. 홍보물을 인쇄하는 동안 거래처에서는 팩스가 통화 중이라 발신할 수가 없다고 연락을 해오는 경우도 있다.

날마다 집 현관의 편지함이 쓰레기와 광고 전단으로 가득 채워지는 셈이다. 수시로 비워내지 않으면 메일함이 꽉 차서 더 이상 이메일을 수신할 수 없게 된다. 메일함 용량이 늘어나도 쓰레기 메일로 가득 차면 정작 중요한 메일을 찾거나 식별하기 어렵다. 쓰레기 메일을 지우다가 필요한 편지마저 지우는 일이 종종 생긴다. 도박, 대출, 성형, 성기능 강화, 상품 광고 등 메일의 내용도 불쾌하다. 모든 사용자가 스팸 메일을 분류하고 지우는 비용을 지불하게 하는 구조다. 개인의 소중한 자산인 시간과 주의를 소모시켜서 돈을 버는 사악한 마케팅 방법이다. 비용은 전 사회적으로 모든 사람이 치러야 하고 수익은 특정인이 독식하는 구조다.

더욱이 최근의 스팸 메일은 사용자의 시간과 주의를 빼앗고 컴퓨터의 하드디스크와 인터넷 네트워크 트래픽을 점유하는 데서 그치지 않는다. 발송 대상과 피해 형태도 PC 대상의 단순 광고성 메일에서 확대됐다. 스팸 메일은 언제 어디서나 사용자를 불쾌하게 하고 스팸의 플랫폼은 확장되며 지능화했다. 단순한 스팸 메일이 아니라 이용자에게 클릭을 유도하는 악성 코드가 심겨진 사악한 스팸 메일이 늘고 있다. 이런 이메일을 열어보거나 내용에 포함된 링크를 누르면 악성 코드에 감염되면서 사용자의 PC가 해커의 명령대로 움직이는 좀비PC가 되거나 사용자의 개인정보를 탈취당하게 된다.

더욱이 새비지의 연구팀이 실험한 것처럼 단순한 정력제 광고가 아니라 시의적절하게 심리적으로 수신자를 유혹하는 사회공학적 수법이 동원되는 경우가 많다. 문자메시지, 카카오톡, 트위터, 페이스북 같은 소셜네트워크를 활용한 새로운 형태의 스팸도 확산되고 있다. 기존의 스팸 메일과 구별하기 위해 개인정보를 빼내려는 목적의 피싱 메일, 문자메시지를 이용한 스미싱이라는 조어가 만들어졌다. 최근에는 SNS 계정을 해킹한 뒤 이를 통해서 지인들에게 금전을 요구하는 SNS 피싱의 피해 사례도 늘고 있다.

이 때문에 포털업체나 통신업체는 물론 정부 당국도 다양한 대응책을 내놓고 있다. 방송통신위원회는 인터넷진흥원을 통해 불법스팸대응센터(spam.kisa.or.kr, 전화 118)를 운영하면서 불법 스팸을 신고하게 하고 대처 방법을 홍보하는 등의 정책을 실행하고 있다. 정부는 불법 스팸 메일과 스팸 문자메시지에 대해 법적 처벌도 강화하고 있지만 체감 효과는 크지 않다.

발송자에게 친절한 '수신 거부'

스팸 메일을 막기 어려운 것은 기본적으로 광고성 스팸 메일을 어떻게 처리할지를 규정한 법규 탓이다. 이메일을 주고받을지에 대한 기본적 약속이 수신자가 아닌 발신자 위주로 정해지는, 이른바 '옵트 아웃' 규정 때문이다.

'사후 선택적 거부(옵트 아웃)'가 기본값일 경우 아무리 스팸 메일을 싫어하는 사람이라도 일단은 종류를 가리지 않고 광

> **옵트 아웃 Opt-Out**
> '옵션 아웃(option out)'의 약칭으로, 우리말로는 '사후 선택적 거부'로 통용된다. 즉 기본 설정(디폴트 세팅)이 '수신 동의'로 되어 있고 거부하려는 사람만 사후에 별도의 '수신 거부' 신청을 하게 되어 있는 것이 옵트 아웃이다. 이와 대비되는 구조가 '사전 선택적 동의'로 불리는 '옵트 인(opt-in)' 방식이다.

고 메일을 받아서 읽은 다음 그에 대해 개별적으로 수신 거부를 신청해야 한다. 스팸 발송자 위주의 옵트 아웃 규정으로 인해 스팸 메일 사업자가 늘어날수록 사용자들은 점점 더 많은 스팸 메일을 받게 되어 있다. 앞서 새비지 교수의 연구에서 확인된 스팸 메일의 수익성은 스팸 발송업자를 끌어들이는 사업적 동기로 작용한다.

전화는 이와 다르게 운용된다. 미국, 캐나다, 인도 등 각국은 스팸 전화를 받지 않을 권리를 보장하고 있다. 미국 국민 72퍼센트는 '텔레마케팅 거부 시스템(Do Not Call)'에 전화번호를 등록하는 스팸 전화 차단 서비스를 이용하고 있다. 미국에서는 2003년 업계의 반발에도 불구하고 시행됐으며, 2007년 개정을 통해 사업자에 대한 규제가 더 강화됐다. 처음에는 서비스를 신청하고 5년마다 갱신해야 했지만 이제는 한 번만 등록하면 평생 유효하게 바뀌었다. 미국 연방거래위원회는 이동전화를 상대로는 아예 텔레마케팅 전화 자체를 걸지 못하게 했다. 강력한 '사전 동의' 시스템이다. 물론 이는 합법적인 텔레마케팅만 차단해줄 뿐, 법규를 무시한 불법적인 스팸 전화까지 막아주지는 않는다.

국내 정보통신망법은 사업자가 이용자에게 광고를 보낼 때는 사용 매체에 따라 '사전 선택적 동의(옵트 인)'와 '사후 선택적 거부(옵트 아웃)'를 다르게 적용하고 있다. 광고 메일을 발송할 경우 이메일과 메신저는 '옵트 아웃'이 적용되고 유선전화, 이동전화, 팩스는 수신자의 '사전 동의'를 받아야 한다. 스팸 메일과 스팸 문자메시지는 합법적인 광고보다 도박, 음란정보 등 불법적 콘텐츠를 홍보하는 경우가 많다. 또한 국외에 서버를 두고 불법적으로 발송되며 수신 거부 절차도 없기 때문에 옵트 인이나 옵트 아웃을 적용하기 어려운 것이 현실이긴 하다.

이메일은 설계 구조에서 발신과 수신이 개방적으로 이뤄지게 되어 있다. 발신자에 대한 신원 확인이나 검증을 하지 않고 수신자의 메일 계정이 작동하는지만 확인한 다음 이메일을 보내게 되어 있다. 제대로 된 주소만 있으면 무제한으로 편지가 투입되는 방식이다. 이는 인터넷의 구조가 설계되고 정착되던 당시 인터넷 설계자들의 인식과 현실을 반영한다. 과학자, 정보기술 종사자 등 소수의 제한된 글로벌 정보 교환 네트워크로 설계된 인터넷이 나중에 전 세계인을 연결하는 거대한 네트워크가 될 것을 예상하기는 어려웠기 때문이다.

내가 2009년 6월 '인터넷의 아버지'로 불리는 빈트 서프(Vint Cerf) 박사를 인터뷰하고 확인한 내용도 유사했다. 서프 박사는 1973년 인터넷의 기본 구조인 패킷 방식의 파일 교환 프로토콜(TCP/IP) 체계를 만든 사람이다. 나는 서프 박사에게 "인터넷 창시자로서 인터넷이 전문가만이 아니라 모든 사람들의 미디어가 될 것이라는 예상을 했는가"라고 물었다.[32]

서프 박사는 대답했다. "간단히 답하자면 '노(no)'다. 하지만 1973년 인터넷을 처음 설계했을 때도 인터넷 기술의 잠재력에 대한 분명한 비전은 있었다. 이메일이 1971년에 개발되었고 이를 통한 소통과 협업 그리고 온라인의 힘을 경험할 수 있는 2년여의 시간이 있었다. 현재의 월드와이드웹(World Wide Web)이 구체화된 것은 미국의 컴퓨터과학자인 더글러스 엥겔바트(Douglas Engelbart) 덕분이다. 무엇이 가능할지에 대한 다양한 비전과 인터넷 기술의 위력에 대한 기대가 있었지만 오늘

날처럼 수십억의 인구가 쓰는 규모로 발전하리라고는 전혀 예상치 못
했다."

인터넷이 설계자들도 예상하지 못할 정도의 글로벌 네트워크로 발
전한 현실에서 우리 일반 사용자들은 인터넷이 가져온 다양한 편의와
함께 스팸 메일이라는 정보 공해에도 직면해 그 해답을 찾아야 하는
상황이다.

7

카카오톡 '1'에 얽힌 권력관계

▼

인터넷 기술은 자연적인 것이 아니다.
설계에 사용자의 요구를 반영하는 만큼 구현된다.

"왜 카톡을 읽고도 한 시간째 답이 없어? 날 무시하는 거야."

카카오톡의 편리한 기능이 일부 사용자들 사이에 다툼을 일으키는 빌미가 되고 있다. 수신자가 확인하면 숫자 '1'이 사라지는 수신 확인 기능 때문이다.

카카오톡 같은 소셜네트워크 기반의 문자 앱은 통신사의 단문메시지에 비해 기능이 풍부하다. 대표적인 것이 수신 확인 기능이다. 발신자가 다섯 명에게 메시지를 보내면 5라는 숫자가 표시되고 수신자가 메시지를 확인할 때마다 숫자가 줄어든다. 이는 특히 1대1 채팅에서 문제가 된다. 발신자는 수신자의 상태를 바로 알 수가 있어서 편리하지만 수신자는 불편하다. 내가 메시지를 확인하는 순간을 발신자에게 실시간으로 알려주기 때문이다. 밀고 당기기가 진행되는 연인 사이에서는 미묘한 신경전을 만들어내기도 한다.

사용자의 욕망을 담은 기술의 편법

서로의 끝없는 관심을 기대하는 연인들 사이에서만이 아니라 또래 집단에 강한 소속감과 유대감을 느끼는 청소년들과 위계질서가 강한 관계에서도 수신 확인은 민감한 문제다. 윗사람이나 상사의 카톡을 읽고도 바로 답신을 하지 않으면 무례한 사람이 되기 십상이다. 10대 사이에선 친구의 카톡을 확인하는 즉시 글이나 이모티콘으로 반응을 보이는 것이 당연한 문화로 자리 잡았다. 그렇지 않으면 "잘난 척한다"는 반응이 돌아오거나 "친구가 삐친다"는 것이 10대들의 얘기다. 이는 많은 사용자들이 잠시라도 카톡을 놓치지 않으려는 태도와 습관을 자연스럽게 형성하면서 이른바 '카톡 중독' 현상의 배경으로 지목받기도 한다.[33]

오죽하면 수신 확인 상태가 노출되는 커뮤니케이션이 불편하고 부담스러운 사람들을 위해 발신자 모르게 메시지를 확인하는 앱이 등장했을 정도다. 카톡의 수신 확인 '1'을 없애지 않은 상태에서 상대의 메시지를 읽는 기능의 앱들이 여럿 개발됐다.

수신 확인 기능은 카카오톡의 고유 기능이 아니다. 네이버 라인, 다음 마이피플, 페이스북 메신저 등 소셜네트워크에 기초한 대부분의 채팅 앱은 수신 확인 기능을 기본으로 갖추고 있다.

문자메시지 앱에서 문제가 되는 수신 확인 기능은 사용자의 작은 행동 하나하나를 데이터로 처리해 전에 없던 기능을 구현해주는 정보 기술의 특성이다. 일종의 사용자 행태를 추적하는 기술로, 일찍이 이메일, 웹브라우저, 휴대전화 로밍에서도 문제를 일으켜온 논란의 기술이다.

수신 확인 기능은 이메일에서 본격적으로 문제가 됐다. 애초에 이메일 전송 규약에는 수신 확인 기능이 없었지만 이메일 사용자가 늘어나면서 다양한 요구로 이어졌고 관련한 기술이 생겨났다. 이메일 서비스 업체들이 초기에 적용한 수신 확인 기능은 발신자와 수신자가 동일한 메일 서비스를 사용할 때만 작동했다. 다음 메일 사용자끼리, 네이버 메일 사용자끼리만 수신 확인이 가능해서 별 쓸모가 없었다.

마이크로소프트의 아웃룩 익스프레스(Outlook Express)처럼 사용자 PC에 설치하는 이메일 프로그램은 환경 설정에 '읽음 확인 메일 요청' 기능을 두어 수신자가 이메일을 읽은 경우 자동으로 확인 메일이 발송되게 했다. 그러나 이 기능 역시 수신자의 환경에 따라 다르게 작동했고 상당수의 수신자들은 확인 요청 메일을 불쾌히 여겨서 널리 쓰이지 않았다.

기술은 편법을 찾아냈다. 이메일 수신 확인 여부를 알고자 하는 욕망에서 국내 이메일 서비스 업체들은 이메일 안에 눈에 보이지 않는 이미지 파일을 심어두는 방식으로 수신자가 메일을 개봉했는지 여부를 파악했다. 일종의 눈속임이다.

하지만 이메일의 수신 확인 기능은 표준적인 기능이 아니다. 수신자 입장에서 보면 자신의 상태를 상대에게 노출시키는, 일종의 감시 기술이다. 지메일, 핫메일 등 국외 메일에는 애초에 수신 확인 기능이 없었다. 감시 기술이라는 프라이버시 침해 우려 때문이다.

추적자를 따돌릴 권리

웹브라우저의 사용자 방문 기록 추적 기능에 대한 논란은 주로 미국을 중심으로 이뤄져왔다. 웹 서핑으로 불리는 인터넷 홈페이지 방문은 기본적으로 사용자의 기록을 만들어낸다. 홈페이지를 열어보는 것은 사용자가 컴퓨터에 해당 홈페이지를 내려받는 행위다. PC를 통해서든 스마트폰을 통해서든 마찬가지다. 홈페이지를 서비스하는 웹사이트 운영자도 방문자의 정보를 파악할 수 있다.

쿠키 Cookie
사용자가 웹사이트를 방문할 경우 그 사이트의 서버가 방문자 PC에 설치하는 작은 정보 파일이다. 크기는 대개 4킬로바이트 이하다. 쿠키 파일에 담긴 정보는 인터넷 사용자가 같은 웹사이트를 방문할 때마다 읽히고 갱신된다.

이때 핵심적 기능을 하는 것이 '쿠키'다. 원래 쿠키는 서버가 사용자를 식별하고 특성을 기억하게 하는 편리한 기능으로, 인터넷에서 널리 쓰인다. 팝업 창이 뜰 때 '더 이상 띄우지 않기'를 비롯해서 쇼핑몰 사이트를 방문할 때 로그인한 적은 없지만 며칠 전에 장바구니에 담아둔 물건이 보존되어 있는 것은 모두 쿠키 덕분이다. 서버가 내 PC 안에 있는 쿠키를 통해 나를 알아보기 때문이다. 웹사이트 방문 시에 구현 속도를 빠르게 하고 방문자의 특성에 기초한 맞춤형 광고 등 타깃 마케팅을 가능하게 해주는 수단이기도 하다. 사용자의 PC에 저장되는 쿠키에는 내가 방문한 웹사이트뿐만 아니라 내가 입력한 정보인 검색어, 이름, 비밀번호, 신용카드 번호 등의 정보도 담겨 있다.

웹사이트를 열어보는 도구인 브라우저는 쿠키 사용을 비롯해 웹사이트 방문으로 생겨난 정보를 설정할 수 있다. 인터넷 기술이 발달하면서 웹사이트 방문자들의 특성을 활용한 타깃 마케팅이 활발해졌다. 사업자 입장에서는 디지털 기기 사용자가 언제 어디에서 무엇을 하는지를 알면 서비스 개선은 물론 모바일 시대의 금맥으로 주목받는 맞춤형 정보와 광고를 제공할 수 있다. 해당 정보에 대한 수요가 높은 배경이다.

사업자 위주의 사용자 추적 기술은 이용자의 동의 없이 프라이버시를 침해하는 기술이라는 비판을 낳았다. 미국의 소비자단체들은 2007년부터 웹사이트들의 방문자 추적에 문제를 제기했다. 2010년 12월에는 미 연방거래위원회가 '추적 금지(Do Not Track)' 보고서를 발표했다. 2011년 파이어폭스(Firefox)를 시작으로 익스플로러, 사파리(Safari), 크롬(Chrome) 등 대부분의 웹브라우저업체가 방문 기록 수집 금지 선택권을 제공했다. 웹이 대중화되고 10년 만에야 이용자 요구가 생겨났고 개선이 이뤄졌다.

이런 추적 기능은 휴대전화에서도 문제가 되었다.

3세대 이동통신(WCDMA)은 자동 로밍이 특징이다. 단말기를 바꾸거나 별도로 신청할 필요 없이 자신의 단말기를 갖고 출국하면 자동 로밍이 되어 국외에서도 편리하게 전화를 주고받을 수 있다. 국내 이동통신사들은 3세대 이동통신의 특성을 살려서 서비스가 시작된 이후 한동안 친절한 안내를 내보냈다. 자동 로밍을 이용하고 있는 가입자에게 국내에서 전화를 걸면 자동으로 "지금 로밍 서비스를 이용하는 고객님께 연결 중입니다. 통화 연결 시 로밍 중인 고객에게 국제 통화료가 부과됩니다"라는 안내였다. 하지만 편리한 '로밍 중' 안내 서비스는 몇 해 전에 중단됐다.

한 이용자가 "왜 내가 외국에 있다는 사실을 나의 동의 없이 통신사가 제3자에게 알려줬느냐"고 문제를 제기했기 때문이다. 이제는 안내를 신청한 사람만 '로밍 중'이라는 안내를 내보낸다. 변경 이후 다수의 로밍 이용자들은 번거롭다고 생각한다. 사전에 로밍 안내를 신청하지 않으면 여행지에서 한밤중에 한국에서 걸려오는 전화를 받게 된다. 결국 대부분의 이용자들은 해외 로밍 중 안내를 신청한다. 번거로운 절차가 늘어났지만 사용자에게는 선택권이 생겼다.

카톡이나 이메일의 수신 확인 기능, 휴대전화의 자동 로밍 안내, 웹사이트의 쿠키 수집 기능 등은 정보기술의 속성을 잘 보여주는 사례다. 다수의 사용자들은 기술이 제공하는 기능을 편리하게 받아들이고 이에 대한 부정적 평가와 비판을 달가워하지 않는다. "그런 기능이 싫으면 안 쓰면 그만이지, 공짜로 쓰면서 뭔 불만이 그리 많아. 난 편리하기만 한데"라는 의견이다.

수신 확인 기능이 문제되는 이유는 특정 성향에 유리한 권력관계를 당연한 것으로 수용하기 때문이다. 수신자의 처지와 선택권은 고려되지 않고 발신자의 이익 그리고 서비스를 설계하고 운영하는 기술 제공 업체의 이익이 중심이 된다. 수신자가 적극적으로 알림을 보내지 않아도 읽었는지의 여부를 상대에게 전달하는 것은 효율성 높은 커뮤니케이션 수단이라는 것이 다수의 사용자들과 업체 쪽의 주장이다.

하지만 문제는 다수의 수신자가 수신 확인에 숨어 있는 사용자 간의 권력관계와 이로 인한 지속적인 사용 요구, 사용자들의 몰입적 사용과 이익을 추구하는 업체의 이해를 잘 이해하지 못하고 있다는 점이다.

수신 확인은 수신인의 선택권이 없는, 발신자와 설계자 위주의 감시기술이다. 인터넷 기술은 자연적인 것이 아니다. 설계에 사용자의 요구를 반영하는 만큼 구현된다.

8

우리의 사고가 '얄팍'해지는 까닭

▼

멀티태스킹이 우리를 더 유능하고 똑똑하게 만들지 못하고,
그저 잡다하고 소소한 일에 빠져 헤매게 만들 뿐이라는 사실을 인지하더라도
한 사람의 구성원으로서는 디지털 사회라는
거대한 매트릭스를 벗어나기 어렵다는 것이 진짜 문제다.

기술은 우리를 어느 때보다 막강한 존재로 만들었다. 현대인은 다양한
업무를 동시에 수행해내는 멀티태스킹(multitasking) 능력을 보유하고
있다고 여겨진다. 각종 기기를 잘 사용하는 유능하고 똑똑한 사람의
특징으로 멀티태스킹이 강조된다.

맞벌이하는 남편이나 아내가 퇴근해서 저녁을 차릴 때를 생각해보자.
쌀을 씻어 압력밥솥에 담은 다음 가스레인지에 올려놓고 불을 켠다. 밥
짓는 시간을 활용해 세탁기에 밀린 빨래를 집어넣고 가동한다. 가스레
인지의 나머지 화구에 된장찌개를 끓이면서 그릴에는 생선을 굽는다.
음식이 익을 동안 냉장고에서 꺼낸 반찬을 전자레인지로 데운다. 습관

처럼 틀어놓은 텔레비전에서 마침 좋아하는 일일드라마가 시작돼 잠시 눈길을 준다. 이때 스마트폰에서 카카오톡 알림이 울린다. 고교 동창이 카카오톡으로 보내온 사진에 댓글을 단다. 일고여덟 가지 작업을 거의 동시에 수행하는 멀티태스킹이지만 특별할 것 없는 일상이다.

1972년 12월 29일 미국 뉴욕을 출발해 마이애미 공항에 착륙하려던 이스턴항공 401편이 추락해 101명이 숨지는 사고가 났다.[34] 조종사 로버트 로프트(Robert Loft)는 착륙 준비를 위해 랜딩기어를 작동시켰지만 지시등이 들어오지 않았다. 로프트는 비행기 고도를 높인 뒤 상공을 선회하며 원인을 찾기 시작했다. 부조종사, 항법사, 동승한 보잉사 엔지니어가 모여 논의를 하는 동안 비행기의 고도는 점점 낮아졌다. 원인 분석에 몰두하느라 비행기를 조종하는 사람이 아무도 없었다. 비행기의 고도가 너무 낮은 것을 발견했을 때는 이미 사고를 피할 수 없는 시점이었다는 것이 블랙박스 조사 결과 드러났다.《우리는 왜 실수를 하는가》의 저자 조지프 핼리넌은 이 사고를 예로 들며 멀티태스킹은 '신화'라고 말한다. 사람은 걸으면서 껌을 씹는 정도의, 무의식적으로 할 수 있는 일 말고는 동시에 여러 업무를 처리할 수 없다는 것이다.[35]

동시 작업처럼 보이는 착시의 기술

멀티태스킹이라는 용어는 동시에 두 가지 이상의 프로세스를 실행하는 컴퓨터 기술에서 왔다. 프로그래밍 언어를 익혀 컴퓨터 명령어를 직접 입력하던 도스(DOS) 시절에는 하나의 프로세스만 PC에서 실행할 수 있었다. 1990년대 중반 이후 소개된 윈도 환경은 PC에 작업창을 여러 개 띄워놓은 채 사용할 수 있는 점을 특징으로 강조했다. 도스 컴퓨터 시절처럼 이메일을 확인하기 위해 다른 업무를 종료할 필요가 없다. 동영상 감상, 게임 실행, 문서 작업, 이메일 수신, 메신저 접속 등 PC에서 동시에 여러 작업을 실행하는 것은 정보화의 편리함이자 상식이 됐다.

멀티태스킹은 스마트폰 시대가 되면서 PC에서보다 더 확대되고 일상으로 깊이 스며들어 우리의 오랜 생활 방식을 바꿔나가고 있다. 초기에 휴대전화기는 멀티태스킹 기기가 아니었다. 음악을 듣고 사진을 찍을 수는 있었지만 도스 시절의 PC처럼 한 번에 한 가지 기능을 실행할 수 있었다. 하지만 스마트폰은 다르다. 음악을 들으면서 카카오톡을 하고, 문자를 보내고, 이메일 수신을 확인하고, 인터넷 검색을 할 수 있다. PC의 멀티태스킹과 결정적으로 다른 점이 또 하나 있다. 우리는 걸어 다니면서, 운전하면서 스마트폰의 멀티태스킹을 이용하고 있다는 점이다.

하지만 멀티태스킹이 늘어나고 일상화하면서 동시 다중 작업 수행은 착시일 뿐이라는 지적이 제기되고 있다. 컴퓨터의 다중 작업 처리는 동시에 다양한 연산을 처리하는 것이 아니라 1초에 수천 번씩 여러 프로세스를 오가며 순차적으로 처리하는 것이 '동시' 작업처럼 보일 뿐이라는 지적이다. 미국의 경영컨설턴트인 데이비드 크렌쇼는 《멀티태스킹은 없다》라는 책에서 멀티태스킹은 거짓말에 불과하며, 실제로는 스위치 태스킹(switch tasking: 업무 전환) 또는 백그라운드 태스킹

(background tasking: 배경 실행)에 불과하다고 주장했다.[36]

니콜라스 카는 《생각하지 않는 사람들》에서 많은 사람들이 최신 정보 기술의 '유능함'과 '편리함'의 상징이라 여겨온 멀티태스킹이 환상일 뿐이라면서 좀더 본격적으로 문제를 제기했다.[37] 카는 멀티태스킹의 실제 효과를 측정하고 평가하기 위한 다양한 실험과 연구를 소개했다.

발달심리학자 퍼트리샤 그린필드(Patricia Greenfield)는 2009년 〈사이언스(Science)〉에 발표한 논문을 통해 다양한 미디어 기술이 인지능력에 끼치는 영향을 연구했다. 비디오게임과 마찬가지로, 컴퓨터 조작은 스크린 가득한 이미지와 아이콘들 사이에서 초점을 빨리 맞추게 해주는 시각적 인지능력을 향상시키지만 이는 동시에 엄밀하지 못하고 반사적인 사고 습관을 갖게 한다는 것이 연구 결과였다. 코넬대 학생들을 대상으로 수업 시간에 학생 절반은 노트북을 통해 인터넷을 사용하게 하고, 나머지 학생은 컴퓨터를 쓰지 못하게 했다. 그리고 수업 내용과 관련해 시험을 치르자 인터넷을 사용한 그룹이 훨씬 낮은 점수를 기록했다.

그린필드는 "화면 미디어 사용은 항공기 조종처럼 동시에 수많은 정보를 인지하는 공간 인지능력을 개선시켰지만 이는 추상적 어휘, 반성, 연역적인 문제 해결, 비판적 사고, 상상력 같은 고도의 인지 구조를 약하게 만들었다"고 결론지었다. 한마디로 인간의 사고가 '얄팍'해졌다는 것이다.

스탠퍼드대 클리퍼드 나스(Clifford Nass) 교수는 2009년 101명을 대상으로 멀티태스킹 효과를 실험했다. 멀티태스킹을 많이 하는 집단은 그렇지 않은 집단에 비해 주의력이 산만하고 사소한 것들에서 중요한 정보를 식별해내는 능력이 크게 떨어졌다. 애초에 연구자들은 멀티태스킹의 장점이 더 많을 것이라고 예상했지만 결과는 반대였다.

미국 국립신경질환뇌졸중연구소(NINDS)의 조던 그래프먼(Jordan Grafman) 소장은 "온라인에서 끊임없이 주의력을 분산시키는 것은 우리 뇌를 멀티태스킹에 맞도록 더욱 민첩하게 만들었지만 이는 깊이 있게 생각하고 창조적으로 사고하는 능력을 사실상 저해하고 있다. 멀티태스킹을 많이 할수록 덜 신중해지고 덜 생각하게 되며 덜 판단하게 된다"고 주장했다.

멀티태스킹이 장점처럼 보이지만 실제로는 주의력과 집중력을 떨어뜨리고 업무 간의 전환 비용을 높여서 결과적으로 생산성을 떨어뜨린다는 다양한 연구 결과가 나오자 기업들은 멀티태스킹을 안 하느니만 못하다는 판단을 내리게 됐다.[38] 나스 교수는 "멀티태스킹을 요구하는 기업은 생산성에 해를 끼칠 뿐만 아니라 직원의 사고 능력을 저하시킬 수 있다"고 주장했다.

멀티태스킹을 권하는 사회

과거 농사일이나 마을의 공동 작업에서 불렸던 노동요도 일종의 다중 작업 수행이었다. 이렇게 과거에도 일종의 다중 작업 수행이 있었지만 그것이 특별히 문제가 되지는 않았다. 오히려 농사일을 하면서 노동요를 부를 경우 생산성이 향상되기도 했다. 디지털 환경에서 멀티태스킹이 문제가 되는 데는 좀더 근원적인 이유가 있다.

첫째, 과거와는 달리 단순 반복적인 작업에 한해 일시적으로 멀티태스킹을 하는 것이 아니라 상황을 가리지 않고 대부분의 경우에 지속적으로 멀티태스킹을 한다는 점이다. 멀티태스킹 자체가 문제가 아니라 잠시도 멀티태스킹을 멈추지 않는 것이 문제다. 애인과 만나면서도 수시로 카카오톡을 확인하고 중요한 회의를 하는 중에도 이메일을 확인한다. 2014년 4월 9일 프랑수아 올랑드(François Hollande) 프랑스 대통령은 주례 국무회의 중에는 휴대전화를 사용하지 말라는 명령을 장관들에게 내렸을 정도다.[39] 이에 따라 프랑스 정부 장관들은 국무회의장 입구에 휴대전화를 맡기고 회의에 참석하게 됐다.

둘째, 스마트폰 사용자는 스스로 멀티태스킹을 하고 있다고 생각하지만 사실 그가 이것저것 기웃거리는 것은 집중력 결핍의 결과인 경우가 대부분이다. 그는 다양한 작업을 동시에 수행하는 유능한 사람이 아니라 실제로는 주의력결핍과잉행동장애(attention-deficit hyperactivity disorder, ADHD) 환자와 유사하다. ADHD 자가 진단 항목에는 "동시에 여러 가지 일을 시작하지만 마무리 짓기 어렵다/외부 자극에 쉽게 산만해진다/오랜 시간 앉아 있기 힘들다/한 가지 일이 끝나기 전에 다른 일을 한다/해야 할 일이나 놀이에 계속 집중하기 어렵다" 등이 포함돼 있다.

멀티태스킹은 주변의 자극 요소를 제대로 통제하지 못하기 때문에 생겨나는, 집중력과 주의력 결핍에 따른 행위라는 것이 연구자들의 대체적인 결론이다. 2012년 미국 유타대 심리학과 데이비드 스트레이어 교수와 데이비드 산본마츠 교수가 평균 21세의 학생 310명을 대상으로 실시한 실험과 연구 결과 인구의 70퍼센트는 멀티태스킹 능력이 평균 이하인 것으로 드러났다.[40] 멀티태스킹을 자주 하는 사람들은 한 가지 일을 하다가 지루해지면 더 강한 자극을 찾아 나선다는 것이다. 그들은 스스로 집중력을 기울이는 능력이 떨어지고 외부 자극에 민감하게 반응하는 경향이 강한 사람들이다. 스스로의 필요와 의지에 따라 행동하기보다 무의식적으로 외부 자극에 따라 반응하거나 불필요한 일을 하게 되는 것이다.

셋째, 디지털 환경, 특히 스마트폰은 기본적으로 사용자들의 멀티태스킹을 자극하는 기술로 가득 차 있다는 점이다. 책이나 신문을 읽는 행위는 독자가 한 장 한 장 넘기면서 내용에 시선을 주는 것이었지만 스크린을 통해 읽는 웹페이지는 하이퍼링크와 멀티미디어로 구성돼 있다. 인터넷 검색이나 뉴스 보기는 애초에 찾으려던 콘텐츠를 잊어버리고 끝없이 이어진 하이퍼링크를 따라 전혀 낯선 페이지를 돌아다니게 만든다. 다양한 애플리케이션을 설치해 사용하는 스마트폰은 수시로 울려대는 각종 알림과 소셜미디어의 푸시 서비스로 사용자가 한 가지 업무에 집중하지 못하게 하는 기술적 특성이 있다.

특별히 주의력결핍 증상을 지니지 않았던 사람도 스마트폰을 잡으면 쉴 새 없이 깜빡이는 카카오톡과 각종 푸시 알림 때문에 애초에 하던 일을 접고 멀티태스킹을 하게 된다. 기본적으로 사용자의 주의를 끌기 위해 설계된 스마트폰의 기술과 각종 앱에 사용자가 나 홀로 저항하기는 어렵다. 또한 스마트폰은 음성 통화, 메시지 전송, 동영상 보기, 인터넷 검색 같은 다양한 기능을 넘나들며 복합적으로 수행하는 만능 기기로 기능한다. 기본적으로 사용자가 멀티태스킹에 빠지게 하는 기기인 셈이다.

스마트폰에 의한 멀티태스킹 또는 주의력 분산은 기술적인 방법만으로는 해결이 불가능하다. 멀티태스킹 사회의 기본 구조가 구성원에게 다양한 업무와 관계에 대해 동시에 관심을 기울일 것을 요구하고 있기 때문이다. 이는 기기와 서비스의 다기능화 못지않게 근본적인 환경이다. 한 가지 업무에만 집중할 수 없게 하는 것이 디지털 사회다. 디지털 사회의 직장인들은 회사에서 업무를 보면서도 수시로 이메일을 확인해야 하고 동시에 다양한 소통 수단을 통해 전달되는 각종 지시와 협조 요청에 응해야 한다. 과거처럼 소수의 지인들과 연락하는 대신 더 많은 관계와 이벤트에 늘 연결된 채로 살아가야 하는 것이다.

멀티태스킹이 우리를 더 유능하고 똑똑하게 만들지 못하고, 그저 잡다하고 소소한 일에 빠져 헤매게 만들 뿐이라는 사실을 인지하더라도 한 사람의 구성원으로서는 디지털 사회라는 거대한 매트릭스를 벗어나기 어렵다는 것이 진짜 문제다.

창의적이고 깊은 사유는 반짝하는 아이디어가 아니다. 물론 그런 사유도 작은 실마리에서 비롯한다. 하지만 그 이후에는 끝없이 이어지는 일련의 생각이 창의적 사고와 결과물로 진전한다. 생각이 연결되지 못하도록 끊어내고 수시로 새로운 관심사에 한눈팔게 해서 사고의 진전을 막는 멀티태스킹 혹은 주의력 분산의 덫이 주위에 가득하다. 우리의 사고와 관계는 갈수록 피상적으로 변하고 있다.

©ryantron

"온라인에서 끊임없이 주의력을 분산시키는 것은
우리 뇌를 멀티태스킹에 맞도록 더욱 민첩하게 만들었지만
이는 깊이 있게 생각하고 창조적으로 사고하는 능력을 저해하고 있다."

시간 통제력에 관한 사회학적 고찰 I

불명확한 상황에서 오는 불안함과 막연한 기다림을 없애기 위해
인간은 과학과 기술 그리고 논리를 발달시켜 오늘의 문명을 이뤄냈다.
하지만 정보기술의 발달은
일상에서 기다림의 의미와 경험을 근본적으로 바꿔놓고 있다.

기약 없는 기다림은 현대 사회생활과 경제활동에서 비합리성, 비효율, 무능력, 시간 낭비로 통한다. 한마디로 제거해야 할 대상이다. 과거 사회주의국가에서 식량과 생필품을 배급받기 위해 긴 줄을 서서 기다리는 행위는 비효율과 비합리성의 상징으로 거론되어왔다. 물론 자원의 부족이 주요 원인이다. 하지만 보유한 자원도 유통과 배분 과정이 합리적이지 않으면 수요자는 오랜 시간을 대기해야 한다.

정보기술의 발달은 우리 사회 곳곳에 있던 기다림과 대기 줄을 없앴다. 근래 서울 시내의 대형 대학병원에 외래 진료를 신청했다가 과거와 사뭇 달라진 광경을 경험할 수 있었다. 진료 예약, 진료 당일 진료 대기, 진료비 납부, 검사 예약, 검사 당일 대기, 투약 처방전 제출, 처방약 수령, 차기 진료 예약 등 과거에는 종합병원에서 진료를 한 번 받기 위해서는 매 단계마다 수십 분에서 한두 시간가량을 기다리는 것이 보통이었다. 3분간의 진료를 위해 하루 종일이 소요되기 일쑤였다. 이제는 달라졌다. 웬만해선 대기 시간이 몇 분을 넘기지 않고 단계마다 줄을 설 필요가 없어졌다. 정보가 병원 부서 간에 자동 공유되기 때문에 환자는 순서대로 옮겨 다니면서 검사와 진료를 받으면 된다. 진료비 지급도 신용카드를 등록해놓으면 방문 때마다 카드를 건네는 과정 없이 결제가 이뤄진다. 처음 방문할 경우에도 웬만하면 한 시간 안에 진료 신청과 검사, 결제까지 마칠 수 있다. 디지털 정보화 덕분이다.

'기다림'을 없애는 두 가지 방법

기다림은 속속 사라져가고 있다. 기술이 기다림을 없애는 방법은 크게 두 가지 경로를 따른다.

하나는 기다림의 원인이 되는 요소를 제거함으로써 줄을 설 필요가 사라지게 하는 방법이다. 수요에 비해 공급이 부족해서 생겨난 대기 줄이라면 물량을 충분히 공급하면 해결된다. 과거 유선전화나 휴대전화가 보급되던 초기에 물량이 제한되어 있을 때는 전화를 이용하려면 신청하고 상당 기간을 기다리거나 웃돈을 주고 사야 했다. 미리 만들어놓고 데우기만 해서 먹는 즉석식품 판매가 증가한 것도 기다리기 싫어하는 고객이 늘어난 덕분이다. 고객을 끌어들이는 방법은 덜 기다리게 하는 '속도 마케팅'이다. 오토바이 퀵서비스, 주문 당일 배송, 총알 배달에서 보듯 빠른 속도가 상품과 서비스의 핵심 경쟁 요소가 된 지는 오래되었다. 고속도로의 주요 정체 요인인 요금소 부근의 차량 줄서기를 없애기 위해서는 차선을 늘려 요금 징수소를 증설하거나 2중 요금소를 만들어 처리 속도를 단축하는 방법을 써야 한다.

대기 시간을 줄이는 좀더 발전된 방법은 해당 절차를 규격화하고 표준화해서 자동화된 시스템으로 관리하는 방법이다. 하이패스 시스템을 만들어서 운전자에게 단말기를 보급하고 고속도로에 하이패스 전용 차로와 통과 게이트를 설치하는 방식이다. 사람이 처리하면 아무리 인원과 창구를 늘려도 한계가 있다. 자동화된 시스템을 만들어 보급하면 기다림은 대부분 사라진다. 인터넷뱅킹과 자동화코너 덕분에 이제 은행 창구 앞에서 줄지어 기다리는 사람들은 온라인 시스템을 이용하기 어렵거나 대출 등 특별한 용무가 있는 사람들로 한정되게 되었다.

기다림을 없애는 또 하나의 방법은 기다리는 시간 자체를 소멸시키거나 단축시키는 방법이 아니라 정보를 제공하는 방식이다. 물리적으로 대기 시간을 줄이는 방법이 아니라 서비스 처리 순서나 업무의 처리 과정과 상태에 대한 정보를 제공함으로써 기다림이 언제 끝날지를 알려주는, 일종의 심리적인 방법이다.

대기자들이 기다리면서 불만을 토로하고 짜증을 내는 이유는 기다리는 시간 때문이라기보다는 왜 기다려야 하는지, 얼마나 기다려야 하는지에 대한 정보가 제공되지 않아서일 때가 많다. 언제 처리될지 모르고 무작정 기다려야 하는 고통이다. 예약을 통해 처리 시각을 알려주거나 현재 상황을 알려주면 무작정 기다리는 데서 오는 고통은 대개 사라진다.

기약 없는 기다림은 정보 부족에서 기인한다. 정보 부족과 불확실성으로 인한 기다림은 사람에게 무기력함을 느끼게 한다. 서비스업 분야에서 대기 시간의 과학적 관리를 통해 고객 만족을 높이려는 시도도 지속되어왔다.

하버드 경영대학원의 데이비드 마이스터 교수는 대기 시간에 대한 고객의 지각에 관심을 두고 대기 시간 관리의 여덟 가지 원칙을 발표했다.[41] 언제 서비스가 이뤄질지 모르는데도 그 이유가 설명되지 않은 기다림, 그리고 불공정한 기다림이 고객의 체감상 훨씬 길게 느껴진다는 이론이다. 최근 고객 서비스 창구를 찾으면 여전히 기다려야 하는 경우가 많지만 과거와 달라진 점은 순서대로 대기 번호표를 나눠주고 예상 대기 시간을 알려준다는 점이다. 고객센터로 전화를 걸어 통화 중일 때도 무작정 '통화 연결 대기 중'이라는 신호를 들려주는 대신 예상 대기 시간을 알려주는 것이 일반적이다. 무엇 때문에 늦어지는지를, 언제 기다림이 끝날지를 알게 되면 기다림으로 인한 지루함과 불만이 상당 부분 줄어들기 때문이다.

버스는 여전히 정류장에서 기다렸다가 타지만 요즘엔 버스 정류장에 기다리는 버스가 언제 도착할지를 알려주는 전광판이 늘고 있다. 실시간 교통정보를 제공하는 내비게이션의 장점은 빠른 길 안내와 함께 예상 도착 시간을 좀더 정확히 알려준다는 점이다. 위치정보센서와 통신망을 통해 정보가 처리되고 예정 시각이 제공된다. 그러면 그 시점이 언제가 될지 모르는 채 무작정 기다리는 행위는 사라지게 된다.

사라져가는 경험들

아일랜드 작가 사뮈엘 베케트(Samuel Beckett)의 《고도를 기다리며》에서 블라디미르와 에스트라공은 언제 올지 모르는 고도를 날마다 무작정 기다리지만 디지털 시대에 이런 기약 없는 기다림은 사라지고 있다. 인간 존재가 지닌 근본적인 불안의 조건이 사라지고 있는 것이다.

'시간이 돈'이라는 실용주의적 관점에서 보면 기다림은 일종의 결함이자 손실이다. 불확실성 감소를 통해 더 많은 기회를 활용하려는 관점에서 보면 기다림은 기회의 상실이다. 정보 부족으로 인한 기다림은 잃어버리는 시간이고 지연되는 시간이며 공허한 시간이다. 프랑스 사회학자 프란시스 조레기베리는 이동전화가 개인들의 '죽어 있는 시간'을 유용하고 수익성 있는 시간으로 바꿔준다고 주장한다.[42] 인터넷과 모바일을 경험한 현재의 네트워크 세대를 지배하는 가치는 효율성과 실용주의다. 이들은 이동전화를 매개로, 시간의 밀도를 높이고 시간을 이중적으로 활용할 방법을 찾아낸다.[43]

이처럼 정보기술은 기다림을 추방하고 있다. 정보 부족으로 인한 비효율과 불명확성이 야기하는 기다림을 정보를 제공해줌으로써 없애는 과정이 곧 기술 발전이다. 그동안 낭비되는 시간, 죽은 시간으로 여겨진 대기 시간 혹은 틈새 시간을 유용하고 수익성 있는 시간으로 바꿔주는 핵심적 도구가 바로 휴대전화다.

조레기베리가 1998년 1월 프랑스 파리에서 열린 학회에서 발표한 논문이 연구 대상으로 삼은 것은 이동전화였지만 틈새 시간의 활용과 상품화는 스마트폰 환경에서 본격적으로 나타나고 있다. 스마트폰이 보급되면서 기다림은 더 빠르게 사라지고 있다. 2013년 세계미래회의 (World Future Society)는 사라질 인간 경험의 하나로 '기다림(waiting)'을 지목했다. 인도의 고객경험연구소(Institute of Customer Experience) 대표이자 디자인 전문가인 아팔라 체이번(Apala Chavan)은 2030년이면 기다림이라는 단어와 경험이 사라질 것이라고 예측했다.[44]

불명확한 상황에서 오는 불안함과 막연한 기다림을 없애기 위해 인간은 과학과 기술 그리고 논리를 발달시켜 오늘의 문명을 이뤄냈다. 하지만 정보기술의 발달은 일상에서 기다림의 의미와 경험을 근본적으로 바꿔놓고 있다.

이동전화가 없던 시절의 만남은 표정부터 달랐다. 누군가는 기다리게 마련이었고 이런저런 사정으로 상대가 늦으면 그 이유를 모른 채 무작정 기다려야 했다. 약속해놓고 사정이 생긴 사람이나 나타나지 않는 상대를 기다리다 돌아간 사람은 만남의 장소인 찻집 메모판에 쪽지를 남겼다. 대학가의 다방 입구는 온갖 사연의 쪽지로 가득한 메모판이 상징이다시피 했다. 서점도 만남의 장소였다. 먼저 도착한 사람이 무료하게 친구나 연인을 기다리는 대신 서점 안에서 관심 분야의 책을 살펴보며 무료함을 달랬다. 그러다가 발견한 시집이나 소설을 사서 선물을 하기도, 스스로 읽기도 했다. 연인을 기다리는 이들은 그동안 저절로 시인의 마음이 되기도 했다.

이제 상대를 무작정 기다려야 하는 경우는 드물어졌다. 상대가 어디에 있는지, 언제쯤 도착할지를 모르기가 어려워졌다. 늦을 것이 예상되면 약속 장소로 이동하면서 서로에게 연락해 얼마나 늦을지, 현재 어디쯤 가고 있는지를 알려준다. 약속에 늦는 상대를 기다리는 사람의 행위도 달라졌다. 대기 시간에 스마트폰 화면을 들여다보노라면 기다림을 잊는다. 지루함도 줄었지만 그 대신 기다림이 주는 설렘과 기대도 찾기 어려워졌다.

오늘날 황지우 시인이 〈너를 기다리는 동안〉이라는 시에서 그려낸 기다림의 설렘을 이해할 이가 얼마나 될까? "네가 오기로 한 그 자리에/내가 미리 가 너를 기다리는 동안/다가오는 모든 발자국은/내 가슴에 쿵쿵거린다/바스락거리는 나뭇잎 하나도 다 내게 온다/기다려 본 적이 있는 사람은 안다/세상에서 기다리는 일처럼 가슴 설레는 일 있을까/네가 오기로 한 그 자리, 내가 미리 와 있는 이곳에서/문을 열고 들어오는 모든 사람이/너였다가/너였다가, 너일 것이었다가/다시 문이 닫힌다……."

© Felix Huth

2030년이면
기다림이라는 단어와 경험이 사라질 것.

10

시간 통제력에 관한 사회학적 고찰 II

▼

디지털 기술은 '순간'의 의미도 변화시키고 있다.
불가항력적인 힘으로 여겨지던 시간의 흐름을 수용하고
그 흐름의 일부인 '순간'에 맞춰 살아온 우리의 생활 방식이 달라지고 있다.

20세기 중반에 활동한 프랑스 출신의 사진작가 앙리 카르티에 브레송(Henri Cartier-Bresson)은 사진의 가치를 예술로 승화시켰다는 평가를 받는다. 그가 1952년 펴낸 사진집《결정적 순간(Images à la sauvette)》은 사진이 단순한 기록과 표현 수단이 아니라 촬영 대상의 본질이 가장 잘 드러나는 순간을 포착하는 고도의 예술적 행위임을 말해준다. 그래서 사진가들은 '결정적 순간' 한 장을 포착하기 위해서 갖은 위험을 무릅쓴다. 사진은 기다림의 예술이다.

기다림은 스마트폰 이후 연인들의 만남에서만 사라진 것이 아니다. 사진에서도 기다림의 의미가 달라졌다. 필름 카메라 시절에는 뷰파인

더를 통해 피사체를 한참 관찰하다가 결정적 순간이라고 여겨지는 순간 숨을 멈추고 셔터를 눌렀다. 디지털카메라의 경우 연속 촬영 기능으로 일단 여러 장을 찍는다. 비좁은 공간에서 치열한 보도 경쟁을 벌이는 사진기자들은 머리 위로 카메라를 치켜든 채 앵글도 살피지 못하는 상태로 카메라 연사 버튼을 눌러댄다. 일단 수십, 수백 장을 찍은 뒤에 메모리카드를 살피면서 쓸 만한 사진을 몇 장 골라내면 된다. '결정적 순간'을 기다려 셔터를 누르는 대신 연속 촬영 뒤에 쓸 만한 사진을 골라내고 나머지는 지워버리는 행위로 사진 촬영 기법이 달라지고 있다.

이런 효과가 극명하게 드러나는 것은 폐쇄회로 TV와 자동차의 블랙박스 장치다. 누구도 카메라를 들여다보면서 촬영하지 않았지만 텔레비전 뉴스는 사고 현장이나 범죄 현장의 '결정적 순간'을 찾아내 당시의 현장을 생생하게 보도한다. CCTV와 블랙박스에 현장의 영상이 통째로 담겨 있기 때문이다.

'순간'을 선택하는 세 가지 모습

디지털 기술은 '순간'의 의미도 변화시키고 있다. 불가항력적인 힘으로 여겨지던 시간의 흐름을 수용하고 그 흐름의 일부인 순간에 맞춰 살아온 우리의 생활 방식이 달라지고 있다. 이런 변화는 텔레비전 시청 습관에서도 나타난다. 젊은 세대들은 좀처럼 TV 앞에 앉아 있지 않는다. 대신 그들은 인기 방송 프로그램을 스마트폰이나 태블릿PC 혹은 컴퓨터를 이용해 즐긴다. 시청 도구만 달라진 것이 아니다. 그들은

'주문형(on demand) 시청'을 선택해서 실제 방송 시각이 아닌 자신이 편한 시간에 본다. 스마트폰은 공간의 자유까지 보탰다. 출퇴근하는 지하철에서 어제 놓친 드라마나 스포츠 경기를 즐길 수 있다. 방송이 시작되면 전국의 수돗물 사용량이 갑자기 줄어들고 거리가 한산해지던 인기 드라마의 '귀가 시계' 현상은 이제 옛날 일이 됐다.

'그 순간'을 무턱대고 기다리는 대신 개인이 전체 상황에 관한 정확한 정보를 갖게 되었을 뿐만 아니라 자신에게 편리한 때와 장소를 선택할 수 있는 능력까지 보유하게 됐다. '결정적 순간'을 만나기 위해 아무런 정보 없이 오랜 시간을 인내하며 우연을 기다릴 이유가 없어졌다. 과거에 가뭄이 들면 하늘만 바라보거나 기우제를 지냈다면 이제는 언제 비가 내릴지를 알려주는 정확한 일기예보에 따라 파종을 하거나 관개시설을 통해 필요한 순간에 물을 공급하는 환경으로 바뀐 것과 유사하다. 지난 시절의 천수답 농업이 요즘의 유리 온실 과학 영농으로 변화한 것 같은 현상이 우리의 일상생활에서 벌어지고 있다.

디지털 시대에 시간과 만나는 모습이 달라지고 있다. 지난 시절 미리 얼마나 준비하는지, 얼마나 부지런한지가 시간에 대한 사람의 태도를 좌우하는 요소였다면 이제는 그렇지 않다. 정보기술을 이용해서 사람이 시간을 통제하는 능력이 커지고 있다.

첫째, 정보통신 기술은 '효율화'라는 이름으로 시간에 대한 전통적 개념을 변화시키고 있다. 핵심 도구는 속도와 멀티태스킹이다. 업무 처리 속도를 빛의 속도로 이동하는 데이터의 속도에 맞춰나가는 것이 현실이다.

정보기술 덕분에 시간이 오래 걸리던 일들이 놀라울 정도로 빠른 속도로 처리된다. 스마트폰, 이메일, SNS 등은 과거와 비교할 수 없는 수준으로 시간을 단축시키는 효과를 가져왔다. 대화하기 위해 누구를 직접 만날 필요도, 문서를 전달하기 위해 우체국에 갈 일도 없어졌다. 상대가 어디 있든 간에 옆에 있는 것과 마찬가지로 실시간 대화가 가능하다. 빠른 속도를 통해 소요 시간을 단축하면 그만큼 여유 시간이 주어진 셈이라서 그 시간에 다른 업무를 처리하거나 휴식을 취할 수 있게 됐다.

이런 속도는 가장 빠르게 첨단 정보기술을 받아들여 활용하는 기업과 개인이 커다란 보상을 받게 하는 현대 산업사회의 경쟁 구조에 기인한다. 현대 사회에서 빠른 속도는 능력과 같은 개념으로 간주된다. 제한된 시간에 더 빨리 업무를 처리하거나 동시에 여러 업무를 해내면 남보다 더 많은 일을 해낼 능력을 갖게 된다고 여기기 때문이다.[45] 하고 싶은 많은 일을 하기 위해서 더 빠른 속도와 멀티태스킹이 선호되는 이유다.

둘째, 정보기술은 다른 사람이 설정한 시간이나 정해진 시각에 맞추지 않고 내가 나의 형편과 필요에 따라 그 순간을 선택할 수 있게 했다. 방대한 양의 정보를 처리하고 이를 프로그래밍하는 시스템이 만들어진 것에 따른 변화다. 방송 시간을 기다려서 프로그램을 보는 대신 스마트 기기를 통한 주문형 TV 시청으로 시청 습관이 달라진 것도 한 예다. 많은 영역에서 예약과 사용자 선택이 주어지고 있다. 과거에는 징병 검사 통지서가 언제 날아올지, 또 징집영장은 언제 나올지 모르는 상태로 상당 기간을 대기했던 것에 비해 이제는 징병 신체검사도, 군 입대일도 모두 당사자가 선택할 수 있게 됐다.

전화를 이용한 소통 방식에도 변화가 생겼다. 음성 통화가 카카오톡과 같은 SNS와 문자메시지 위주로 바뀌면서 비동기적 소통이 가능해졌다. 문자를 이용한 대화는 동일한 순간 서로 전화기를 들고 있지 않아도 소통을 가능하게 해주었다. 상대의 시간에 맞춰서 응답하지 않고 내가 편리한 시간에 '비동기식'으로 소통할 수 있다는 것이 문자를 이용한 소통의 장점이자 특징이다.

셋째, 우리가 시간에 대해 전에 없던 통제력을 발휘하게 된 또 하나의 요인은 오랜 시간이 흘러도 정보가 변하지 않고 그대로 남아 있는 경우가 늘어났다는 점이다. '결정적 순간'을 담은 사진도 세월이 흐르면 낡아서 원래의 빛을 잃게 마련이다. 인기곡을 담은 음반이나 카세트테이프를 사서 듣다 보면 자연히 흠집이 생기면서 잡음이 늘어났다. 맨 처음 구입했을 때의 맑은 음색은 레코드 앨범의 재킷 사진과 함께 빛이 바래갔다. 하지만 디지털 사진 파일이나 음악 파일은 시간이 흘러도, 아무리 먼 곳으로 실어 날라도 품질이 달라지지 않는다.

종이 신문도 비슷하다. 과거에는 신문을 배달받아 보더라도 신문 수집가가 아닌 다음에야 보름 전에 사회면에 실린 기사를 구할 방법이 막막했다. 배달된 당일 신문을 오려서 스크랩해두지 않으면 다시 그 기사를 활용하기 어려웠다. 이제는 아무 때나 스마트폰에서 인터넷으로 키워드 하나를 검색해 수십 년 전의 기사를 찾아 읽을 수 있는 세상이다. 지난 시절에는 아침에 신문을 한 장 한 장 넘기며 읽는 것이 웬만한 성인들에게 사회생활과 소통을 위한 필수 과정이었다. 요즘에는 아침에 꼬박꼬박 신문을 읽는 사람은 구세대로 낙인찍힌다. 디지털 세대는 신문이 배달되는 순간을 기다렸다가 뉴스를 소비하지 않는다. 평소 신문을 읽지 않고 필요한 정보가 있으면 검색을 통해 그때그때 알아본다. 과거 신문철이나 스크랩은 한 달만 지나면 덩치가 커지고 양이 많아져서 그 안에서 필요한 정보를 찾기 어려웠다. 그때그때 읽고, 메모하고, 사용하지 않으면 나중에 다시 찾아내서 활용하기가 힘들었다. 그래서 그 순간을 놓치지 않기 위해, 또 자신의 기억으로 만들기 위해 긴장해야 했다. 하지만 이제는 달라졌다.

보존되고 지속되는 세계

디지털 세상은 우리가 언제일지 모를 그 순간을 무작정 기다리지 않게 해주었다. 순간을 놓치지 않기 위해 전전긍긍하면서 긴장할 이유가 줄어들었다. 혜성이 번쩍 지나가는 그 순간을 보기 위해 캄캄한 밤하늘을 마냥 지켜보지 않아도 된다. 먼 곳에 있어서, 다른 일이 있어서 공연에 참석하지 못하더라도 인터넷에 올라 있는 콘텐츠를 내가 필요한 순간에 언제든지 찾아 즐길 수 있는 세상이다. 쏜살처럼 빠르게 스쳐 지나가는 순간순간에 대해 과거 어떤 제국의 황제도 누리지 못했던 통제권을 누구나 누리고 있다. '눈 깜짝할 새'라는 단어의 의미처럼 '순간'적으로 잠시 머무르고 사라지던 것들을 이제는 얼마든지 마음껏 누릴 수 있게 됐다.

'순간'에 부여된 의미와 가치가 사라진 현상을 미디어 이론가 더글러스 러시코프는 디지털 세상에서 기술적 통제력을 통해 모든 것이 '현재라는 순간'을 향해 재배열되었기 때문이라고 말한다.[46] 영원한 흐름인 시간의 순간을 디지털 기술을 통해 강제로 붙잡았다고 사람들은 여기지만 그럴수록 간직하려고 했던 원래 그 순간은 점점 멀어질 뿐이라는 것이다.

과거에 순간적으로 존재하다가 이내 '사라지던 것'들이 디지털 세상에서는 보존되어 지속적으로 제공된다. 좋아하는 노래나 동영상을 무한 재생할 수 있는 세상이다. 순간적으로 존재하다가 곧 낡아버리거나 사라져간 지난날과 비교하면 정말 편리해졌다. 하지만 디지털 세상이 선사한 편리함과 시간에 대한 통제권 획득은 인생의 중요한 가치를 위험하게 만든다. '순간'은 유한한 존재인 인간에게 '일회성'의 의미를 일깨워주는 가치를 지니고 있다.

사진작가들이 '결정적 순간'을 영상으로 포착하기 위해 오랜 시간 인내했다면 시인들은 '사라지는 순간'을 포착하기 위해 귀를 기울였다. 시인들은 순간적으로 존재하다가 이내 사라지는 것들을 노래해왔다. 시인 유하는 〈겨우 존재하는 것들〉이라는 작품에서 "빈 돼지우리 옆에 피어난 달개비꽃" 같은, 존재와 비존재의 경계에서 가까스로 머무는 것들을 노래했다. 19세기 영국의 낭만주의 시인 윌리엄 워즈워스(William Wordsworth)의 〈초원의 빛〉은 아름답고 영광스러운 빛을 발하던 풀과 꽃의 돌이킬 수 없는 순간을 노래했다. 변하지 않고 항상 그대로인 굳건함과 비교되며, 한순간 머무르다가 곧 사라지는 나약한 존재들에 진정한 아름다움이 깃들어 있다는 것이 시인들의 생각이었다.

순간적인 것은 지속되지 않는다는 사실은 종교적 가르침을 만나 그 통찰을 깊어지게 한다. 불가에서는 모든 것이 영속하지 않고 변한다는 '제행무상(諸行無常)'이 가르침의 기본이다. 유대 민족에게 지혜서로 전승되는 오랜 이야기에 따르면 솔로몬 왕이 얻고자 했던 '슬픈 사람을 기쁘게 하기도 하고, 기쁜 사람을 슬프게도 하는 반지'는 다름 아닌 "이 또한 지나가리라"라는 글귀가 새겨진 반지였다고 한다.

여러 해 전에 외국의 한 대도시에서 거대한 불꽃놀이를 지켜볼 기회가 있었다. 나는 밤하늘을 화려하게 물들이는 불꽃의 아름다움을 보면서 쉴 새 없이 탄성을 쏟아냈다. 하지만 5분, 10분이 지나도록 계속 터지는 화려한 불꽃을 보면서 내 마음은 나도 모르게 서서히 식어갔다. 점점 밤하늘의 불꽃이 아름답게 느껴지지 않았다. 불꽃놀이가 30분을 넘어서 거의 50분 가까이 이어지자 환상적이던 불꽃놀이는 지겨움에 가까워졌다. 아무리 귀한 것도 흔해지면 소중함을 잃어버린다.

별똥별처럼 어떤 것들은 순간적으로 존재하고 사라지기 때문에 아름답고 소중하다. 아름다움과 쾌락의 순간이 지속되면 그것은 더 이상 지난날의 기쁨과 가치를 지니지 못하게 된다. 디지털 기술은 우리에게 시간에 대한 통제권을 안겨줌으로써 순간에 얽매이지 않아도 되는 자유를 선사했다. 하지만 그 때문에 반복될 수 없는 인생의 물리적 순간을 덜 의식하는 것은 지혜로운 삶이 아니다. 〈죽은 시인의 사회〉에서 키팅 선생님이 학생들에게 늘 강조한 한마디는 '지금 이 순간을 놓치지 말라'라는 라틴어 '카르페 디엠(carpe diem)'이었다.

11

무엇을 위한 개발인가

▼

디지털 세상에서 사람은 점점 목적이 아니라 마케팅의 대상, 즉 도구와 수단이 되고 있다.
현대인은 잠시도 정보기술을 떠나서 살기 어렵지만
그 개발자와 기업은 기술과 이윤 동기를 앞세운 경쟁에 정신이 없을 뿐이다.

2010년 6월 7일 스티브 잡스(Steve Jobs)는 사람들의 예상을 깨고 미국 샌프란시스코 모스콘센터에서 열린 애플 제품 발표회 무대에 아이폰 신제품을 들고 나타났다. 디스플레이가 없는 뒷면에까지 유리를 사용하고 스테인리스로 테를 두름으로써 종전의 모서리가 둥근 아이폰 디자인을 사각형으로 바꾼 '아이폰4'였다. 당시 현장에서 취재하던 나는 운 좋게 스티브 잡스의 카리스마 넘치는 프레젠테이션을 눈앞에서 보게 됐다. 애플 제품 발표회에 참석한 3000여 명의 개발자와 취재진은 예고 없이 등장한 스티브 잡스와 그가 들고 나온 아이폰4에 열광했다. 신흥 종교 집회를 방불하게 하는 열기와 흥분이 느껴졌다.

충분한 기능성 테스트 없이 유리와 스테인리스를 사용한 혁신적 디자인 때문에 훗날 '안테나 게이트'라는 수신 불량을 초래한 문제의 제품이기도 했지만 그날 스티브 잡스의 프레젠테이션은 인상적이었다. 형태와 소재에서 미니멀리즘을 구현한 아이폰4에 대해 잡스는 "우리가 이제껏 만든 제품 중에서 가장 아름다운 디자인"이라고 극찬했고, 선명해진 화면 해상도에 대해서는 '레티나(retina) 디스플레이'라는 낯선 이름을 들고 나왔다.

'레티나'는 잡스에게서 처음 들어본 말이었다. '망막'이라는 뜻의 단어다. 스티브 잡스는 아이폰4의 화면 해상도가 직전 모델인 아이폰 3GS에 비해 네 배 늘어난 326ppi(pixel per inch: 인치당 픽셀수)임을 강조하기 위해 레티나 디스플레이라는 이름을 붙인 것이다. 이날 잡스는 "10∼12인치 거리에서 사람 눈이 식별할 수 있는 한계는 약 300ppi 정도라서 이 이상의 화소와 화면 선명도 경쟁은 망막의 인식 한계를 뛰어넘기 때문에 사실상 무의미하다"라고 화려한 수식어를 동원해 프레젠테이션했다. 레티나는 단번에 대중적 용어가 됐다. 이후 내가 만난 한 대학병원 의사는 "의대생들이 쓰던 전문 용어인 레티나를 유행어로 만들어버린 스티브 잡스의 개념 설명과 마케팅 능력이 놀라울 뿐"이라고 말했다.

사용자는 뒷전인 기술 경쟁

'프레젠테이션의 귀재'로 불린 스티브 잡스가 "이제 스마트폰에서 화소 경쟁은 끝났다"고 선언했지만 산업의 경쟁은 '인간 망막의 인식 한계' 따위는 아랑곳하지 않았다. 2013년 출시된 삼성전자의 갤럭시 S4(441ppi)나 LG전자의 G2(423ppi) 등 최신 스마트폰은 레티나 디스플레이를 훌쩍 뛰어넘었다.

노트북과 TV의 해상도 경쟁도 마찬가지다. TV의 고화질 경쟁도 풀HD를 넘어 풀HD 선명도의 네 배에 이르는 초고화질(UHD)을 놓고 이뤄지고 있다. 초당 수십 프레임의 정지 화면이 주사되면서 만들어내는 방송 동영상의 품질 역시 육안으로 인식 불가능한 수준의 경쟁이다.

방송사, 엔터테인먼트업체, 광고업체, 소비자용 수신 장치를 생산하는 업체, 공급자용 촬영 장비와 송출 장비를 생산하는 업체 등 다양한 관련 산업이 얽혀서 거대한 생태계를 구성하는 TV산업은 소비자의 필요보다는 산업적 이유에서 제품의 운명이 좌우되는 영역이다. 디지털 TV가 대표적이다. 국내 지상파 방송은 기존의 아날로그 방식 TV 전파 송출을 2012년 12월 31일 종료하고 2013년부터 디지털 신호로만 전파를 송출했다. 모든 가정이 디지털TV를 새로 장만하지 않으면 어제까지 잘 나오던 TV가 먹통이 되어버리는 것이다. 디지털 방송은 선명한 화질, 다채널, 데이터 방송, 쌍방향성 등 많은 장점이 있지만 디지털 전환의 가장 주된 동기는 새로운 시장과 수요의 창출이었다.

전국적인 네트워크를 구축하고 운영하면서 서비스를 제공해야 하는 이동전화 통신망도 유사하다. 사용된 기술별로 2세대(PCS), 3세대(WCDMA), 4세대(LTE)로 구분되는 이동통신망은 한정된 주파수 대역을 사용해야 하므로, 새 기술의 도입은 이전 기술의 철수를 요구하기 마련이다. 2012년 9월 KT가 주파수 대역 활용을 위해 2세대 통신 서비스를 종료하기로 하면서 "왜 KT만 2세대 사용자를 내쫓느냐"는 사용자들의 집단적 반발에 부닥친 것이 대표적 사례다.

상품은 사용자의 기대와 요구를 중시하는 것처럼 보이지만 실제로는 소비자가 종속 변수에 불과한 경우가 많다. 산업적 이해, 정확히 말하면 이윤 동기가 거의 모든 제품에서 가장 주된 고려 사항이기 때문이다. 사용자의 실질적 필요가 뒷전이 되고 이윤 동기가 앞서게 되면 결과적으로 소비자를 현혹하고 헛돈을 지출하게 유도하는 제품과 마케팅이 만들어진다.

3D TV는 평면 시대를 끝내고 입체 영상 시대를 가져올 미래의 기술로 기대를 모았다. 국내외 유수의 전자업체들이 사운을 걸고 제품 개발과 마케팅에 뛰어들어 콘텐츠 공급 방법까지 마련하며 치열한 경쟁을 벌였다. 하지만 3D TV는 2013년 세계 TV 판매량의 20퍼센트를 차지한 것을 정점으로 내리막길을 걸으며 사실상 실패한 기술이 됐다.[47] 최신 TV수신기를 장만해도 기기를 이용해볼 만한 콘텐츠는 제공되지 않았다. 사용자들이 앞장서서 입체화면 영상과 수상기가 필요하다고 주장한 것이 아니었다. 업체들의 화려한 청사진과 마케팅을 믿고 남보다 앞서 값비싼 3D TV를 장만한 얼리 어답터(early adopter) 소비자들은 결과적으로 봉이 된 셈이다.

많은 기기가 기술적 난제와 전략 미스로 실패한다. 영상 전화는 직접 만나지 않고도 한곳에 있는 것처럼 대화를 나누게 해주는 미래의 전화가 될 것이라며 기대를 모았지만 시장 형성에 실패했다. 기업의 원격

회의 시스템과 성인물업체의 음란 전화 등으로 명맥을 잇는 정도다.

뜨거운 찬반 논쟁이 진행 중인 안경형 웨어러블(wearable) 컴퓨팅 기기인 구글 글래스도 속단하기 이른 단계이지만 영상 전화와 같은 신세가 되리라는 전망이 나오고 있다. 사실 구글 글래스는 놀라운 기능의 제품이다. 나는 2013년 5월 샌프란시스코 모스콘센터에서 열린 구글 개발자 대회(I/O)를 취재하면서 시판 전인 구글 글래스를 직접 착용하고 제품을 사용해봤다. 손을 사용하지 않고 걸어가면서 "사진 촬영(take a picture)"이라고 음성명령을 내리면 '찰칵' 소리와 함께 내가 바라보고 있는 대로 사진이 찍혔고 "비디오 녹화(record a video)"라고 말하면 비디오 녹화가 시작됐다. 음성 명령으로 전화를 걸고 검색을 하고 이메일을 보낼 수 있다. 안경테에 부착된 소형 프리즘이 반투명한 화면을 통해 화상을 보여주기 때문에 어떤 기능이 수행 중인지를 알 수 있다. 게다가 증강현실 화면까지 제공된다. 얼리 어답터와 기술 애호가들이 열광하는 이유를 직접 체감했다.

나는 상상만 하던 첨단 기기를 직접 체험하며 그 기능에 놀라면서도 이내 두렵고 걱정스러워졌다. 맞은편에서 구글 글래스를 쓰고 걸어오는 사람을 보면 그가 초능력을 갖춘 사이보그 또는 은밀하게 정보를 수집하는 스파이처럼 느껴졌다. 구글 본사나 구글 행사장 앞의 스타벅스 커피숍에는 구글 글래스를 쓴 구글 직원과 일반인 체험단이 적지 않았고 나는 그들을 마주칠 때마다 본능적으로 멈칫했다. 카페에 누군가 구글 글래스를 쓰고 나타난다면 그곳에서 이뤄진 대화는 〈트루먼 쇼〉처럼 전 세계에 생생하게 중계될 수 있다는 생각이 들어서였다.

나만의 우려는 아니었다. 구글 글래스 체험단 행사가 시작되자마자 미국 시애틀의 '5포인트'라는 술집은 입구에 '구글 글래스 입장 금지'란 스티커를 붙여 화제가 됐다. 2014년 영국에서는 구글 글래스 체험 프로그램이 시작되자마자 영화관과 병원에서 착용이 금지됐다.

더 많은 데이터, 더 나은 서비스?

자동차, TV, 웨어러블 기기 등 하드웨어는 기본적으로 사용자의 눈에 그 형태와 기능이 보이기 때문에 해당 기술이 지닌 편리함과 위해성도 쉽게 드러난다. 하지만 스마트폰과 인터넷은 소프트웨어 프로그램과 데이터가 기능의 핵심이기 때문에 다르다. 사용자들이 편리함은 쉽게 체험하고 그에 매혹되는 반면 위해성은 좀처럼 인지하기 어렵다.

대표적인 사례가 애플과 구글 같은 정보기술 기업들이 무모할 정도로 탐욕스럽게 사용자의 데이터를 수집하면서 발생하는 프라이버시 침해다. 애플은 2011년 4월 아이폰 사용자들의 1년치 위치정보를 몰래 수집해 보관해온 것이 들통 나면서 거센 비난을 받았다. 구글은 지도 서비스를 위해 도로 사진을 촬영하면서 서비스와 무관한 와이파이 정보를 비롯해 신용카드 번호, 이메일 주소 등 개인정보를 무차별로 수집·저장해온 것이 발각돼 2013년 이후 각국에서 거액의 배상 판결을 받았다.

문제는 애플과 구글의 무차별적인 데이터 수집이 고도로 의도된 행위라기보다는 개발자들이 서비스를 설계하던 시점부터 기본적으로 탑재되어 있던 기능이라는 점이다. 더 많은 데이터를 수집해야 더 나은 서비스가 가능하다는 것이 거대 정보기술 기업들의 기본 생각이다.

구글이 공식적으로 내건 모토는 "세상의 모든 정보를 모으고 조직화해서 누구나 쉽게 이용할 수 있게 한다"는 것이다. 구글의 창업자 세르게이 브린과 래리 페이지를 비롯한 개발자들은 과거의 업무 방식이 비과학적이고 비효율적이라는 인식 아래 데이터를 분석하고 효율성을 높이는 방식으로 구글을 디지털 변혁의 중심축이 되게 했다. 이를 바탕으로 구글의 많은 서비스가 이미 큰 성공을 거두었고 무인운전 자동차와 구글 글래스 등은 논쟁 속에서도 계속 발전하고 있다.

기업으로서의 구글과 구글 서비스의 속성을 면밀하게 다룬 《구글드》를 펴낸 〈뉴요커〉 칼럼니스트 켄 올레타(Ken Auletta)가 2010년 방한했을 당시 나는 그에게 기업으로서 구글이 안고 있는 가장 큰 약점에 대해 물었다. 올레타는 "구글의 엔지니어 위주 문화가 최대의 장점이자 곧 약점이다. 구글의 엔지니어 중심 문화는 측정 가능한 것이 아니면 중요하지 않게 생각한다. 그래서 구글은 애국심, 자존심, 두려움, 프라이버시 같은 측정 불가능한 문제에 잘 대처하지 못하고 있다. 그것이 구글의 가장 큰 약점이다"라고 말했다.[48]

독일 철학자 이마누엘 칸트(Immanuel Kant)는 일찍이 "인간은 절대적인 가치를 지닌 인격체로서 다른 목적을 위한 수단이 아니라 그 자체가 목적"이라고 강조했다. 하지만 디지털 세상에서 사람은 점점 목적이 아니라 마케팅의 대상, 즉 도구와 수단이 되고 있는 것이 현실이다. 현대인은 잠시도 정보기술을 떠나서 살기 어렵지만 그 개발자와 기업은 철학자의 목소리에 귀를 기울이기 어렵다. 기술과 이윤 동기를 앞세운 경쟁에 정신이 없을 뿐이다.

개발자들은 당면한 기술적 과제를 풀고 마케팅적 요구를 충족시키는 데만 집중해서 자신들이 만들어낸 제품과 서비스가 가져올 장기적 영향과 그에 관한 윤리적 쟁점에 대해서는 생각하지 못하는 경향이 강하다. 지구상 절대 다수의 사람들이 구글이나 페이스북 같은 서비스를 하루에 여러 시간 사용하면서 그 매트릭스 안에 빠져 살고 있다. 이들 서비스를 설계한 사람들의 목적과 윤리 의식이 전 지구인에게 지대한 영향을 끼치고 있는 것이다.

———12———

빅데이터 산업의 어두운 그늘

▼

"당신이 돈을 내지 않고 상품을 사용한다면 바로 당신이 상품이다."

1990년대 미국 월마트는 고객들의 구매 영수증에 대한 분석을 하다가 흥미로운 사실을 발견했다. 목요일과 금요일에 아기 기저귀를 구매한 고객들이 주류 코너를 찾아 맥주를 구매하는 성향이 높게 나타났던 것이다. 아내의 심부름으로 기저귀를 사러 나온 남편들의 구매 패턴이 데이터 분석을 통해 포착된 결과였다. 이를 활용해 기저귀 매장 옆에 맥주를 진열하자 매출이 크게 늘어났다. 기저귀와 맥주를 테이프로 묶어서 파는, 희한한 패키지 상품도 등장했다. 이후 판매 데이터 분석을 통해 구매 연관성을 연구하고 그 결과로 얻어진 고객의 구매 패턴에 따라 상품을 전시하고 판매 전략을 세우는 것이 대부분의 매

장에서 적용되는 마케팅 불변의 법칙이
됐다.

　　모든 것이 디지털과 온라인으로 처리되
는 사회가 되면서 빅데이터와 이를 활용하는 데이터 마이닝이 성장 산
업으로 기대를 모으고 있다.

미래를 예측하는 데이터 과학

구글은 어느 기업 못지않게 데이터를 잘 활용하는 기업이다. 사용자들
이 검색을 통해 만들어내는 방대한 규모의 빅데이터를 분석해서 분류
하고 규칙을 찾아낸 다음 신규 서비스 개발과 기존 서비스 개선에 활
용한다. 사용자들이 검색어를 입력하다가 실수하는 오자 데이터를 활
용해서 가장 강력한 맞춤법 검사와 철자 추천 기능을 만들어냈다. 구
글의 번역 서비스와 음성 인식 기능도 사용자들이 만들어낸 빅데이터
를 활용한 서비스다.

　구글은 정보를 분석하면 미래를 예측할 수 있음을 보여주는 지점까
지 나아갔다. 구글은 수년 동안 독감 관련 검색어의 추이를 분석한 결
과 실제 독감 환자의 수와 유행 지역 등을 예측할 수 있다는 사실을 발
견했다. 2009년 〈네이처(Nature)〉는 '검색엔진의 검색어 데이터를 활용
한 인플루엔자 전염성 감지'란 논문을 실었다. 구글은 이를 활용해 독
감 확산 예측 정보를 제공하는 구글 플루 트렌드(Google Flu Trend) 서
비스를 개시했다. 구글 플루 트렌드는 미국 질병관리예방센터(CDC)보

다 2주 정도 일찍 독감을 파악할 수 있는 것으로 나타났다. 2010년 독일 노동연구소(IZA)는 "주택채무 상환 불이행 파악하기"라는 논문을 발표했다. 대출, 모기지, 채무 불이행 등의 검색어 데이터를 통해 금융위기를 미리 감지할 수 있는지를 다룬 논문이다.[49]

스마트폰을 사용하게 되면서 과거에는 접하기 힘들던 형태의 정교하고 가치 높은 데이터가 방대한 규모로 축적되고 있다. 스마트폰은 로그인 상태로 사용하는 개인용 기기인 데다 위치정보를 담고 SNS에 접속하고 있어서 사회관계까지 담은 데이터가 만들어지고 있다.

애플, 구글 등은 사용자별로 스마트폰에서의 검색 행위, 일정, 구매 습관 등을 데이터화해 '구글 나우(Google Now)'와 애플 '미리 알림' 같은 개인화된 예측 서비스를 모색하고 있다. 국내보다는 미국 등지에서 기능이 더욱 충실한 구글 나우는 로그인한 사용자의 일정, 이동 경로, 검색 패턴, 콘텐츠 이용, 숙박 정보 등을 통합해서 맞춤형 정보를 제공한다. 맞춤형 정보를 넘어 향후에는 쌀이나 우유같이 주기적으로 필요한 물품을 구매해야 하는 시점까지 알려줄 예측 서비스를 내세우고 있다.

데이터 과학의 미래는 점점 확대되고 각광받고 있다. 빅데이터는 모든 사물들이 온라인으로 연결되는 '사물 인터넷'과 맞물리면서 미래의 주요 성장 산업으로 여겨져 국가적 지원 정책까지 발표되고 있다.

> **사물 인터넷** Internet of Things
> 사람이 직접 조작하지 않는 각종 기기와 사물들에 센서 등 전자장치를 달아 인터넷으로 연결하고 사물 간에 정보를 주고받아 처리하게 하는 기술이다. 가득 차면 비우라고 알려주는 휴지통이나 무인자동차가 그 사례다.

페이스북의 '감정 조작' 실험

하지만 빅데이터는 잘 드러나지 않던 디지털 사회의 그늘을 비추는 뉴스를 통해서 그 진짜 면모가 알려지고 있다. 데이터 확보와 처리를 전문적으로 다루는 국가기관이나 기업의 행태도 조금씩 드러나고 있다. 충격적이게도 미국 국가안보국(NSA)이 '프리즘(Prism)'이라는 도·감청 프로그램을 이용해 구글, 페이스북, 마이크로소프트, 애플, AOL 등을 쓰는 다른 나라 이용자들의 통화, 이메일, 검색 결과에 무차별적으로 접근해왔음이 에드워드 스노든의 폭로와 〈가디언〉지의 보도로 드러났다. 두터운 베일에 싸여 있는 민간 데이터 관리 기업인 액시엄(Acxiom)도 가공할 정보력을 자랑하고 있다. 액시엄은 미국인 3억 명을 비롯해 세계 7억 명의 개인정보를 수집하고 분류해서 판매하는 세계 최대의 데이터 판매업체다. 나이, 성별, 피부색, 쇼핑 습관, 교육 정도, 병력 등 개인마다 최대 1500개 항목에 관한 정보를 모아서 기업에 판매한다.[50] 미국인 가운데 '왼손잡이로서 연봉 4만 달러 이상인 라틴아메리카인'의 목록을 원하는 기업에 마케팅 자료로 파는 방식이다.[51]

그렇지만 페이스북의 '감정 실험'만큼 빅데이터 시대가 어떤 모습일지를 충격적으로 드러낸 사례는 없다. 세계 정상급 학술지인 〈미국 국립과학원회보(PNAS)〉가 2014년 6월 17일에 게재한 '소셜네트워크를 통한 대량 감정 전염의 실험적 증빙'이라는 논문이 공개한 실험이다. 페이스북 데이터사이언스팀의 애덤 크레이머(Adam Kramer) 박사는 2012년 1월 11일부터 18일까지 7일간 페이스북 사용자 68만 9003명을 상대로 실험을 실시했다. 실험 대상자들의 뉴스피드 알고리즘을 조작해서 15만 5000명에게는 뉴스피드에 긍정적인 포스팅이 계속 올라가게 하고 15만 5000명에게는 부정적 내용의 글이 올라가게 했다. 그 결과 긍정적인 콘텐츠를 읽은 이용자들은 긍정적 콘텐츠를 올리고, 부정적 글을 읽은 이용자들은 부정적 글을 올릴 가능성이 커진다는 사실이 드러났다.

연구를 이끈 크레이머 박사는 자신의 페이스북을 통해 "우리는 사람들이 친구들의 행복을 보고 더 우울해지고 결국 페이스북을 떠나게 된다는 말이 사실인지를 조사해야 한다고 생각했다. 또 사람들이 친구들의 우울한 글 때문에 페이스북을 피하게 되는지에도 관심이 있었다"라고 실험 동기를 밝혔다.[52] '페이스북 때문에 오히려 불행감을 느낀다', '아니다, 오히려 다른 사람들과 연결돼 행복감을 느낀다'는 주장이 엇갈리면서 논쟁을 낳고 있는 상황에서 방대한 고객 데이터를 지니고 있는 페이스북 데이터사이언스팀으로서는 무엇보다 궁금한 연구 주제였을 것이다.

하지만 페이스북 데이터 과학자들이 저명한 학술지에 자랑스럽게 공개한 연구는 즉시 '감정 조작 실험'으로 불리며, 자신이 실험실 쥐와 같은 취급을 받았다는 전 세계 페이스북 이용자들의 거센 비난과 역풍에 직면했다. 상당수 페이스북 사용자들은 자신이 실험에 동원됐다는 것을 전혀 모른 채 즐거운 내용이나 우울한 내용의 글이 걸러진 자신의 담벼락을 보고 있었다는 사실에 경악했다. 만약 계속 우울한 글만 보던 사용자가 자살이나 범죄 같은 극단적 행동을 저질렀다면 이는 누구에게 책임이 있는 것일까?

페이스북은 회원 가입 시에 "서비스 개선을 위해 사용자의 데이터가 사용될 수 있다"고 동의한 약관에 따라 실험이 진행됐다고 설명했지만 이런 해명 역시 반발만 불렀다. 페이스북의 서비스 이용약관은 가입자가 거의 읽어보지 않고 무조건 '동의'를 누르는, 대표적으로 복잡하고 난해한 약관으로 유명하다. 약 9000개의 단어로 이루어진 페이스북 약관은 미국 헌법보다 길고 복잡한 법률 용어로 가득하다.

페이스북 데이터 과학자들이 대규모 '감정 실험'을 대수롭지 않게 여기고 이를 학술지에 발표한 것은 이런 방식의 '조작 실험'이 페이스북 안에서 일상적으로 이뤄져온 관행임을 드러내는 방증이다.

친구들의 글과 사진 그리고 상태 업데이트 등 각종 소식을 내 담벼락에 배달해주는 페이스북의 핵심 기능인 뉴스피드의 속성상 알고리즘을 통한 일종의 조작은 불가피한 측면이 있다. 뉴스피드는 나와 관계를 맺은 모든 사람이 올리는 콘텐츠나 변경하는 업데이트를 모두 보여주지 않는다. 내 담벼락에 '업데이트 홍수'가 일어나지 않도록 알고리즘을 통해 선별해서 노출하는 구조다. 페이스북에 가면 언제나 나와 온·오프라인에서 깊은 관계를 맺고 서로에게 관심을 자주 표시하는 대상이 주로 노출되어 있는 이유다. 사용자가 관심 있을 만한 상대와 콘텐츠를 보여주기 위해 페이스북은 알고리즘을 끊임없이 개선하고 이를 위한 다양한 실험을 하고 있다. 또한 페이스북은 액시엄처럼 극단적으로 세분화된 사용자 집단을 광고주들에게 판매하고 있다. 페이스북은 약 10만 가지 요인을 토대로 뉴스피드의 노출 순위를 매긴다.

그리고 이런 알고리즘을 통해 접속할 때마다 노출되는 콘텐츠를 1500개에서 지인 중심의 300개로 축소해 보여준다.[53]

페이스북의 실험을 옹호하는 쪽은 "신문이나 방송 같은 미디어의 편집 행위도 모든 정보를 단순 게재하는 것이 아니라 자신의 관점을 담고 선별해 싣는다"며 페이스북의 감정 조작 실험이 특별한 것은 아니라고 주장한다.

신문이나 방송도 편집으로 뉴스를 선별하고 이를 통해 사람에게 영향을 끼치려 하는 것은 맞다. 그러나 신문이나 방송은 거대 소셜 플랫폼과는 근본적인 차이가 있다. 신문이나 방송에 대해서는 이용자가 불만을 가질 경우 구독이나 시청을 거부하기 어렵지 않지만 페이스북과 같은 지배적인 SNS에서는 벗어나기 힘들다는 점이다. 우선 경쟁 상품이 다양하지 않다. 그다음으로 페이스북의 거대한 플랫폼에 나의 모든 친구들이 모여 있기 때문에 나 혼자 빠져나오기가 어렵다. 페이스북 가입자는 2014년에 이미 13억 명을 넘어섰다. 역사상 페이스북만큼 인류 전체의 감정과 생각에 막대한 영향을 끼치는 미디어 기업은 없었다.

페이스북이 사용자들을 상대로 감행한 감정 조작 실험은 20세기에 인간 행동에 대한 조작 가능성을 탐구하며, 다양한 사회과학적 실험의 효시가 되었던 '파블로프의 개' 실험을 연상시킨다. 어떤 상황에서 어떤 메시지를 보내 사람들의 반응을 통제하거나 유도할 수 있는지에 대한 연구는 인간의 행동과 사회를 목적하는 대로 유도할 수 있게 해주는 사회과학의 성배(holy grail)로 여겨져왔다. 페이스북 데이터사이언스팀과 함께 연구를 수행한 코넬대의 제프리 핸콕(Jeffrey Hancock) 교수는 "화학이 현미경을 얻은 것 같은" 느낌이라고 표현했을 정도다.[54] 만약 페이스북이 일련의 실험을 통해 좀더 정교한 감정 조작의 알고리즘을 만들어낸다면 특정 국가의 대통령 선거에 반미 후보자가 출마했을 경우 해당 국가 유권자들의 심리 상태와 투표 의사에 영향을 줌으로써 은밀하게 정치적으로 개입하는 것도 얼마든지 가능하다. 사용자를 대상으로 하는 실험이 아무 고지 없이 이미 페이스북 내부에서 진행되고 있었다는 점에 세계가 놀란 것도 그 때문이다.

빅데이터는 '기저귀와 맥주' 패키지 상품처럼 고객과 기업 모두에게 편리함과 새로운 통찰을 가져다주는 정보화 시대의 금광과 같은 고부가 영역이다. 하지만 사용자 수가 정보량이 되고 이 정보가 기업의 이익을 위해 이용될 수 있다는 점에서 빅데이터 보유 기업이나 기관에 대한 사회적 통제를 성공적으로 수행하지 못한다면 사용자들은 거대 기업의 조작 대상으로 전락할 따름이다.

19세기 미국은 독점화된 철도산업을 규제하기 위해 반독점법을 도입한 이후 시대에 따라 형태를 달리하는 정보화 사회의 빅브라더 출현을 막기 위해 이 법을 활용하고 있다. 1910년대에는 금전등록기 업체인 NCR, 1960년대부터는 업무용 컴퓨터 기업인 IBM, 1970년대에는 복사기 등 사무용 전자 기기 업체인 제록스, 1980년대에는 거대 통신회사 AT&T, 1990년대에는 마이크로소프트가 그 주된 대상이었다.[55] 오늘날에는 구글과 페이스북이 빅브라더의 자리를 두고 경쟁하고 있다.

"당신이 돈을 내지 않고 상품을 사용한다면 바로 당신이 상품이다"

라는 말이 있다. 공짜로 사용하는 대가로 우리가 제공하는 개인정보와 사용 내역은 사실상 우리가 알지 못한 채 제공하는 엄청난 가치의 상품이다. 빙산의 일각이 드러난 페이스북의 감정 조작 실험이 빅데이터 사회의 미래를 보여준 셈이다.

빅데이터 산업의 활성화는 과거와 달리 모든 종류의 데이터를 생산하고 기록하고 활용하도록 부채질한다. 일단 만들어진 데이터는 어떤 용도로도 활용되고 빅데이터를 활용하는 기술은 점점 발달하고 있다. 스마트폰과 같은 모바일 컴퓨팅 기기를 사용하게 되면서 개인의 이동 궤적과 24시간 데이터 사용 내역이 만들어지고 있다. 개인의 삶은 점점 더 스마트폰에 의존하지 않고는 불가능해지고 있다. 이렇게 만들어진 방대한 규모의 데이터는 빅데이터 산업의 출현과 발달로 인해 새로운 효용과 가치를 얻게 된다. 컴퓨터와 스마트폰 등 현대의 필수적인 기기를 사용하지 않고 일상적 생활을 영위하는 것이 불가능해지면서 개인의 프라이버시 영역은 점점 사라져간다.

13

기술이 통제를 벗어날 때

▼

"디지털 기술은 객체가 아니라 목적을 띤 시스템이다.
그것은 목적을 품고 행동한다.
디지털 기술이 어떻게 작동하는지 모른다면
그것이 무엇을 원하는지조차 알 수 없을 것이다."

_더글러스 러시코프, 미디어 이론가

아침에 기상 시각을 알려주는 스마트폰의 알람으로 하루를 시작해 잠자리에 들기 직전 밀린 카카오톡과 페이스북 메시지를 마지막으로 확인하고 스마트폰을 다시 충전기에 연결하며 하루를 마무리하는 세상이다. 24시간 내내 스마트폰에 의지해 네트워크와 접속된 삶을 사는 것이 많은 사람들의 일상이다.

현대인의 삶은 기본적으로 기술 문명에 의존하고 있다. 하지만 그중에도 스마트폰만큼 우리가 직접적으로 개입해서 오랜 시간을 사용하는 기술은 없다.

매사추세츠공대(MIT)의 〈테크놀로지 리뷰〉가 실시한 2012년 조사에 따르면 스마트폰은 역사상 가장 빠른 속도로 보급된 기기로 확산 속도가 일반 전화의 열 배에 이른다.[56] 전체 소비자 가운데 10퍼센트 이상이 사용하기까지 전화기는 발명 후 25년, 전기는 30년이 걸린 반면 인터넷과 컴퓨터는 9년, 스마트폰은 8년이 걸렸다. 보급률 40퍼센트에 이르는 데도 일반 전화가 39년, 전기가 15년 걸린 반면 TV와 스마트폰은 고작 2.5년이 소요됐다.

그중에서도 한국은 유난히 보급 속도가 빠르다. 1984년 3월 한국이동통신이 국내에서 첫 휴대전화 서비스를 시작한 이후 일찌감치 휴대전화 가입률 100퍼센트를 돌파하더니, 이제는 전체 인구수보다 많은 휴대전화가 개통돼 있다. 2014년 3월 국내의 스마트폰 보급률은 세계 1위(67.5퍼센트)를 기록했고, 최첨단 스마트폰인 엘티이(LTE) 가입자도 3000만 명을 넘어 LTE 보급률도 세계 1위다.

한국은 글로벌 IT제품의 시험장(테스트베드)으로 불리는 얼리 어답터 국가다. 정보기술 분야에서 강력한 성능과 다양한 기능을 보유한 최신 제품을 그 어느 나라보다 선호하는 것이 우리나라다. 그렇게 기술과 제품을 빠른 속도로 받아들이면서도 그 기술과 제품이 사용자에게 어떤 영향을 끼칠지는 고민하지 않는 것이 우리 문화다. 사실 기술이 삶과 사회관계에 끼칠 영향에 대해 거의 고민하지 않기 때문에 그 기술을 빨리 받아들이는 성향이 생겨난 것인지도 모른다.

기술이 개발되고 나면 실제 사용자들에 의해 어떻게 사용될지를 예측하기는 매우 어렵다. 월드와이드웹을 만든 팀 버너스리(Tim Berners-Lee) 경이 2013년 2월 방한했을 때 인터뷰할 기회가 있었다. 나는 "유럽입자물리연구소(CERN)에서 웹을 개발할 1989년 당시 오늘날과 같은 인터넷 세상을 예상했느냐"고 질문을 던졌다. 그는 "사실 연구자들끼리 정보 교환의 효율성을 높이기 위해 웹을 고안할 당시에 나는 어떤 연구 목적이나 상업적 용도로도 사용할 수 있도록 보편성을 추구하며 설계했지만 이토록 성공적일지는 미처 예상하지 못했다"고 답변했다. 그의 말대로 당시에는 아무도 인터넷 세상을 꿈도 꾸지 못했다. 미국의 거대 통신기업인 AT&T조차도 1971년 미국 정부가 인터넷의 초기 형태인 아르파넷(ARPA Net)을 인수하라고 제의하자 사업성이 없을 것으로 판단하고 거부했을 정도다.[57] 애초 정부의 군사적 목적을 위해 대학의 연구 기관들과 과학자들을 연결한 전문가들의 연결망이 지금처럼 상업적, 사교적 기능을 수행하리라고 기대한 사람은 드물었다.

기술 낙관론의 배신

기술은 초기 단계에서 향후 개인과 사회에 끼칠 영향력이 잘 이해되지 않는다. 특히 새로 등장한 기술이 지닌 탁월한 기능을 소개할 때는 주로 긍정적인 면이 강조된다. 문명을 바꿀 만큼 파급력이 큰 혁신적 기술이 등장할 때마다 낙관적 기대는 부풀려졌다.

1917년 오빌 라이트(Orville Wright)는 "비행기는 전쟁을 불가능하게 하는 경향을 가질 것"이라고 말했다. 그해 《해저 2만 리》의 작가 쥘 베른(Jules Verne)은 "잠수함은 함대를 무용지물로 만들어 전쟁을 전면 중단시킬 수 있을지 모른다"고 말했다. 훗날 대량 살상물을 제공했다며 참회한 알프레드 노벨(Alfred Nobel)은 일찍이 "나의 다이너마이트는 곧 1000가지의 세계 조약보다 더 평화를 가져올 것"이라고 기대하기도 했다. 기관총을 발명한 하이럼 맥심(Hiram Maxim)은 1893년 기관총이 전쟁을 더 끔찍하게 만들 것이란 비판에 대해 "전쟁을 불가능하게 만드는 도구"가 될 것이라고 응답했다.

기술사학자 데이비드 나이(David Nye)에 따르면 이처럼 전쟁을 영구히 없앨 평화의 도구로 기대를 모은 발명에는 어뢰, 독가스, 열기구, 지뢰, 미사일, 레이저 총 등이 포함된다. 핵 폭탄과 미사일 방어 시스템의 경우 아직까지도 '전쟁 억지 수단'으로 그 효용성을 주장하는 국가들이 있다.[58]

무선전신이 발명됐을 때, 또 전화가 개발됐을 때, 그리고 인터넷이 등장했을 때도 새로운 소통과 통신의 도구가 전쟁을 추방하고 지구 평화를 가져올 것이라는 기대가 컸다. 전쟁이 소통의 단절로 인한 오해와 상호 이해의 부족에서 기인하는 것으로 보아 원활한 소통 수단의 보급과 활용이 결국 평화를 가져올 것이란 기대였다. 《디지털이다》의 저자이자 매사추세츠공대에 미디어랩을 설립해 초대 소장을 지낸 니콜라스 네그로폰테(Nickolas Negroponte)는 1997년 "인터넷은 국경을 없애고 세계 평화의 안내자가 될 것"이라고 공언했다.[59] 국내에서도 인터넷은 자발적인 정치인 후원 조직을 형성하는 등 정치적 토론과 소통을 활성화시키며 직접민주주의의 도구라는 기대를 받았으나 이후 국가기관들이 조직적으로 선거와 여론 형성에 개입하면서 불법 선거운동과 여론 조작의 온상으로 전락하는 일이 벌어졌다.

이는 기술의 정치성에 관한 해묵은 논쟁으로 연결된다. 기술 자체에 특정한 속성이 들어 있느냐, 아니면 특정한 목적으로 사용하는 사람의 의도 때문이냐의 문제다. 미국에서 계속되는 총기 소유 합법화를 둘러싼 논쟁이 대표적이다. 미국에서는 날마다 90여 명, 1년이면 약 3만 명이 총기 관련 사건 사고로 숨진다. 무차별 총기 난사 사건이 벌어질 때마다 총기 소유 규제론이 고개를 들지만 이내 총기 소유를 합법화한 미국 수정헌법 제2조와 "총이 사람을 죽이는 것이 아니라 사람이 사람을 죽이는 것"이라는 주장에 밀려난다.

기술이 사용자의 의도에 따라 작동하는 도구냐, 아니면 그 이상이냐를 이야기할 때 고려할 점은 우리가 얼마나 기술의 속성을 제대로 이해하고 있느냐다. 인터넷의 개발 목적처럼 기술의 애초 의도가 이후의 실제 쓰임새와 크게 달라지는 경우가 많지만 그와 별개로 해당 기술에 수반되는 다양한 부수적 속성을 이해하지 못하는 경우가 있기 때문이다. 예상치 못한 부작용이다.

1950년대 독일에서 개발돼 1957년 8월부터 약 5년간 판매된 탈리도마이드(Thalidomide)란 약이 있었다. 임신 중의 입덧을 치료하는 수면제로 개발돼 독일과 영국을 비롯해 50여 개국에서 판매됐다. 이 약은 판매 전 동물실험 결과 부작용이 거의 드러나지 않아 의사의 처방 없이도 살 수 있는 '부작용 없는 약'으로 선전되었다. 하지만 유럽에서 기형아 출생이 잇따르면서 임신 42일 안에 이 약을 복용하면 팔다리가 매우 짧고 손발가락이 모두 없거나 아예 팔다리가 없는 기형아를 출산할 확률이 100퍼센트라는 것이 뒤늦게 밝혀졌다. 동물실험에 동원된 개, 고양이, 쥐, 햄스터, 닭 등에게서는 어떠한 독성도 나타나지 않았다. 토끼 중에도 특별한 품종에서만 사람과 비슷한 부작용이 생긴다는 사실은 1만 명 이상의 기형아가 태어난 이후 정밀 조사에서 비로소 드러났다.[60]

1960년대까지 미국과 유럽의 구두 가게에는 페도스코프(pedoscope)란 기기가 있었다.[61] 발을 들여다본다는 의미를 지닌 페도스코프는 미국에만 1만 개 넘게 설치됐다. 아이에게 신발을 신겨본 다음 엑스선을 쏘아서 신발이 발에 맞는지 신발 속을 확인하는 장비였다. 1945년 일본 히로시마와 나가사키에서 원자폭탄이 터졌을 때도 당장은 방사능 피폭의 진실을 몰랐다. 그래서 페도스코프는 원폭 이후로도 20년 넘게 쓰이다가 원자탄의 방사능 피폭 후유증이 오랜 세월이 지나고도 계속되는 현실이 목격되면서 엑스선 노출의 위험에 대한 자각이 생겨나 비로소 구두 가게에서 퇴출됐다.

마리 퀴리(Marie Curie)가 발견한 방사능 물질 라듐은 미용은 물론 정신 장애에까지 효능이 있는 기적의 물질로 통했다. 사람에게 에너지를 주는 신비의 물질로 여겨졌으나 퀴리는 방사능 노출로 인한 백혈병으로 사망했다. 초창기에 엑스선 촬영 장치는 유럽 상류층 파티에서 인기를 끈 소도구로 활용됐다. 파트너의 뼈를 촬영해주는 용도였다.[62]

디디티(DDT)는 생태계와 인간에게 무해한 '기적의 살충제'로 여겨지며 널리 쓰였고, 그 공로로 개발자인 스위스 화학자 파울 헤르만 밀러(Paul Hermann Müller)는 1948년 노벨 생리의학상을 받았다. 그러다 1962년 레이철 카슨(Rachel Carson)이 《침묵의 봄》을 펴내 DDT의 문제

점을 고발한 이후 비로소 환경에 끼치는 영향에 대한 본격적 연구와 재검토가 시작되고 사용 반대 운동이 일어났다. 1972년 미국 정부는 DDT 사용을 전면 금지했다.

고소한 맛을 내면서도 동물성 지방이 아니고 값까지 저렴해 국내에서도 인기를 끌었던 마가린이 버터와 같은 동물성 지방에 비해 해로운 트랜스 지방 덩어리란 것이 근래에 알려지면서 사실상 퇴출되는 운명을 맞고 있는 것도 유사한 맥락에서 봐야 한다.

감지 불가능한 기술의 진화

어떤 기술은 장기적 영향이 드러나거나 사용자에게 제대로 이해되기까지 오랜 시간이 걸린다. 그러나 역사상 가장 빠른 속도로 파급돼 광범하게 쓰이고 있는 스마트폰과 인터넷 기술은 잠재적 영향력을 제대로 이해하는 것이 거의 불가능할 정도다. 특히 정보기술은 기본적으로 소프트웨어로 작동하는 속성상 사용자가 알지 못한 채 지속적으로 기능 개선이 이뤄진다. 또한 기술 혁신 경쟁이 글로벌 차원에서 쉴 새 없이 진행되어 어느 부문보다 혁신의 속도도 빠르고 전면적이다.

또한 기술은 점점 복잡해져가고 있고 우리 생활은 더욱 복잡한 기술에 의존하게 된다. 기술은 발전할수록 사용자들에게 그 작동 방법을 숨기면서 더 단순한 사용법을 제공한다. 스마트 시대의 기술은 더욱 숨어버린다. 제록스의 팔로알토 리서치센터(PARC) 마크 와이저(Mark Weiser) 박사는 1988년에 이미 세 편의 논문을 통해 '유비쿼터스 컴퓨팅(ubiquitous computing)', '보이지 않는 컴퓨팅(invisible computing)', '사라지는 컴퓨팅(disappear computing)'이라는 미래 유비쿼터스 컴퓨팅의 기본 개념을 제안했다. 와이저는 "가장 심오한 기술은 사라져버리는 기술이다. 뛰어난 기술은 일상생활 속으로 녹아들어가 식별할 수 없게 된다"고 말했다. 20세기 초 영국의 분석철학자 앨프리드 화이트헤드(Alfred Whitehead)가 쓴 《수학이란 무엇인가?(An Introduction to Mathematics)》에도 "문명은 우리가 의식적으로 생각하지 않고도 수행할 수 있는 중요한 일들의 가짓수를 늘리면서 진보한다"라는 통찰이 적혀 있다.

스마트폰은 IBM이 1994년 시판한 '사이먼(Simon)'이 효시로 여겨진다. 이후 마이크로소프트사가 포켓PC와 PDA로 발전시켜 대중적 상품으로 판매해왔지만 실제로는 애플이 2007년 터치식의 직관적 사용자 환경을 채택한 아이폰을 발매하면서 오늘날의 스마트폰 시대가 사실상 개막됐다. 사용법이 손쉬워지면서 비로소 대중화된 것이다. 승용차의 대중화도 비슷하다. 자동차도 주요 부품들이 전자화되고 다기능을 수행하면서 운전자가 과거처럼 보닛을 열어 일상적 점검을 하는 것이 쓸모없게 됐다. 그렇게 차량용 컴퓨터에 의존하게 되면서 운전자의 문턱은 낮아졌다.

우리는 복잡한 기술에 더 의존하게 되었지만 특정 부문에 대한 개입은 어려워졌다. 우리가 기능을 잘 모르고 각 부분이 전체 시스템과 연동되어 작동하기 때문에 부분적 변경도 힘들다. 사용자가 개입할 여지를 별로 남겨두지 않으면서 기술은 더 복잡하게 발달하는 이러한 측면에 대해 자크 엘륄(Jacques Ellul) 같은 사회학자는 "기술이 자율적이 됐다"고 말한다.[63] 자율성을 띤 기술은 인간의 필요와 의도보다는 기술 자체의 욕망에 따라 진전한다. 더욱더 큰 규모의 파괴력을 지닌 대량 살상 무기를 개발하려는 경쟁이 한 사례다. 정보기술 전문지 〈와이어드(Wired)〉를 창간한 케빈 켈리는 《기술의 충격》에서 이처럼 자율적으로 진화해가는 기술 시스템을 '테크늄(technium)'이라는 용어로 설명한다.[64] 1976년 리처드 도킨스(Richard Dawkins)가 《이기적 유전자》에서 문화의 진화를 이끄는 문화 유전자를 설명하기 위해 선보인 '밈(meme)'을 본떠 만든 조어다. 도킨스는 유전자(gene)처럼 문화도 확산을 지향하는 자기 복제 성향을 지녔다는 것을 주장하기 위해 밈이라는 개념을 만들었고, 케빈 켈리 역시 기술도 유전자나 밈처럼 자율 확산의 성향을 내재하고 있다는 것을 설명하기 위해 테크늄이라는 개념을 만들었다.

기술이 자율적이 됐다는 말은 사용자인 인간의 통제를 벗어났다는 의미다. 개발자의 통제를 벗어난 기술의 위험성은 1818년 메리 셸리(Mary Shelly)의 공상 과학 소설 《프랑켄슈타인》에 이미 그려져 있다. 의사 프랑켄슈타인이 만들어낸 괴물은 괴력을 갖게 되자 그 창조자의 뜻을 배반하며 이렇게 말한다. "넌 나를 만들었지만 네 주인은 나야. 어서 복종해!"라고.

기술의 중립성을 고민하는 기술철학에서는 기술의 편향성을 중요하게 여긴다. 살인자는 총이 아니라 총을 쏜 사람이지만 사실 총 자체가 생명을 죽이는 쪽으로 편향된 기술이라는 것이다. 이런 점에서 사용자들은 스마트폰과 인터넷 사용에 대해 그 기술적 특성, 즉 편향성을 이해해야 한다. 인터넷이 우리를 더 똑똑하게 만드는가, 아니면 어리석게 만드는가를 따지기에 앞서 인터넷은 그 기능과 구조상 어떠한 편향성을 갖고 있느냐를 이해해야 한다는 것이다.

시간과 공간의 거리감을 없앤 연결의 도구, 늘 접속되어 있어야 더 많은 정보와 소통할 수 있는 구조로 설계된 것이 인터넷이다. 인터넷은 스마트폰으로 장소와 시간의 제한 없이 개인별 휴대와 이용이 가능한 쌍방향 상호작용의 기술이다. 삭제도 어렵다.

인터넷의 이러한 기술적 편향성에 대해 미국의 저명한 미디어 이론가 더글러스 러시코프는 이렇게 말한다. "디지털 기술은 객체가 아니라 목적을 띤 시스템이다. 그것은 목적을 품고 행동한다. 디지털 기술이 어떻게 작동하는지 모른다면 그것이 무엇을 원하는지조차 알 수 없을 것이다."[65]

PART 3

새로운 시대의 새로운 문법

–

디지털 리터러시

1

언어생활의 문명사적 전환

▼

스마트폰 이후 카카오톡, 페이스북과 같은 SNS를 통한 소통은
기존의 커뮤니케이션 문화를 빠르게 대체하고 있다.
특히 카카오톡이 불러온 가장 중요한 변화는
우리가 말을 글로 자동 기록하는 언어생활을 시작했다는 점이다.

스마트폰과 인터넷이 널리 보급되면서 전통적인 언어생활도 달라지고 있다. 대표적인 것이 말과 글의 뒤섞임이다. 말과 글은 생각을 표현하는 도구라는 데서 비슷하지만 다른 점도 많다. 말하는 대로 받아 적으면 글이 되는 경우는 드물다. 대화를 글로 옮기면 부정확한 표현이나 불필요한 군더더기 표현이 많다는 것을 알게 된다. 말을 그대로 적었을 때 어색하지 않은 글이 될 정도로, 논리적이고 체계적으로 말을 하는 경우는 아주 드물다. 말을 받아 적었더니 통찰과 논리가 담긴 가르침이 되는 경우는 부처, 예수, 무함마드(마호메트)처럼 성인들이나 가능하지, 보통 사람으로서는 불가능한 얘기다. 그러나 사실 공자나

소크라테스 같은 철인들이 제자들과 주고받은 대화가 책으로 엮이게 된 데에는 스승의 가르침을 논리적으로 정리한 제자들의 역할이 컸다.

말은 빠르고 글은 느리다. 말하기는 쉽고 글쓰기는 어렵다. 말은 생각하는 즉시 단어로 표현되지만 글은 생각하는 즉시 문장으로 완성되는 것이 아니다. 생각의 흐름을 말로 드러낼 수 있지만 글로 옮기자면 수고롭고 시간이 걸린다. 글로 적는 순간에도 의식의 흐름이 이어지면서 생각은 바뀌고 다듬어진다. 거친 것들을 걸러낼 수 있어 글은 논리적이다.

말과 글의 또 다른 차이점은 기록되어 남아 있느냐다. 말은 말하는 그 순간 상대에게 전달되고 사라지지만 글은 다르다. 한 번 기록되면 시간과 공간의 한계를 넘어 전승되고 유통된다. 말이 글로 기록되면서 한 세대의 지식과 지혜가 다음 세대로 이어지게 됐고, 인류와 문명도 비약적으로 발전했다. 기록되어 전승된 말에는 이전 세대의 소중한 지식과 가치가 담겨 있다.

카카오톡으로 달라진 이 시대의 소통법

스마트폰 세상이 되면서 말이 글 고유의 기능을 갖게 됐다. 부지불식간에 많은 사람들이 글로 대화를 하고 있다. 카카오톡이나 트위터, 페이스북과 같은 SNS 덕분이다. 스마트폰 이후 카카오톡, 페이스북과 같은 SNS를 통한 소통은 기존의 커뮤니케이션 문화를 빠르게 대체하고 있다. 2012년 12월 카카오톡이 서비스 개시 1000일을 맞아 공개한 자료는 7000만 명 이상의 사용자가 일주일 평균 6.38일, 하루 평균 43분 간 카카오톡을 쓴다고 밝혔다. 그중에서도 청소년은 가장 열성적인 사용자다. 2012년 6월 한국청소년정책연구원이 전국의 고교생과 대학생 4876명을 대상으로 '청소년의 소셜미디어 이용 실태'를 조사한 결과도 유사하다. 하루 평균 카카오톡 이용 시간이 두 시간을 넘는다고 답한 고교생과 대학생은 2396명으로, 전체 응답자의 57퍼센트였다.

청소년과 젊은 층에서 시작된 문자 대화는 갈수록 광범하게 확산되고 있다. 젊은 층의 문자를 통한 대화 문화는 하나의 새로운 사회적 의례로 자리 잡고 있다.[1] 청소년들은 기성세대와 구별되는 정체성을 확립하기 위한 시도로, 또래와의 문자 대화에서만 통하는 용어와 이모티콘, 줄임말을 사용하고 있다.

스마트폰 이전의 휴대전화에서도 문자메시지를 이용해 글로 대화를 주고받을 수는 있었지만 글이 말을 대체한 것은 카카오톡과 같은 스마트폰의 '메신저 앱(문자메시지 애플리케이션)'에 이르러서다.

카카오톡을 통한 소통은 기존의 휴대전화 문자메시지와 약간 다른 점이 있다. 카카오톡 등의 앱 덕분에 문자메시지들도 지금은 대부분 별도의 요금을 내지 않고 쓸 수 있다. 하지만 카카오톡 이전 문자메시지는 한 통에 30원, 20원씩 요금이 부과됐다. 과거의 전화 예절이 '용건만 간단히'였던 것처럼 문자메시지도 필요한 내용 위주의 소통이었다. 지금의 10대들처럼 상대의 말끝마다 "ㅋㅋ"라고 맞장구를 치는 것이 거의 불가능했다. 아이폰에서 대화 상대와 과거의 문자메시지 내용을 모아서 보여주는 기능이 비로소 생겨났지만 그 이전에는 과거의 문자 내역이 흩어져 낱낱이 존재했다. 문자메시지는 한 번에 보낼 수 있는 내용이 80바이트로 제한돼 있어서 띄어쓰기를 포함해 40자가 넘으면 발송이 불가능했다. 나중에 40자 이상의 사연이나 이모티콘 또는 사진 같은 멀티미디어 콘텐츠를 보낼 수 있는 기능(MMS)이 추가됐지만 송수신자 모두에게 별도의 요금이 부과됐다.

하지만 카카오톡 이후에 상황이 달라졌다. 우선 상대와 문자를 주고받는 데는 돈이 들지 않는다. 문자를 주고받을 때마다 요금을 내지 않고 와이파이만 되면 공짜로 쓸 수 있는 특성상 용건 위주의 통신이 아닌 재미와 수다 위주의 소통이 이뤄지게 됐다.

카카오톡의 기술적 특성은 그 서비스를 통해 오고 가는 문자메시지의 내용에도 변화를 가져왔다. 용건 위주의 정제된 사연이나 글 대신 자신의 감정이나 상태를 표현하는 도구로 쓰이기 시작했다. 카카오톡은 점점 일상의 대화를 닮아갔다. 카카오톡에서는 상대의 말에 대꾸를 해주거나 자신의 반응을 이모티콘과 사진으로 표현한다. 대화는 상대 앞에서 서로 주고받아야 하는 즉시성과 응대성이 있기 때문에 대화와 비슷한 카카오톡은 상대가 문자를 보내면 곧바로 대꾸하는 방식으로 이루어지는 것이 사용자들 사이에 정착한 일반적 사용법이다. 하지만 실제 대화와 결정적으로 다른 점은 상대가 떨어져 있어도 소통이 가능하고, 바로 응대하지 않고 서너 시간 뒤에 대꾸하는 것도 가능하다는 것이다.

또한 상대와의 대화 내용이 시간 순대로 모두 기록되어 언제든 다시 확인할 수 있다. 채팅방을 열고 대화하는 방식이기 때문이다. 근래에는 카톡 대화 중에 재미난 내용만 모아 소개하는 '카톡 유머'라는 새로운 유머 장르가 생겨나기도 했다.

지워지지 않는 대화의 특성

카카오톡이 불러온 가장 중요한 변화는 우리가 말을 글로 자동 기록하는 언어생활을 시작했다는 점이다. 카톡 대화가 말을 대체하면서 대화가 통째로 기록으로 남고 있다. 나와 상대와 서버에 세 개의 원본이 있는, 일종의 내용 증명 대화다. 내가 스마트폰에서 대화 내용을 지워도 상대의 전화기에는 그대로 보존돼 있다. 대화를 나눈 두 사람이 대화 내용을 모두 지워도 카카오톡 서버에는 그대로 남아 있을 수도 있다.

카카오톡이 기존의 문자메시지와 뚜렷하게 구별되는 또 하나의 특징은 두 사람 간의 통신만이 아니라 세 사람 이상 수백 명이 한 방에 모여서 대화를 나누는 '집단채팅(단체카톡)' 기능을 제공한다는 점이다.

초등학교나 중학교에서는 웬만하면 한 학급의 학생들이 집단채팅방을 만들어 소통하고 있으며, 몇몇 친구들끼리 또 별개의 채팅방을 만들어 운영한다. 일부 청소년 사이에서는 '카톡 왕따'나 '카톡 감옥' 같은 사이버 괴롭힘의 수단으로 신기술을 악용하는 부작용도 나타나고 있다. 카톡 집단채팅에서 나눈 대화 내용은 거의 비밀이 지켜지기 어렵다. 대화에 참여한 사람들이 대화 뒤에 채팅방을 빠져나오거나 자신의 스마트폰에서 대화 내용을 삭제하더라도 누군가는 이를 보관하고 있을 수 있다. 더욱이 대화 내용은 스마트폰에서만 보유할 수 있는 것이 아니다. 카카오톡이 제공하는 '대화 내용 이메일로 보내기' 기능을 감안하면 카카오톡의 채팅은 사실상 누군가에 의해 보존되고 있는 준영구 기록으로 여겨야 한다.

특정한 시간과 공간에 머물다 허공으로 사라지던 대화가 기록으로 바뀌어 빛의 속도로 유통되는 세상이다. 말이 글로 바뀌어 고스란히 기록으로 남는다는 것은 이따금 편리할 때가 있지만 결코 반가운 일이 아니다. 국회에서는 특정한 발언 내용을 속기록에서 삭제할지를 둘러싸고 정당 간에 다툼을 벌이는 경우가 드물지 않다. 공적인 회의 자리에서 국회의원 스스로 자신의 말이 기록으로 남는다는 것을 알고 카메라와 속기사 앞에서 발언한 것인데도 나중에 후회할지 모를 말을 기록에서 삭제하려고 다툼을 벌이는 것이다.

국내 스마트폰 이용자 대부분이 사용하고 있고 일부 이용자는 카카오톡을 쓰기 위해 스마트폰을 구매할 정도로 카카오톡은 인기 높은 앱이다. 하지만 카카오톡의 서비스 구조와 기술적 특성에 대해서는 충분히 인지하지 못한 이용자가 많다.

유명인들의 성범죄가 드러난 것도 상대의 카카오톡을 통해서였다. 생생하게 기록된 구체적 정황이 범죄 혐의 입증에 결정적 증거가 되었던 것이다. 상대와 직접 카톡을 하고도 초기에 혐의를 부인했던 이들은 사실이 드러난 뒤에 정보기술에 대해 무지한 데다 부도덕하다는 비난을 함께 받았다. 유명인들만이 아니라 일반 범죄 사건에서도 카카오톡에 남아 있는 대화는 증인들의 주장이 엇갈리는 상황에서 실체적 진실을 드러내는 주요한 증거로 기능하고 있다.

카톡을 사용할 때는 중요한 기술적 특성을 반드시 알고 있어야 낭패를 보지 않는다. 첫째, 카톡 대화는 말이 아닌 글이라는 점이다. 허공으로 사라지는 말과 달리 영구히 보존될 수 있는 글로 대화를 하고 있다는 점을 알아야 한다. 둘째, 내가 카톡으로 말한 내용은 지워지지 않는다는 점이다. 나도 모르게 대화 상대나 집단채팅방의 누군가가 대화 내용을 저장하거나 이메일로 보내 보관할 수도 있다. 일단 말하고 나면 주워 담거나 부인할 도리가 없다. 셋째, 카톡의 기능을 충분히 알고 써야 한다. 숫자로 표시되는 수신 확인 기능이 있어서 상대가 나의 메시지 수신 여부와 확인 시각을 알 수 있다는 점을 명심해야 한다. 일찌감치 확인해놓고 이튿날 "방금 확인했다"고 둘러댄다면 상대에게 불신만 안겨줄 뿐이다.

카카오톡의 대화가 주요 범죄에서 결정적 증거로 활용되는 경우가 늘어나고 검찰과 경찰의 압수 수색이 쇄도하면서 카카오톡 운영사는 이용자의 메시지를 서버에 보관하는 기간을 계속 단축해 최근에는 평균 5일로 줄였다. 카카오톡과 달리 휴대전화 문자메시지는 통신업체 서버에 그 내용이 저장되지 않는다. 통신비밀보호법에 따라 문자 내용은 발신과 수신 즉시 삭제하고 발·수신 기록만 1년간 서버에 저장한다.

이런 상황에 착안한 새로운 서비스도 나타나고 있다. 듣는 즉시 사라지는 말처럼 문자 대화도 확인 즉시 자동 삭제되는 기능을 적용한 서비스다. 2013년 국내에 선보인 SNS 프랭클리는 메시지를 확인하고 10초가 지나면 대화 상대의 창에서 내용이 자동 삭제된다. 삭제되면

회사 서버에서도 복구할 수 없다. 단체대화방에서 누군가 대화 내용을 저장하면 모두에게 그 사실이 통보된다. 라인, 마이피플 등도 사용자가 대화 내용이 자동 삭제되도록 설정할 수 있는 '타이머 챗' 기능을 추후 도입했다.

이 분야에서는 2011년 7월 미국에서 선보인 사진공유 앱 스냅챗(SnapChat)이 개척자다. 주고받은 사진이 즉시 삭제돼 흔적이 사라지는 기능을 이용해서 은밀한 사진이 오갔고, 덕분에 누드챗(Nude Chat)이란 별명을 얻었다. 페이스북도 2012년 유사 서비스인 포크(Poke)를 내놓았다.

빅토어 마이어쇤베르거는 《잊혀질 권리》에서 정보에 유통기한을 설정하자고 제안했다. 기록과 보존이 수월해진 디지털 세상에서 기록 대신 망각이 사업 모델로 떠오르고 있는 것이다.

2

소통의 풍요 속 눈치의 빈곤

▼

얼굴을 마주 보거나 음성을 주고받는 대화가
인터넷을 통해 문자로 이뤄지게 되면서 일어나는 주요한 변화는 공감 능력의 저하다.

카페에서는 마주 보고 대화하면서 정겨운 눈빛을 교환하는 대신 서로
의 스마트폰을 들여다보고 있는 '스마트한 연인'들이 쉽게 눈에 띈다.
자녀에게 스마트폰을 사준 뒤 아이가 수시로 엄마에게 전화를 걸고 카
카오톡으로 손쉽게 대화를 나눌 수 있어 좋다고 반색하던 부모들이 오
래지 않아 후회하는 경우도 적지 않다. 스마트폰이 자녀 손에 주어진
이후 자녀와의 대화가 단절되었다면서 스마트폰을 사준 것이 잘못이
라고 자책하는 부모들도 있다.

스마트폰과 SNS 등 디지털 기술은 역사상 어떤 도구보다 강력하고
즉각적인 커뮤니케이션 능력을 갖췄지만 디지털 기술의 확산이 오히

려 사람들의 관계 형성과 소통에 부정적 영향을 끼쳤다는 역설적 주장이 제기되고 있다.

외로워지는 사람들, 둔감해지는 아이들

미국 매사추세츠공과대학 사회심리학 교수로 30여 년간 과학기술이 사회에 끼친 영향을 연구해온 셰리 터클이 2010년 펴낸《외로워지는 사람들》은 소셜네트워크 환경에서 더욱 외로움을 경험하는 현상에 대한 심층 보고서다. 온라인에서 더 쉬워지고 편리해진 연결은 느슨한 형태의 인간관계를 풍부하게 형성해주는 한편 인간관계의 질적 경험 또한 피상적으로 만들어버렸다는 것이 핵심 주장이다. 이 책의 원제는 "모두 다 함께 외로이(Alone Together)"이고, 부제는 "우리는 왜 기술에 대해 더 많은 것을 기대하고 서로에게는 덜 기대하는가(Why We Expect More from Technology and Less from Each Other)"다.

네트워크화된 세상에서 우리는 언제 어디서든 상대와 즉시 연결될 수 있게 됐다. 더 쉽게 더 많이 더 오래 연결되었지만 오히려 외로워지는 이유는 무엇일까?

디지털 네트워크 기술은 초연결(하이퍼네트워크) 세상을 만들어낸 동력인 동시에 피상적 관계와 외로움의 근원이다. 기술 발전에 따른 커뮤니케이션 방법의 진화는 더 많은 연결과 쉬운 만남을 가능하게 했다. 교통과 통신 수단의 발달에 따라 소통의 범위와 내용은 점점 늘어났고 소통의 방식은 변해갔다. 우편은 글을 통해 용건을 주고받는 특성상 정제된 내용 위주였고, 전신은 높은 비용과 빠른 전달이라는 특성 탓에 오가는 내용과 형식이 제한되어 있었다. 전화는 상대와 직접 음성을 주고받는다는 점에서 즉시성과 동시성을 지녔다.

목소리는 글이나 전보 같은 문자의 형태로는 전할 수 없는 다양한 정보를 전달했다. 전화선 너머 상대의 표정 변화는 볼 수 없지만 목소리에는 많은 표정이 담겨 있다. 목소리의 크기, 강도, 높낮이, 빠르기, 음색, 발음의 명확도 등이 함께 전달된다. 어조와 음색을 통해서는 말하는 사람이 기쁜지, 화가 났는지, 무관심한지와 같은 감정 상태와 의지가 전달된다. 전화 통화에서는 목소리를 통해서 나의 상태도 마찬가지로 상대에게 전달된다.

상대를 만나 얼굴을 보면서 대화하는 것만큼 직접적이지는 않지만 전화 통화는 발신자와 수신자가 목소리의 변화를 느끼면서 상대와 감정을 교환하는 행위다. 전화선 건너편의 상대가 목소리에 반가움을 담아 보내면 그에 대한 나의 반응도 목소리에 담겨 보내진다. 짜증낼 것이 뻔한 사람이나 거북한 상대에게 전화를 거는 일은 마음에 적잖은 부담이 된다. 컴퓨터가 없던 시절에도 직접 말하기가 부담스러워서 전화 대신 메모나 편지로 용건을 전하는 경우도 있었다.

발신자와 수신자가 함께 전화기를 붙잡고 있어야 하는 음성 통화와 달리 문자메시지와 SNS는 동시 연결성 없이도 소통이 가능한 방식이다. 수신자가 전화에 응답할 수 있는 상황인지를 살피거나 문의할 필요 없이 발신자가 마음 내키는 순간 문자를 보내도 문제없다. 받는 사람의 상황이나 메시지에 대한 반응을 고려할 필요 없이 발신자가 원하는 대로 메시지를 보낼 수 있는 편리함이 있다. 카카오톡처럼 사실상 공짜가 된 것도 문자메시지 부담이 낮아진 요인이다.

카카오톡으로 대표되는 SNS의 인기는 편리하고 다양한 커뮤니케이션 기능 때문만이 아니다. 목소리를 통해 전해지는 상대의 감정에 신경 쓸 필요가 없다는 점도 카카오톡이 소통 수단으로 인기를 누리는 이유의 하나다. 하지만 감정적 긴장에 대한 부담 없이 상대와 소통할 수 있다는 장점은 전에 없던 부작용을 낳고 있다. 더 오랜 시간을 들여 소통함에도 관계는 피상적이 되고 외로움은 깊어지는 현상이 나타나고 있는 것이다.

디지털 세대가 주로 소셜네트워크를 통해 소통하고 관계가 인터넷을 매개로 형성되면서 공감 능력과 사회성 발달이 영향을 받게 된 것이다. 단적인 사례가 청소년층의 '카톡 왕따' 또는 '카톡 폭력' 현상이다. 괴롭히려는 친구를 카카오톡의 집단대화방에 초청해 대화방 구성원들이 돌아가며 심한 욕설로 괴롭히는 행위다. 2012년 8월 14일 서울 송파구의 한 여고 1학년생이 카톡 폭력에 시달리다가 아파트 11층에서 투신자살한 충격적 사건이 있었다.[2] 주변 학생들이 카톡 대화방에 초대해놓고 "맞아야 정신 차릴 년", "OO년", "O년" 등의 욕설을 퍼부으며 숨진 여학생을 괴롭혔다. 학생들이 스마트폰을 쓰게 되면서 각급 학교마다 유사한 SNS상의 언어폭력 사례가 갈수록 늘어나고 있다. 여자 중고등학교의 교사들은 이구동성으로 "요새 학생들 간에 물리적 폭력이 문제되는 경우는 드물지만 카카오톡을 통한 왕따 같은 새로운 형태의 사이버 폭력은 오히려 광범하고 심각해졌다"고 말한다.

청소년기의 배타적 또래집단 형성과 '왕따' 같은 특정인 배제 또는 폭력성은 어제오늘의 일이 아니다. 근래 들어 왕따와 집단 괴롭힘 같은 학교 폭력 기사가 많아진 것은 디지털 세대에서 비롯한 특성이라기보다는 매체의 발달로 그런 사례가 더 많이 알려지게 되어서라거나 사회가 더 경쟁적이고 폭력적으로 바뀌어서라는 설명도 있다.

하지만 인터넷을 통한 왕따와 집단 괴롭힘 현상을 이제껏 청소년기에 흔히 나타났던 일탈 현상으로 보고 넘겨버리는 것은 매우 위험한 일이다. 인터넷상의 왕따와 괴롭힘이 과거와 근본적으로 다른 구조를 지니고 있기 때문이다. 그것은 바로 디지털 소통 방식의 특성에 기인한다.

미국 코미디언 루이스(C. K. Louis)는 2013년 한 방송의 토크쇼에서 스마트폰의 폐해를 재치 있게 지적한 바 있다. "아이들은 짓궂은 장난을 하면서 자라게 마련이지요. 친구에게 '야, 뚱보야' 하고 놀렸다가 친구의 안색이 안 좋아지는 것을 보면서 '아, 사람을 저런 식으로 놀려서는 안 되겠구나'라고 깨닫게 됩니다. 하지만 소셜네트워크를 통해 '뚱보야'라고 글을 남기면 그걸 깨닫는 대신 '재밌네'라고 혼자서 생각하게 되지요."

내 말에 대한 친구의 반응을 보고 어떤 말이나 표정이 상대를 화나게 또는 기쁘게 하는지를 관찰하면서 판단력과 사회성을 기르는 것이 성장 과정이다. 하지만 스마트폰에서 문자로 소통을 하다 보면 아무리 오랜 시간 채팅을 하더라도 얼굴 표정이나 목소리의 변화를 통해 상대의 감정 변화를 살피면서 소통할 때의 경험을 할 수 없게 된다.

많은 학생들이 카카오톡을 통해 친구를 괴롭히는 배경에는 자신의 말에 반응하는 친구의 표정을 읽거나 목소리를 들을 필요 없이 일방적으로 욕설을 쏟아낼 수 있다는 점이 있다.

얼굴을 마주 보거나 음성을 주고받으면서 하는 대화가 인터넷을 통해 문자로 이뤄지게 되면서 일어나는 주요한 변화는 공감 능력의 저하다. 속칭 '눈치빨'이 떨어지는 것이다. 앞서 언급했듯이 친구에게 "야, 뚱보야"라고 말했다가는 주먹다짐을 하게 되거나 친구의 불쾌해하는 반응과 직면하게 된다. 일상에서 이런 경험이 쌓이면서 말을 할 때마다 상대의 감정과 상태를 살피게 되는 것이 자연스러운 성장 과정이자 사회화 과정이다. 형제자매가 많은 가정에서 자라나 눈치가 발달한 막내들이 대체로 다른 사람들의 감정을 잘 이해하고 인간관계가 원만한 경향을 띠는 것도 비슷한 이유에서다.

처음부터 디지털 환경에서 자라나 성장 과정에서 낯선 사람이나 거북한 상대와 얼굴을 맞대고 대화하는 경험을 충분히 하지 못한 어린 세대는 사회성 발달이 저해될 수 있다. 물론 젊은 세대가 눈치 볼 필요가 줄어든 데는 디지털 기술 이외에도 다른 이유가 많이 있다. '눈치 파악'의 퇴화에는 한 자녀 가정, 빈곤 탈피, 성과 제일주의의 경쟁 사회, 학습량 과다, 인성 교육 부재, 개인주의 문화 등 다양한 요인이 배경으로 있다. 하지만 그중에도 디지털 기술을 통한 발신자 위주의 소통 문화가 특히 중요한 역할을 했다. 젊은 세대는 다른 사람들이 어떻게 여기는지를 파악하지 못하고 자기 생각 위주로 판단하고 행동하는 '눈치 빵점'의 인간으로 자라날 우려가 있다.[3]

비언어적 소통의 중요성, 메라비언의 법칙

2008년 미국 에머리대 영문학 교수 마크 바우어라인은 "가장 멍청한 세대"라는 도발적인 제목의 책을 펴냈다. 그 책에 따르면 1980~1990년에 태어난 미국의 젊은 세대(Y세대)는 인터넷과 휴대전화가 대중화되는 시기에 청소년기를 보내는 바람에 비언어적 의사소통을 제대로 익히지 못한 채 문자메시지와 SNS에만 몰두하게 됐다고 한다. 전자기기를 통해 문자 위주의 소통을 하는 Y세대는 상대의 표정이나 몸짓, 손동작, 목소리의 떨림 등 '보디랭귀지'로 전달되는 비언어적 메시지를 해독하는 능력이 크게 떨어지고, 이는 기성세대와의 갈등 요인이 된다는 것이다.[4]

대화에서는 오고 가는 메시지 못지않게 표정, 시선, 몸짓, 자세 등 비언어적 요소가 중요하다. 캘리포니아주립대(UCLA) 사회심리학과의 앨버트 메라비언(Albert Mehrabian) 교수가 1971년《침묵의 메시지(Silent Messages)》를 출간했는데 이후 그가 제시한 비언어적 소통의 중요성은 '메라비언의 법칙'으로 공식화되었다. 메라비언의 법칙은 한 사람이 상대로부터 받는 인상은 언어(메시지 내용)에 의해 불과 7퍼센트만이 형성되고 그 외 청각(음색, 목소리, 어조) 38퍼센트, 시각(시선, 표정, 몸짓, 자세) 55퍼센트 등 비언어적 요소에 의해 주로 형성된다는 이론이다. 주로 설득 커뮤니케이션 분야에서 활용되어온 이론이지만 비언어적 소통의 중요성을 규명한 메라비언의 이론은 인터넷을 통한 소통 분야에서도 시사점이 크다.

메시지의 내용보다 말하는 이의 음성과 눈빛을 통한 소통이 중요하게 작용한다는 사실은 카카오톡, 페이스북 등 문자 기반의 소통을 위주로 하는 디지털 세대가 기본적인 소통 능력을 배양하는 데 어려움을 겪을 수 있음을 의미한다. 더욱이 소셜네트워크나 문자메시지를 통해서는 음성 정보가 오가지 않기 때문에 목소리에 드러나는 상대의 감정 변화를 읽을 수 없다. 오로지 텍스트로만 정보를 주고받을 뿐이다.

문자메시지와 소셜네트워크가 말을 대체하는 소통 수단이 되면서 의성어, 이모티콘, 스티커 등을 동원해 자신의 느낌이나 상태를 표현하고 있지만 한계가 있다. 실제 대면 대화에서는 대화가 이루어지는 시간과 공간을 비롯해 다양한 맥락적 정보가 공유되는 상태에서 말하는 이의 감정이 목소리와 표정으로 숨김 없이 드러난다. 인터넷 채팅에서는 발신자가 자신의 상태를 임의로 노출하는 구조다. 메신저에서 대화명 (스크린네임), 프로필 사진 등을 통해 자기 상태를 알리는 이들도 있지만 감정에 따라 매번 바꾸기는 어렵다. 화난 상태여도 프로필 사진은 웃는 얼굴이다. 공감을 표현하는 방법도 지극히 제한적이다. 페이스북에 다쳐서 아프다는 얘기를 올려놓거나 슬픔에 잠겨 있다고 표현해도 친구들은 '좋아요' 버튼을 눌러서 관심을 표현하는 경우가 많다.

온라인 SNS로 소통을 하는 배경에는 상대의 감정을 읽게 되고 자연히 자신의 감정 또한 드러나게 되는 대면 대화를 기피하려는 심리도 있다. 음성 통화와 달리 스마트폰을 통한 문자메시지는 메시지의 내용이나 응답 방식을 발신자가 마음대로 통제할 수 있기 때문에 전화기 건너편 상대의 반응과 감정에 신경 쓸 필요가 없다. "우리 이제 그만 만나." 마주 보고 있는 상대의 표정과 눈빛, 목소리를 온몸으로 느껴야 하는 부담감 없이 '용건'만 전달할 수 있다는 점이 카카오톡을 통해 이별 통보가 오가는 이유이기도 하다. 청소년 문제 연구자들은 사춘기의 자녀들이 가족과의 식탁에서까지 스마트폰을 들여다보고 이어폰으로 음악을 듣는 이유는 디지털 콘텐츠에 몰입해서만이 아니라 부모와의 대화를 의도적으로 기피하기 위해서라고 설명한다.

처음 만난 사이거나 서먹서먹한 관계에서 오는 어색함을 통해서 사람들은 관계를 진전시켜나가는 법을 배우게 된다. 어색한 관계를 바꾸고 싶다면 상대의 말하는 태도와 의도를 이해하기 위해 집중하고 노력해야 한다. 스마트폰을 지닌 사람들은 서먹서먹하거나 어색한 관계를 만날 경우 사춘기 아이들처럼 손쉽게 어색함을 회피할 도구를 갖고 있는 셈이다. 어색한 분위기에서 마치 중요한 일이라도 있는 것처럼 스마트폰을 들여다보면서 주의를 돌릴 수 있다. 어색함을 누그러뜨리기 위한 노력을 기피하게 되면 자연히 공감 능력이 개발되기 어렵다.

셰리 터클은 네트워크화된 문화에서 고립감을 느끼는 사람들이 많아지는 것은 감정적 교환의 부담이 따르는 대면 관계가 줄어들고 그 자리를 페이스북처럼 인터넷 기술을 활용해 상대와 적당한 거리두기가 가능한 '느슨한 유대'가 차지하기 때문이라고 진단한다. 한 번도 만나지 않은 사람과도 소셜네트워크에서 손쉽게 관계가 형성되며, 실제로 만나 부대낌을 경험하는 대신 마음먹은 대로 자신의 프로필을 만들고 선택적으로 회피하거나 반응할 수도 있다. 결국에는 관계를 위해 내가 짊어질 부담 없이 내 요구대로 나에게만 맞춰주는 '로봇'과의 관계 형성으로 이어진다. 실제 대면과 대화를 통해 형성되는 진실된 친밀함을 대체하는 것이다.

SNS가 대면 대화나 음성 통화를 통한 소통을 대체하면서 일어나는 공감 능력의 저하는 신경 발달에도 영향을 끼친다는 연구 결과도 있다. 2013년 노스캐롤라이나주립대학의 바버라 프레드릭슨(Barbara Fredrickson) 심리학과 교수는 얼굴을 맞대고 목소리를 주고받으며 공감 능력을 활용하지 않으면 관련 기능(미주신경)이 쇠퇴하는 현상을 실험 연구를 통해 확인했다.[5]

카카오톡, 페이스북 등 소셜네트워크 위주로 소통하다가는 다른 사람의 마음과 상태를 읽는 공감 능력이 떨어질 수 있다. 사회생활에 꼭 필요한 눈치가 없으면 개인은 사회적 관계 형성에 어려움을 겪고 주위 사람들은 배려가 부족한 자기 본위 행동에 피곤해진다. 디지털 소통은 개인들이 눈치 볼 필요 없는, 자기중심적 커뮤니케이션 문화를 만들어 냈지만 이는 장기적으로 개인과 사회의 행복을 위협하는 요소가 되고 있다.

3

던바의 수가 알려주는 친구 맺기의 적정선

▼

페이스북이나 트위터를 통한 새로운 관계 맺기가 늘어나고 있다.
과거에 비해 양적으로 크게 늘어난 친구 관계는 더 풍부해진 인간관계를 담보하는가?

스마트폰과 SNS로 인해 디지털 시대의 인간관계는 이전과 비교할 수 없이 확대됐다.

인터넷은 거리를 없앴다. 공간적 거리를 없앴을 뿐만 아니라 시간적 거리도 큰 장애가 되지 않게 했다. 소통 방식이 달라졌다. 지구 반대편에 있는 친구도 인터넷만 연결되어 있으면 옆방에 있는 가족보다 더 편하게 소통할 수 있다. 대화하는 상대가 실시간으로 응답하지 않아도 메신저나 SNS에서는 소통이 가능하다. 스마트폰에서 '알림' 기능 설정에 따라 즉시 또는 나중에 응답할 수 있다. 인터넷 이전에는 소통을 위해서 서로 특정한 시간과 공간을 써야 했다. 이제 특정 상대에게 배타적 시공간을 할당하지 않고도 관계를 유지하고 만들 수 있게 됐다. 스마트폰을 통해서 언제 어디서나 대화를 이어가는, 늘 연결된 삶이다.

한때 관계를 맺었다가 연락이 끊긴 친구와 지인들이 인터넷을 통해 다시 연결되기도 한다. 국내에선 폐쇄형 SNS인 네이버 '밴드(Band)'가 초·중·고교 동창들의 모임터로 인기를 끌고 있다. 전국의 수많은 학교와 학년별로 모임이 만들어져 간단하게 가입해서 동창들을 찾을 수 있는데, 가입 회원이 빠르게 늘고 있다. 밴드뿐 아니라 카카오톡에서도 초·중·고교 동창들끼리 수다를 떠는 방이 제각각 만들어져 수시로 화제를 교환한다. 예전 같으면 관계 유지를 위해 1년에 한두 번 만나거나 소식을 전해 듣는 것이 대부분이던 학창 시절 친구는 이제 카카오톡의 그룹채팅 또는 밴드를 통해서 하루에도 여러 차례 잡담을 주고받는 상대가 됐다. 마치 학창 시절로 돌아가 짝꿍과 수시로 수다를 떠는 느낌이다.

인터넷은 기존 친구들과 끊겼던 연결을 되살리고 강화시킨 것은 물론 알지 못하던 이들도 친구로 만들었다. 페이스북이나 트위터를 통한 새로운 관계 맺기가 늘어나고 있다. 페이스북 친구(페친), 트위터 친구(트친)로 불리는 새로운 유형의 친구 혹은 지인 네트워크다. 실제로는 한 번도 만나보거나 전화 통화를 한 적이 없고 이름도 몰랐던 사람이지만 소셜네트워크를 통해 친구 맺기가 이뤄지면 일상의 에피소드는 물론이고 수시로 표현하는 생각과 감정적 변화까지 소상히 알게 된다. 페이스북 친구를 맺으면 상대의 페이스북 친구를 일람하는 것으로 교우 관계도 한 번에 파악하게 되고 이제껏 누구와 어떤 내용으로 소통해왔는지도 알게 된다.

자연히 관계의 폭이 넓어진다. 개인적 면식이 없지만 새로이 친구 관계를 맺어 트위터 팔로어가 수천 명, 페이스북 친구가 수백 명인 경우가 흔하다. 스마트폰의 주소록 정보를 이용해 기존에 전화나 이메일을 주고받은 관계라면 모조리 '친구'로 만들어버리는 것이 SNS의 친구 추천 기능이다. 여기에다 가까운 이들과는 네이버 밴드와 카카오톡 집단대화방을 통해 수십 개의 모임을 만들고 있다.

우리에게는 얼마나 많은 친구가 필요한가

SNS를 통해 과거에 비해 양적으로 크게 늘어난 친구 관계는 더 풍부해진 인간관계를 담보하는가? 이 질문은 소셜네트워크 환경에서 우리는 얼마나 많은 친구와 관계를 유지할 수 있을까라는 물음과 같다. 영국 옥스퍼드대학의 저명한 진화생물학 교수 로빈 던바는 이 문제에 대해 주목할 만한 관점을 제시하며, 《발칙한 진화론》이라는 책을 펴냈다. 이 책의 원제는 "우리에게는 얼마나 많은 친구가 필요한가?(How many friends does one person need?)"다.

던바는 한 사람이 사귀면서 믿고 호감을 느끼는 사람, 즉 진짜 친구의 수는 최대 150명이라고 주장한다. 이 관계는 달리 표현하면 예고 없이 불쑥 저녁 자리나 술자리에 합석해도 어색하지 않은 사이를 말한다. '던바의 수'인 150은 SNS를 통해 디지털 세대의 친구 숫자가 수천 명 단위로 늘어난 상황에서 아무리 새로운 기술 도구를 통해 인맥이 확대되더라도 진짜 친구의 숫자는 변화가 없다는 주장으로 더욱 눈길을 끌었다.

1970년대 아프리카에서 여러 해 동안 야생 원숭이들의 집단생활을 관찰해온 던바는 인간을 포함한 영장류의 뇌 용량에는 한계가 있기 때문에 친밀한 관계를 맺는 대상이 150명을 넘지 않는다고 주장했다. 영장류는 개미와 벌 등 군집생활을 하는 다른 동물과 달리 강력한 사회적 유대 관계에 의존한 집단을 이루고 산다. 던바는 영장류 두뇌에서 의식적 사고를 담당하는 대뇌 신피질의 상대적 크기가 집단의 규모와 관계의 복잡성을 드러내는 지표라는 가설을 제시했다. 인간은 어떤 동물보다 대뇌가 크고 신피질이 발달했다. 인간이 어떤 동물보다 복잡한 사회적 관계를 유지하면서 뇌의 용량과 구조도 진화했다는 것이 진화생물학의 설명이다.

던바는 집단의 크기와 대뇌 신피질의 크기 사이에 어떤 상관관계가 있는지 개코원숭이, 짧은꼬리원숭이, 침팬지 사회 등에서 확인했다. 던바는 원숭이와 유인원을 통해 확인한 신피질과 집단 규모의 상관관계에 기초해 추정하면 인간 집단의 적정 크기는 약 150명이라고 주장했다. 즉 150명은 한 개인이 맺을 수 있는 사회적 관계의 최대치라는 것이다.[6]

인류 역사상 자연스럽게 형성된 인간 집단의 크기를 알려주는 사회는 수렵채집 생활을 하는 부족이다. 수십 개의 부족 사회를 조사한 결과 평균 규모는 153명으로 나타났다. 던바 교수팀이 영국 시민들을 대상으로 연말 크리스마스카드를 몇 명에게 보내는지 조사한 결과 1인 평균 68곳이고 그 가정의 구성원을 포함하면 약 150명이었다. 로마 시대 로마군의 기본 전투 단위인 보병 중대는 약 130명이었고 현대 군대의 중대 단위도 세 개 소대와 지원 병력을 합쳐서 대개 130~150명이다. 기술 문명을 선택적으로 수용하면서 공동체 생활을 하는 기독교 개신교의 근본주의 일파인 아미시(Amish)는 공동체 규모가 평균 110명이다. 집단의 구성원이 150명을 넘으면 운영이 불가능하다고 보고 해당 공동체를 둘로 나눈다. 기능성 섬유인 고어텍스의 제조사인 고어(Gore)는 위계질서에 따른 조직이 아니라 수평적 조직을 지향하면서 공장의 조직 단위를 150명으로 운영한다.

트친, 페친이 진짜 친구를 대체할 수 없다는 던바의 주장은 사회적 동물인 인간에게 관계의 양적 크기보다는 질적 깊이가 중요하다는 통찰로 이어진다. 그는 사람이 매우 곤란한 지경에서 도움을 청할 수 있는 진짜 친한 관계는 3~5명이라고 말한다. 이 관계는 모든 관계의 핵심이고 그다음은 15명, 그리고 그다음은 30명 정도의 규모다.

사회심리학자들은 12~15명 규모의 친한 관계에 공감 집단이라는 이름을 붙였다. 공감 집단이란 그중 누군가 사망하는 등 변고가 생기면 거의 정신을 잃을 정도로 상심하게 되는 관계다. 예수의 제자들, 배심원단, 야구와 축구 같은 주요 스포츠팀 등이 이 범위로 만들어졌다.

관심의 경제학

가족과 친구 등 우리가 기꺼이 마음을 열고 무엇이건 소통하는 사람은 기본적으로 제한될 수밖에 없다는 것은 경제학적 분석을 통해서도 확인되는 결론이다. 뱁슨대학 학장인 경영학자 토머스 데이븐포트는 2001년 펴낸 《관심의 경제학》에서 유한한 자원이자 화폐로서의 관심을 분석했다.[7] 정보기술 사회가 되면서 정보 수용자들을 대상으로 한 정보 공급은 크게 늘어났지만 수용자인 사람의 관심은 정보에 비례해서 늘어나지 않는다는 분석이다. 정보 공급이 늘어날수록 관심 자원은 부족해진다. 즉 소셜네트워크 환경에서 관심을 요구하는 친구가 늘어날수록 제한된 관심 자원은 부족해지고 이는 관계의 질적 저하로 이어지게 된다.

소셜네트워크를 통해 시간과 공간의 제약 없이 언제 어디서나 친구와 소통할 수 있고, 동시에 여러 사람과 대화를 이어갈 수 있는 환경이 됐지만 이것이 오히려 관계의 피상화를 가져오는 역설적 상황이다.

2013년 뉴욕대학 사회학 교수 에릭 클리넨버그는 저서인 《고잉 솔로》에서 외로움을 결정하는 것은 관계의 양이 아니라 질이라는 것이 관련 연구의 공통된 결과라고 말했다.[8] 인간관계에서 양으로 질을 대체하려는 것은 허망한 시도라는 얘기다. 외로워서 더 많은 사람과 다양한 관계를 맺으려고 하지만 이는 잘못된 접근법이라는 지적이다.

현대 사회에서 외로움의 주된 원인이 디지털 기술은 아니다. 그럼에도 디지털 기술은 다른 사회적 변화와 맞물려 관계의 깊이보다 양을 추구하는 경향을 만들고 있다.

핵가족화를 넘어 1인 가구가 가장 흔한 가구 형태가 됐다. 가족 구조가 변화하면서 인간관계에서 가족의 비중이 줄어들고 개인 스스로 선택하는 관계인 친구 맺기의 비중이 커지게 됐다. 1인 가구가 급증하는 사회에서 관계 맺기 본능은 디지털 기술 환경 덕분에 더욱 부추겨지고 격려받는 욕구가 된다. 페이스북과 트위터는 사용자에게 더 많은 사람과 친구를 맺고 더 많은 사적 정보를 공유하라고 채근한다. 사용자가 맺은 관계를 분석해서 '당신이 알 만한 친

구'나 '당신이 팔로한 이들과 유사한 사람들' 등의 추천 서비스를 제공하며, 더욱 많은 이들과 관계를 맺으라고 부추긴다.

수시로 '당신이 알 만한 친구'를 추천하며 관계 확대를 지향하는 페이스북은 SNS의 관계가 갖는 한계를 스스로 드러내고 있다. 페이스북은 친구 관계를 맺을 수 있는 한도를 1인당 5000명으로 제한하고 있다. 페이스북은 또한 로빈 던바 교수의 자문을 받아 '던바의 수'인 최대 150명까지만 친구로 등록할 수 있는 SNS '패스(Path)'를 출시했다.

로빈 던바의 책 제목인 "우리에게는 얼마나 많은 친구가 필요한가"는 러시아 문호 레프 톨스토이(Lev Tolstoi)의 단편 소설 《사람에게는 얼마만큼의 땅이 필요한가》를 떠올리게 한다. 드넓은 땅을 소유하고자 하는 욕망에도 불구하고 농부 이반에게 실제로 필요한 땅은 결국 그의 관을 누일 두 평 남짓에 불과했다.

© Atilla1000

소셜네트워크를 통해 시간과 공간의 제약 없이 언제 어디서나
친구와 소통할 수 있고, 동시에 여러 사람과 대화를 이어갈 수 있는 환경이 됐지만
이것이 오히려 관계의 피상화를 가져오는 역설적 상황이다.

페이스북이 불행이나 행복에 끼치는 영향

▼

고립되면 불행하고 연결되면 행복을 느끼는 존재가 인간이고,
소셜네트워크는 새로운 연결 도구다.

30대 회사원 김신형 씨는 평소 자존감을 고민해오지 않았으나 페이스
북을 시작한 뒤로는 자신이 보잘것없다는 생각에 자주 사로잡힌다. 김
씨는 스마트폰에서 수시로 페이스북에 들어가 지인들의 근황을 확인
하고 '좋아요'를 눌러 관심을 표시한다. 가끔 김 씨도 글이나 사진을
올리지만 지인들처럼 '좋아요'가 쏟아지거나 댓글이 폭주하는 경우는
별로 없다. 애써 올린 포스팅이지만 남들처럼 멋있게 보이지 않는다는
것을 김 씨도 안다. 페이스북에는 행복하고 잘난 사람들의 위트 넘치
면서도 박식한 글과 멋진 사진들이 가득할 따름이다. 김 씨는 지인들
의 소소한 일상과 소셜네트워크에서 화제가 되는 주제가 재미있고 또

궁금해서 습관처럼 페이스북에 들어가게 된다. 하지만 김 씨는 페이스북 뉴스피드를 훑어보다 보면 자신만 초라한 삶을 사는 것 같다는 느낌을 지울 수 없다. 가끔씩은 우울해진다.

쓸쓸하고 처량해지기 위해 SNS에 가입해 활동하는 사람은 없지만 김 씨와 같은 경험을 토로하는 사람은 적지 않다.

독일어에는 남의 불행을 보면서 즐거움을 느낀다는 '샤덴프로이데(Schadenfreude: 사악한 기쁨)'란 단어가 있다. "사촌이 땅을 사면 배가 아프다"라는 우리 속담과도 맥이 통하는, 동서양에 공통된 인간 심리를 말해주는 표현이다. 사회적 존재인 인간에게 불행이나 행복감이 이웃과의 비교를 통해서 얻어지는 상대적 가치임을 알려주는 표현들이다.

상대적 박탈감을 느끼게 되는 요인

2013년 2월 독일 훔볼트대학과 다름슈타트공대 연구진이 발표한 논문 〈페이스북에서의 부러움: 사용자의 인생 만족도에 대한 숨은 위협〉은 이런 현상을 학술적으로 규명하려 시도했다.[9] 584명의 페이스북 사용자에 대한 조사 결과 페이스북을 하면서 느끼는 가장 보편적인 감정은 부러움이었다. 휴가지에서 올린 사진이 가장 부러움을 유발하는 요인이었다. 30대 중반의 사용자들은 주로 행복한 가정의 모습에 부러움을 느꼈고 여성들은 얼굴과 몸매 같은 신체적 매력을 더 부러워했다. 페이스북 사용자들의 부러움에 대한 감정은 사용자들의, 이른바 '자랑질'을 부추기는 동인이 됐다. 남자들은 자신의 성취와 성공을 강조하는 내용을, 여성들은 신체적 매력과 사교성을 뽐내는 글과 사진을 주로 올렸다.

세 명 중에 한 명은 페이스북에 접속한 뒤 불만을 느꼈다. 스스로 포스팅을 하지 않고 남의 글과 사진을 보기만 하는 경우에 불행감은 더 컸다. 페이스북에 접속해 좌절감을 느끼게 되는 첫 번째 요인은 지인들과 자신을 비교하게 되는 것이었고, 두 번째 요인은 친구들에 비해 '좋아요'나 댓글과 같은 관심을 많이 받지 못하는 것이었다. 조사를 수행한 두 대학의 연구진은 "소셜네트워킹에서 경험하게 되는 부러움은 사용자들의 인생 만족도를 저해하는 것으로 나타났다"고 결론 내렸다. 연구진은 사용자들이 페이스북을 스트레스를 주는 환경으로 인식한다는 것은 장기적 관점에서 페이스북 서비스의 지속 가능성을 위협하는 요인이라고 결론지었다.

이용자들은 페이스북에 날마다 반복되는 무미건조한 일상 대신 특별한 순간을 등록한다. 멋진 곳을 여행하거나 특별한 경험을 하거나 근사한 식사를 하는 순간을 사진으로 찍어 올린다. 찍고 또 찍은 셀카 중에서 가장 예쁘게 나온 한 컷을 골라서 올린다. 페이스북이 자랑질의 공간이 되는 이유다.

미시간대학 심리학과 이선 크로스(Ethan Kross) 교수의 연구진은 2013년 앤아버 주민 82명에게 2주 동안 날마다 다섯 차례 문자메시지를 보내 페이스북 사용 여부와 그에 따른 만족감 변화를 조사했다.[10] 그 결과 두 번의 문자메시지를 받는 동안 페이스북을 더 많이 사용한 사람일수록 행복감이 떨어졌고, 전반적으로 연구를 시작하던 시점보다 만족도가 저하됐다. 대조적으로 실험 대상자가 실제 생활에서 사람을 직접 만나는 일이 늘어날수록 행복감이 증대했다. 이 연구는 기존의 조사가 주로 한 시점을 택해 사용자들의 감정을 조사한 것과 달리 2주간 사용자들의 페이스북 사용 정도에 따른 행복감의 변화 추이를 조사했다는 점에 의미가 있다.

페이스북과 카카오톡 같은 소셜미디어에서 끊임없이 타인의 멋진 인생을 보면서 느끼는 질투심과 무력감은 미국에서 '고립 공포감'이라는 뜻의 '포모(Fear of Missing Out, FOMO)'라는 신조어를 만들어냈다.

듀크대학 심리학과의 행동경제학 교수인 댄 애리엘리(Dan Ariely)는 이런 고립 공포감이 왜 생겨나는지를 설명했다.[11] 애리엘리 교수는 소셜미디어를 통해 쉴 새 없이 흘러가는 타인들의 멋진 인생을 보는 것은 친구와 식사하면서 그의 지난 주말 행사에 대해 듣는 것과는 사뭇 다르다고 말한다. 두 사람이 실시간으로 대화하는 것과 달리 누구나 볼 수 있는 소셜미디어에 게시된 콘텐츠를 지켜보는 것은 "나만 시간을 잘못 보내고 있는 것은 아닐까" 하는 후회의 감정을 불러일으킨다는 것이다.

더 많은 사람들과의 연결을 지속적으로 요구하는 페이스북은 기본적으로 사용자를 외롭게 만드는 구조를 갖고 있다는 시각도 있다. 영국 요크대학 심리학과 존 이스트우드(John Eastwood) 교수의 연구에 따르면 우리가 주의를 집중하고 있을 때는 지루함을 느끼지 않지만 자신이 개입하지 않고 있는 일에는 금세 지루함을 느낀다. 우리가 점점 더 많은 것들에 주의를 분산할수록 점점 더 제대로 개입할 수 없게 된다.

우리는 대화하면서 상대에게 몰입하고 공감하게 되는데 SNS를 통한 친교는 그렇지 못하다. 온라인 상대와 메시지를 주고받으면서도 끊임 없이 쏟아지는 알림과 뉴스피드로 인해 계속 두리번거리게 되고, 결국 에는 더욱 단절되고 고립되는 결과로 이어진다는 것이다.

행복감을 증진시키는 현명한 사용법

하지만 페이스북이 사용자를 불행하게 만든다고 단언하는 것은 위험 하다. SNS가 행복감을 증진시킨다는 연구도 많기 때문이다. 소셜네트 워크를 통해 과거에 고립되어 있던 사람이 더 많은 사람들의 네트워크 에 연결되어 다양한 관계를 형성하고 경험을 확대해갈 수 있다는, 서 비스의 기본 특성에 따른 효과다. 2009년 칠레 가톨릭대학 세바스티 안 발렌주엘라 교수는 페이스북 사용이 행복감을 늘릴 뿐만 아니라 사 회적 신뢰와 개입, 정치 참여를 증진시킨다는 연구 결과를 발표했다.[12] 사실 다수의 사용자들은 더 큰 만족과 행복을 위해서 SNS를 사용한다 고 생각한다.

미국 UCLA 심리학과의 매슈 리버먼(Matthew Lieberman) 교수는 사회 적 동물인 인간은 진화 과정을 통해 공동체 생활이 생존에 훨씬 유리 하다는 것을 경험하고 이 과정에서 형성된, 사회적 연결을 추구하는 성향이 인간의 뇌에 반영됐다고 주장한다. 고립되면 불행하고 연결되 면 행복을 느끼는 존재가 인간이고, 소셜네트워크는 새로운 연결 도구 다. 2009년 리버먼은 실제가 아닌 가상의 연결도 스트레스와 통증을 완화시키는 효과가 있다는 것을 연구로 입증했다.[13] 통증을 느끼는 여성에게 남자 친구의 사진을 보여주었더니 실제로 남자 친구의 손을 잡았을 때보다 더 강력한 통증 진정 효과가 나타났다는 것이다.

연결되었다는 감정이 우리에게 행복감을 가져다주는 현상을 밝혀내기 위해서 최근에는 기능성 자기공명영상(fMRI) 장치를 활용한 실험이 진행되고 있다. 리버먼 교수는 감정을 언어로 표현하는 뇌 부위와 부정적인 감정을 느끼는 뇌 부위가 서로를 억누르는 관계라는 것을 뇌 사진으로 입증함으로써 슬프거나 화날 때 다른 사람에게 자신의 감정을 말하면 고통이 크게 줄어드는 현상을 설명했다.

페이스북에서도 수동적으로 다른 사람들의 글과 상태를 바라보는 것은 다른 사람들과 댓글을 주고받으며 실제 관계를 맺는 행위와 행복감에서 차이가 있는 것으로 나타났다. 2010년 미국 카네기 멜론 대학의 연구에서는 지인들의 담벼락에 글을 쓰고 '좋아요'를 눌러서 서로 관계를 맺어가는 경우에는 외로움이 줄어들지만 남의 글을 읽기만 하는 등 수동적으로 페이스북을 이용하는 경우에는 오히려 외로움이 늘어난다는 것이 입증됐다.[14]

페이스북이 행복감과 만족도에 끼치는 영향에 대한 조사와 연구들로 페이스북의 긍정적이거나 부정적인 측면을 결론 내리기는 매우 어렵다. 사용하는 사람들이 워낙 많고 사람마다 사용 목적과 행태가 매우 다르기 때문이다.

페이스북과 같은 SNS를 통해서 과거에 만남과 연결이 불가능했던 사람과의 관계가 가능해졌다. 더욱이 시공간의 거리로 인해 불가능하거나 어려웠던 만남도 그 어려움이 사라져서 누구든 곁에 있는 것처럼 느껴지는 세상이다. 이런 긍정적 면이 소셜네트워크의 한 측면이라면, 페이스북은 또한 서비스 속성상 뽐내는 콘텐츠가 대부분을 이루게 마련이다.

페이스북을 사용하면서 느끼게 되는 연결되었다는 행복감과 상대적 박탈감은 페이스북 때문이라기보다 각자 SNS를 사용하는 방법과 온·오프라인상의 사회관계가 반영된 결과다. 사용 목적과 행태에 따라 달라질 수밖에 없는 것이 사회적 연결 도구다.

중요한 것은 사회적 도구가 지닌 두 측면을 잘 이해하지 못한 채 지인들의 소식을 보기 위해, 또는 더 많은 연결을 위해 습관적으로 SNS를 과도하게 사용할 경우 외로움과 함께 자신이 보잘것없다는 느낌에 젖는 것은 자연스러운 결과라는 것이다.

제대로 정보를 갖추고 분명한 목적 하에 이용하는 사람은 더 똑똑하고 유능하게 만들어주는 도구가 그렇지 않은 사람들에게는 외로움과 박탈감을 가져다주는 어리석은 도구가 되는 것이 바로 디지털 세상이다.

SNS와 결별의 상관관계

▼

SNS는 때론 낯선 이들을 친밀하게, 때론 친밀한 관계를 갈등과 파경으로 이끈다.
스마트폰과 인터넷은 기존의 거리를 없애고 모든 것을 연결해
과거와 다른 환경을 만들어내기 때문이다.

페이스북과 트위터의 과도한 사용이 외도나 배우자와의 이별, 이혼으로 이어질 확률이 높다는 연구가 미국에서 발표됐다. 2014년 4월 미주리대학 언론학 박사 과정의 러셀 클레이턴(Russel Clayton)은 트위터 과다 사용이 불륜과 이혼에 끼치는 영향에 관한 논문을 관련 학술지에 실었다.[15] 581명의 트위터 사용자에 대한 설문 조사 결과 트위터를 자주 사용하는 사람일수록 배우자나 연인과 충돌하는 확률이 높았고 이 갈등은 통계적으로 유의미하게 외도, 별거, 이혼으로 이어지는 경향이 있는 것으로 나타났다. 클레이턴은 2013년에 발표한 논문에서는 페이스북 사용자를 대상으로 연구를 진행해 유사한 결과를 발표했다.

영국의 이혼 지원 서비스 업체인 디보스 온라인(Divorce Online)은 2011년 5000건의 이혼 청구 중 33퍼센트가 페이스북과 관련 있다고 공개했다. 이는 2009년 5000건의 이혼 청구 사건 중에서 이혼 사유로 페이스북을 언급한 것이 약 20퍼센트(989건)였던 것에 비해 크게 증가한 것이다. 디보스 온라인은 페이스북을 통해 이성에게 부적절한 메시지를 보내거나 페이스북 친구들에게 배우자의 험담을 늘어놓은 것이 이혼 사유가 됐다고 꼽았다. 페이스북 친구들이 배우자의 부도덕한 행실을 알려온 것도 이혼의 주요 요인이다. 디보스 온라인의 설립자이자 최고 경영자인 마크 키넌(Mark Keenan)은 "SNS는 주된 소통 도구가 되어가고 있으며, 상대를 유혹하려는 이들이 가장 쉽게 이성과 접촉할 수 있는 공간이다. 또한 페이스북에서 친구들에게 배우자에 대한 불만을 털어놓는 일은 매우 일반적이 되고 있다"고 설명했다.

> **디보스 온라인**
> www.divorce-online.co.uk. 적은 비용(69파운드부터)으로 법정 다툼 없이 이혼소송을 할 수 있는 서비스를 제공하는 영국 회사다.

2011년 2월 미국 시카고에 있는 로욜라대학 메디컬센터의 임상심리학자 스티븐 키먼스(Steven Kimmons) 박사도 미국의 이혼 사례들에서 페이스북이 관련된 경우가 20퍼센트에 이른다는 조사 결과를 내놓았다. 키먼스 박사는 "배우자가 온라인으로 고교 동창을 만나면 감정적으로 서로 끌리게 되고 페이스북을 통해 연락하게 된다. 짧은 기간 동안 개인적 이야기를 공유하다 친밀감이 깊어지고 육체적 관계로 이어질 수 있다"고 설명했다.

국내 초·중·고교 동창들의 모임터로 인기를 끌고 있는 네이버 밴드는 남녀 동창들 간의 부적절한 관계의 온상이라는 비난도 받고 있다. 추억과 감정을 공유한 학창 시절의 이성과 손쉽게 연락을 취할 수 있다 보니 기혼자들 간의 부적절한 관계로 이어지는 경우가 잦은 것이다. 이 때문에 '회원 간 연애와 친목 행위 절대 금지'를 내거는 온라인 모임도 드물지 않다.

2001년 캐나다에서 시작되어 현재 세계 30여 개국에서 운영 중인 온라인 소셜데이팅서비스 애슐리 메디슨(Ashley Madison)은 2014년 3월 한국 상륙을 알리며 화제를 불렀다.[16] "인생은 짧다. 바람을 피워라(Life is short. Have an affair)"라는 구호를 내건 애슐리 메디슨은 노골적으로 기혼자들의 연애를 부추긴다. 세계에서 유일하게 간통죄가 있는 국내에서는 '불륜 조장' 사이트라는 논란이 일었다. 결국 방송통신심의위원회는 국내 서비스가 시작되고 한 달도 안 된 시점에 "성 윤리와 결혼 및 가족 가치 보호"를 명분으로 국내 사용자들의 애슐리 메디슨 사이트 접속을 차단했다.

〈뉴욕 타임스〉는 "소셜네트워크는 이혼 전문 변호사들의 새 친구"라는 기사에서 SNS에 남은 단서를 적극적으로 활용하는 이혼소송의 새로운 풍경을 전했다.[17] 미국 포트워스의 이혼 전문 변호사인 게리 니컬슨(Gary L. Nickelson)은 "SNS가 업무 관행을 완전히 바꿔버렸다"며 "과거에는 증거를 잡기 위해서 사설탐정을 고용해 의뢰인의 배우자를 추적했지만 이제는 추적 대상자의 마이스페이스나 페이스북 계정을 따라다니면서 정보를 수집한다"고 말했다.

2010년 미국 혼인변호사학회(American Academy of Matrimonial Lawyers)

가 발표한 자료를 보면 지난 5년간 이 학회 회원 1600명 가운데 81퍼센트는 SNS에서 찾은 정보를 활용해 이혼소송을 진행했다고 밝혔다. 린다 리 바이켄(Linda Lea Viken) 회장은 "페이스북은 사용자의 일상을 보여주는 오픈북"이라며 "사용자들은 친구와의 소셜네트워크 대화에서 충격적이고 민감한 사안을 자연스럽게 말하게 마련이어서 어떤 것보다 유용한 증거를 얻을 수 있다"고 말했다.

국내에서도 이혼 재판에서 카카오톡과 같은 SNS상의 대화가 불륜의 주요 증거로 채택되는 일이 늘고 있다. 2010년 서울가정법원은 배우자가 불륜이 의심되는 은밀한 문자메시지를 다른 상대와 주고받은 것은 '배우자의 부정한 행위'를 증명하는 유력한 증거가 된다며 이혼과 재산분할 재판에서 원고의 손을 들어줬다. 이 판결 이후 2013년 남편 몰래 다른 남성과 카카오톡으로 "사랑해", "안 보이니 허전하다" 같은 문자를 주고받은 여성에 대해서도 문자가 이혼 사유로 인정된 바 있다.

결별의 원인인가 결별의 도구인가

여러 연구와 사례에도 불구하고 SNS와 온라인에서의 관계가 실제 배우자나 연인과의 관계를 훼손하고 결별의 주된 배경이 되는지에 대해서는 논란이 분분하다. 몇몇 조사와 자료가 언론의 관심을 집중시키며 널리 알려졌지만 전문가들로부터 타당성에 대한 지적을 받았다. 연구는 페이스북 과다 사용이 부부와 연인들의 이혼과 결별에 상관성이 있다는 결과를 내놓았지만 이는 통계로 입증되지 못했다.

미국 질병관리예방센터의 국립보건통
계센터(National Center for Health Statistics) 자
료에 따르면 2000년 이후 미국인들의 결
혼율과 이혼율은 모두 줄어들고 있는 추
세다.[18] 미국인들의 결혼 건수는 2000년
1000명당 8.2건에서 2011년 6.8건으로 줄

어들었고, 이혼 건수는 2000년 1000명당 4.0건에서 2011년 3.6건으로
감소했다. 같은 기간 페이스북 사용자와 사용 시간이 급증한 반면, 이
혼 건수는 오히려 줄어든 것이다.

디보스 온라인의 마크 키넌도 자사 고객들이 반드시 전체 이혼을 대
변하는 것은 아니라는 사실을 인정하며 "디보스 온라인은 페이스북이
이혼 건수의 20퍼센트를 야기한다고 주장한 적이 결코 없다. 이는 매
우 비과학적인 조사였다"고 밝혔다. 영국의 회계 컨설팅 업체 그랜트
손턴(Grant Thornton)이 발표한 보고서에 따르면 '배우자의 부정'은 페
이스북 시대에도 이혼 사유의 25퍼센트를 차지하는 1위로, 이전 시기
와 비교해 거의 변화가 없는 것으로 나타났다.

미국 인디애나대학 커뮤니케이션학과의 일라나 거션 교수는 저서
《관계 파탄 2.0》에서 "관계를 끝장내기 위한 용도로 페이스북을 활용
하는 사람들도 있다"며, 페이스북에서 공개적으로 싸움을 벌임으로써
상대를 더 분노하게 해서 돌이킬 수 없게 만드는 일도 있다고 했다.[19]

또한 이혼 사유는 매우 복합적이고 커플에 따라, 남녀에 따라 다르
기 때문에 일반화하기 어렵다. 미국 펜실베이니아대학 연구진이 오랜

기간 추적 조사를 통해 얻은 결과는 이혼 사유에 대한 남녀 간의 차이였다. 이혼 여성의 약 9퍼센트는 배우자의 정신적, 육체적 폭력을 이혼 사유로 지목했으나 남성은 이런 이유를 제시한 경우가 0퍼센트였다. 이혼 남성의 9퍼센트는 이혼의 원인을 모르겠다고 답변한 반면 이혼 요인을 모른다고 답한 여성은 0퍼센트였다.[20]

페이스북 대변인은 논란에 대해 "페이스북이 이혼을 주도한다는 주장은 우스꽝스럽다. 관계가 깨지든 새로 맺어지든 페이스북은 단지 편지, 전화, 이메일처럼 소통 도구일 따름이다. 이혼은 페이스북 때문에 생겨나는 것이 아니라 사람이 하는 것이다"라고 주장했다.

그의 말대로 연애와 결혼, 이혼은 사람들이 만들어가는 관계로, 그 과정에서 다양한 소통 도구가 활용되는 것이지 SNS가 연애와 결별의 원인이 되는 것은 아니다. 다만 갈수록 카카오톡이나 페이스북 같은 온라인 서비스를 통한 소통이 활발해지기 때문에 연애나 불륜의 흔적도 그곳에 남아 있게 마련이다. 또한 복잡한 설정 기능과 숨어 있는 기능 등으로 인해 사용자가 이용하면서 인지하지 못한 기능도 전문가들은 알고 있다. 스마트폰과 SNS에 남아 있는 불륜의 흔적들을 이혼 전문 변호사와 사립탐정들이 의뢰인들을 위해 수집하는 현상은 자연스러운 일이다.

SNS 환경에서 관계를 유지하는 새로운 방식

SNS가 결혼과 연애를 파경으로 이끄는지에 대한 상관성 연구의 타당성을 떠나서 남녀 간의 관계가 점점 소셜네트워크 속으로 깊이 빠져들고 있는 것은 무시할 수 없는 현실이다. SNS는 때론 낯선 이들을 친밀하게, 때론 친밀한 관계를 갈등과 파경으로 이끈다. 스마트폰과 인터넷은 기존의 거리를 없애고 모든 것을 연결해 과거와 다른 환경을 만들어내기 때문이다.

졸업한 이후 어떻게 지내는지 알 길이 없던 초등학교 동창, 결혼 이후 연락이 끊겼던 첫사랑이나 옛 애인이 카카오톡이나 페이스북에서 손쉽게 연결된다. 둘이 함께 아는 친구가 많으면 페이스북은 저절로 '알 만한 친구'라면서 '옛 애인'을 추천한다. 한두 번의 클릭 또는 신중하지 못한 판단으로 관계는 처음에 생각지 못했던 감정적 단계로 진전하기 쉽다. 멀리 있어 연락이 닿지 않던 사람도 곁에 있는 것처럼 만든다. 가까운 관계가 되어 친밀한 감정을 주고받으면 서로에게 배타적 관심과 애정을 요구하는 부부와 연인 관계는 박탈감 또는 배신감에 빠져든다. 반가움과 재미로 보내기 시작했던 옛 애인 또는 온라인 친구를 향한 메시지가 배우자에게도 평소에 하지 않았던 친밀한 표현으로 진전하거나 파트너 몰래 소셜네트워크에서 은밀한 내용을 교환하다가 들통 나는 것이다.

《페이스북과 결혼》이라는 책에서 저자 제이슨 크라프스키와 켈리 크라프스키 부부는 부부간에 페이스북 사용 가이드라인이 필요하다고 주장했다. 부부간에 서로 상대의 계정과 비밀번호를 공유할 것, 다른 이성과의 실시간 채팅을 삼갈 것, 옛 애인과 친구 맺기를 하지 말 것, 배우자나 결혼 생활의 수치스러운 부분을 포스팅하지 말 것, 페이

스북 이용 시간과 사용량에 관한 기준을 만들어 지킬 것 등이다.[21]

기술이 저절로 관계를 맺어주거나 깨뜨리지는 않는다. 하지만 기술의 속성인 편향성과 기술이 만들어낸 환경을 무시하는 것은 어리석다. 총이나 휘발유는 사용자의 의도대로 작동하지만 잠깐 잘못 다루면 자신이나 타인에게 치명적 결과를 가져오는 위험성과 기술 편향성을 갖고 있다. SNS는 모르던 사람과 손쉽게 만나게 해주고 과거와는 다른 방식으로 관계를 유지시켜준다. 하지만 종래의 친밀하고 배타적인 관계와 만남은 이런 기술로 인해 훼방을 받게 됐다는 것도 알아야 한다. 자신이 많은 시간을 할당하고 있는 기술과 서비스에 대해서 그 속성을 모른 채 나는 아무런 영향도 받지 않는다고 생각하는 것은 무지한 태도다. 이슬비를 맞고 오래 걷다 보면 몸은 축축해진다. 어떤 비에는 우산이 필요하다.

'정보 비만증'에 필요한 처방

▼

빈곤의 시대에 만들어져 유전자에 각인된 생존의 노하우,
즉 원초적인 인간의 본능이 풍요의 시대에 건강을 위협하는 요소가 됐다.
우리의 정보 생활도 음식의 처지와 유사하다.
컴퓨터와 인터넷으로 인한 디지털 혁명 덕분에 정보의 가치와 의미가 과거와는 완전히 달라졌다.

비만은 현대를 대표하는 질병이다. 미국은 경제협력개발기구(OECD) 국가 가운데 비만율 1위 국가다. 미국 질병관리예방센터에 따르면 2012년 미국 성인의 35퍼센트가 비만(체질량 지수 BMI 30 이상)으로 조사됐다. 미국 식품의약청(FDA) 조사를 보면 미국 성인의 약 69퍼센트가 과체중(BMI 25 이상)이며, 비만율은 1976~1980년 15퍼센트에서 2007~2008년 34퍼센트로 약 두 배 상승했다.[22] 비만이 주원인인 심장질환은 미국에서 사망 원인의 25퍼센트를 차지한다. 식품의 영양 성분과 열량 표시를 의무화하는 등 국가 차원에서 비만 감소 정책을 펼치고 개인들은 다이어트에 많은 관심을 기울이고 있지만 갈수록 비만은 늘고 있다. 우리나라도 예외가 아니다.

비만은 원인이 단순한 만큼 해결 방법도 간단하다. 섭취 열량보다 소모 에너지가 적어서 생기는 현상이기 때문에 먹는 양을 줄이거나 운동량을 늘리면 된다. 누구나 알고 있는 이 간단한 상식 앞에서 온갖 최신 의학 지식과 논리가 난무하고 각종 다이어트 비법과 노하우가 쉴 새 없이 나타나 경쟁한다. 다이어트는 거대한 산업이 된 지 오래다. 그럼에도 비만율은 점점 높아져간다.

비만의 공식을 깨지 못하는 인간 본능

비만은 인간의 뿌리 깊은 본능과 연결된 문제이기 때문에 많은 사람들이 간단한 비만의 공식에서 벗어나지 못하는 것이다. 사람들은 늘 본능대로 살아왔지만 최근에는 그런 삶의 방식이 '전체 성인의 69퍼센트 과체중, 35퍼센트 비만'이라는 미국과 같은 결과로 나타난다. 사람들의 신체 구조와 본능은 그대로이지만 우리를 둘러싼 환경은 지난 50여 년 동안 놀라울 정도로 바뀌었다.

식량 부족에 시달리던 과거와 달리 농업 혁명과 공장식 축산으로 식량 공급이 늘어나면서 사람들의 식사와 영양 공급량이 늘어났다. 농업과 같은 육체노동 대신 사무직에 종사하고 자동차를 널리 사용하면서 기본적인 활동량이 줄어든 것도 주요한 비만의 배경이다. 사람이 하루에 먹을 수 있는 양, 식사 시간, 소화 능력은 기본적으로 제한되어 있기 때문에 무엇을 먹느냐가 중요한 문제가 된다.

20세기 후반부터 대부분의 사람들이 공장에서 가공된 식품을 주로 먹게 되었다는 것도 비만의 결정적인 요인이다. 직접 음식물을 조달하는 대신 양곡 처리장에서 도정된 쌀과 공장에서 곱게 제분된 밀가루를 주로 먹고 가공식품을 사먹는다. 이윤 동기 없는 상품은 존속하기 어렵다. 음식이라는 상품도 잘 팔려서 이윤을 가져와야 하는 제품이다.

잘 팔리는 음식은 맛있고 먹음직스러우면서도 값싸야 한다. 그 결과 필수 영양 성분은 부족하지만 열량은 높은, 혀를 유혹하는 음식물이 범람하게 되었다.

인간은 생래적으로 소금, 설탕, 지방이 들어간 음식에 끌리도록 설계되어 있다. 오랜 역사 동안 인류가 혹독한 겨울을 견디며 고통스러운 이주를 할 수 있게 도와준 요소들이다. 우리 몸은 음식물을 접할 때 최대한 많은 양분을 섭취하고 당장 필요하지 않은 에너지는 효율적으로 체내에 보전할 수 있는 방향으로 적응했다. 그렇게 우리 몸에는 당분, 염분, 지방을 선호하는 입맛이 만들어졌지만 20세기 후반에 이르기 전까지는 그런 입맛이 특별히 문제되지 않았다. 음식물이 절대적으로 부족하고 가공식품이 존재하지 않던 시절에는 단것을 좋아한다고 해도 먹을 기회가 흔하지 않았기 때문이다. 지금은 달라졌다. 소금, 설탕, 지방이 넘쳐난다.

게다가 식품업계는 단가를 낮추기 위해 천연 상태의 소금, 설탕, 지방을 대체할 수 있는 유사 성분 요소인 사카린, 유전자조작 옥수수에서 추출한 전분당, 정제 화학염, 트랜스 지방과 같은 물질들을 개발해 싼값에 공급해왔다. 《똑똑한 정보 밥상: Information Diet》을 펴낸 클레이 존슨은 "제조업체들은 더 많은 수익을 올리려는 동기, 더 많은 사람들을 먹여 살리려는 욕망에 힘입어 음식을 더욱 값싸게 만드는 방법을 터득했는데, 우리 몸에 가장 해로운 음식의 제조 비용이 대체로 가장 낮다"고 말한다.[23]

이들 요소로 만들어진 음식이 비만과 성인병을 유발하는 주요인이 되고 있다. '섭취 열량 < 소비 열량'이라는 간단한 다이어트 공식을 알면서도 실천하지 못하고 비만에 허덕이는 진짜 이유는 우리 몸과 입맛이 혀에 달콤한 것을 추구하도록 길들여져 있다는 저항하기 힘든 사실 때문이다.

빈곤의 시대에 만들어져 유전자에 각인된 생존의 노하우, 즉 원초적인 인간의 본능이 풍요의 시대에 건강을 위협하는 요소가 됐다. 우리의 정보 생활도 음식의 처지와 유사하다. 컴퓨터와 인터넷으로 인한 디지털 혁명 덕분에 정보의 가치와 의미가 과거와는 완전히 달라졌다.

신종 질병에 대처해야 할 정보 생활

인류 역사상 정보는 생명과 부를 좌우하는 권력으로 기능해왔다. 누가 권력을 잡을 실권자인지를 남보다 먼저 알고 있으면 권력 가까운 자리를 얻을 수 있었고 천 리 밖에서 난리가 났다는 소식을 남보다 먼저 알면 가족을 보전하는 것은 물론 그 기회를 이용해 권력과 돈을 얻을 수도 있었다. 인류는 바깥세상에 대한 정보 없이 귀를 막고 살다가 졸지에 운명이 뒤집어지는 경험을 하며, 정보를 빠르게 받아들이는 일의 중요성을 깨닫게 됐다. 조선시대 뒤늦은 개화와 이로 인한 식민지 경험이 현대 한국 사회의 '빨리빨리 문화'를 만든 배경이라는 분석도 있다.[24]

뇌 과학자들은 유통되는 정보의 절대량이 적고 외부 세계의 위험에 대해 충분한 정보가 없던 시기를 살아오는 동안 인간의 뇌는 새로운 정보, 더 많은 정보를 선호하는 방향으로 진화했다고 설명한다. 진화 과정에서 인간은 더 많은 정보를 추구한 사람들이 더 오래 살고 유전자를 후대에 전달할 기회도 더 많이 누리도록 프로그래밍됐다. 동물실험 결과 이는 뇌의 쾌락 중추를 자극하는 신경전달물질 도파민의 분비로 설명된다.

우리가 카카오톡 메시지와 이메일을 받을 때, 페이스북의 '좋아요'가 늘어날 때, 휴대전화 신호음이 들릴 때 뇌는 새로운 자극으로 활성화된다. 도파민 시스템이 작동하는 것이다.[25]

소금, 설탕, 지방이 조합된 매혹적인 맛에 혀가 끌리는 것처럼 우리의 뇌는 쾌락적 자극을 안겨다줄 더 많은 정보, 더 새로운 정보를 추구한다. 특히 스마트폰이라는 휴대용 정보 단말기를 갖게 되면서 사람들은 자신에게 필요한 새로운 정보를 찾아나서는 대신 제자리에 앉아서 쉴 새 없이 밀려드는 정보를 숨 가쁘게 받아들이는 쪽으로 바뀌고 있다. 페이스북의 '좋아요'가 늘고 댓글이 달릴 때마다, 또 친구 신청이 있을 때마다 자동으로 알림이 깜빡이고, 각종 뉴스 매체도 긴급 속보를 보내온다. 문자, 카카오톡, 이메일이 올 때마다 확인할 것을 요구해서 하던 일을 멈추게 한다. 소셜게임, 포스퀘어, 운동 앱에 가입해 있으면 친구들이 과업을 달성할 때마다 뭔가가 날아온다. 오랫동안 확인하지 않으면 지금이 확인할 때라고 사용을 재촉하는 알림을 보내올 정도다.

정보가 넘쳐나는 세상이 된 것이다. 테드(TED) 콘퍼런스의 창시자인 리처드 위먼은 "평일 〈뉴욕 타임스〉 하루치는 17세기 평균적인 영국인들이 평생 접하는 양보다 많은 정보를 싣고 있다"고 주장했다.[26] 하지만 위먼이 이 주장을 담은 책《정보 불안증》을 펴낸 때가 1989년이라는 점을 감안해야 한다. 스마트폰과 인터넷은 고사하고 PC도 대중적으로 보급되기 한참 이전이었다. 국내에서 PC는 1990년대부터, 초고속 인터넷은 2000년 즈음부터, 스마트폰은 2010년 이후 대중적으로 보급되기 시작했다.

이전까지만 해도 정보는 많을수록, 새로울수록 좋은 것이었다. 말 그대로 '아는 것이 힘'인 세상이었다.《데이터 스모그》의 저자 데이비드 솅크는 인류 역사에서 지난 10만 년 동안 사람들은 정보가 생산되고 유통되는 속도에 늦지 않게 정보를 검토하고 처리해왔는데 20세기 중반부터 달라졌다고 지적한다.[27] 컴퓨터, 방송, 인터넷 등의 기술로 인해 사람이 처리할 수 있는 것보다 훨씬 빠른 속도로 정보를 만들어내고 있는 것이다. 솅크는 인간이 처리할 수 없을 정도로 방대하게 만들어지고 있는 정보 중 상당량은 '정보화 시대의 유해한 쓰레기'라며 이를 '데이터 스모그(data smog)'라고 부른다. 미국 컬럼비아대학 텔레인포메이션 연구소(CITI)의 엘리 노암(Eli Noam) 소장은 "미래의 테크놀로지를 위한 현실적 쟁점은 정보의 생산이나 전달이 아니라 어떻게

하면 정보를 감소시키느냐의 문제"라고 지적한다.[28]

'정보 비만'이라는, 인류가 일찍이 경험해보지 못한 현상이 나타난 것이다. 식품회사들이 수익성 극대화를 위해 자극적인 맛의 값싼 음식을 만들어 파는 것처럼 미디어 기업들은 넘쳐나는 정보 속에서 사람들이 지속적으로 클릭하게 되는 선정적 정보를 만들어낸다. 필요를 느껴서 찾아가는 정보가 아니라 나에게 '알림'이나 '맞춤정보' 형태로 찾아온 정보를 호기심에 끌려서 피동적으로 눌러보게 되는 '불필요한' 정보다.

더 자극적인 정보로 더 많은 사람들의 주의를 끌어당긴다는 미디어 산업의 전략은 인터넷에서 그 진가를 발휘하기 시작했다. 인터넷에서는 로그 정보를 통해서 사람들이 어떤 콘텐츠를 좋아하고 외면하는지를 실시간으로 파악할 수 있기 때문이다. 포털을 비롯한 각종 미디어 사이트는 사용자들의 미디어 소비성향을 알고리즘으로 만들어 어떤 콘텐츠에 가장 많은 소비가 일어나는지를 파악하고 더 많은 클릭을 유도하는 방향으로 편집한다. 더 많은 클릭과 체류 시간은 광고 수익과 직결된다. 그 결과는 포털에서 '많이 본 기사'와 인기 검색어로 확인할 수 있다. 신문과 방송의 주요 뉴스로 보도되는 기사들과 포털에서 가장 많이 본 기사들은 확연히 다르다. 포털에서 많이 본 기사들은 거의 대부분 스포츠와 연예인 뉴스다. 상당수는 포털에서 인기 검색어로 떠오르면 제대로 된 취재 과정 없이 부랴부랴 인터넷상 정보를 긁어모아 순식간에 만들어낸 '짜깁기 기사'들이다.

어느 때보다 정보량이 많아지고 사용자들은 인터넷과 스마트폰처럼 언제 어디서나 활용할 수 있는 뛰어난 정보 접근 도구를 지니고 있지만 실제 소비되는 정보의 상당 부분은 미디어 기업들이 만들어낸 자극적인 저질 정보다.

영양가는 적고 칼로리는 높은 '맛있는 음식'이 가득해진 세상에서 더 많은 열량을 섭취하고 이를 체내에 보관하려는, 오래된 몸의 본능에 저항하지 않고 입맛에 모든 것을 맡기면 결과는 비만이다. 정보도 마찬가지다. 정보가 풍부해지고 미디어 산업이 발달하면서 중요성 낮은 '자극적인 정보'가 우리 뇌의 건강을 위협하고 있다.

신체 건강의 중요성을 알게 된 사람들이 음식물의 재료와 가공 과정, 식사량을 따지면서 운동을 통해 균형 잡히고 튼튼한 몸을 유지하듯 정보 생활도 마찬가지다. 더 많은 정보, 더 자극적인 정보에 의도적으로 저항하면서 중요하고 필요한 정보를 제한적으로 섭취하고 뇌의 운동, 즉 생각하는 습관을 길러야 한다.

7

모나리자에서 배우는 생각하는 법

모나리자의 신비한 아름다움은 다빈치가 적용한 스푸마토라는 독특한 채색 기법에서 비롯했다.
이탈리아어로 '연기처럼 사라지다'라는 의미의 이 기법은
세부 묘사를 생략하고 물체의 윤곽선 없이 형태와 색채를 결합시키는 것이 특징이다.

최신 스마트폰들은 전문 디지털카메라와 견주어도 손색이 없다. 스마트폰으로 찍은 사진으로 작품 전시회를 하고 영화를 촬영해서 국제영화제에 출품할 정도다. 카메라 성능 경쟁은 얼마나 더 세밀한 부분까지 잘 담을 수 있는지를 좌우하는 화소수 경쟁이기도 하다. 1300만 화소, 1600만 화소 카메라를 장착한 스마트폰이 경쟁적으로 출시되고 있다. 무어의 법칙에 따라 18개월마다 반도체 성능은 두 배가 되고 소비자들은 더 선명한 사진을 찍게 해주는 카메라가 장착된 스마트폰을 선호한다. 이는 기술과 시장이 공통된 이해를 기반으로 지향하는 기본적 속성이고 소비자는 이를 따라가게 마련이다.

갈수록 높아지는 해상도와 카메라 기능은 더 정밀한 묘사와 기록을 가능하게 한다. 하지만 세밀할수록 더 좋은 것일까? 더 정밀한 묘사가 더 사실적이고 더 아름다운 것일까?

세밀하다고 해서 반드시 아름다운 것은 아니다. 높은 선예도를 자랑하는 고화질 방송에서 그동안 눈에 띄지 않던 잔주름이나 늘어진 모공까지 드러낸 미녀 배우들의 얼굴이 이를 알려준다. '뽀샵'이라고 불리는 사진 보정 작업은 너무 세밀하게 사실 그대로 찍힌 얼굴의 잡티나 주근깨 같은 부분을 뭉개는(blurring) 과정이 중심이다.

여자 친구 사진을 예쁘게 찍어준다고 해서 DSLR 카메라 사용자들이 선호하는 이른바 '여친 렌즈'의 인기 비결도 흥미롭다. 이 렌즈는 눈에 보이는 모든 것을 담아내는 렌즈가 아니다. 렌즈의 조리개를 넓게 개방해서 피사체에만 초점을 맞추고 배경은 알아볼 수 없게 뭉개버리는 렌즈다. 영화에서 대상을 부각시키고 감정이입을 위해 사용하는 클로즈업 기법이나 조명 기법도 유사하다. 지나치게 세세한 부분을 묘사해서 주의를 분산시키는 대신 강조하고 싶은 대상에 주목하게 하는 장치다.

회화는 19세기 사진술의 등장 이후 근본적인 정체성 고민에 빠져들었다. 자연이나 인물을 충실하게 묘사하는 회화는 설 자리가 사라졌고 그림은 사진이나 기술로는 표현이 불가능한 영역이나 주제를 향해 나아갔다. 덕분에 사진술 이후 미술의 세계는 더 풍부해졌다. 인상주의 회화를 기점으로 표현주의, 초현실주의, 상징주의, 입체파, 추상회화 등으로 다양한 장르를 개척했다. 그중에는 20세기 중반 이후 등장한 극사실주의(hyperrealism) 화풍도 있다. 극사실주의는 사진이나 우리의 맨눈으로는 볼 수 없는 극도로 세밀한 부분까지 완벽하게 그려내는 화풍으로, 사진술에 대한 회화적 대응의 하나다. 사진으로 포착할 수 없는 현실의 미세한 부분까지 극도로 생생하게 묘사하는, 그래서 그림과 화가의 차별성을 부각시키는 기법이다. 사실을 극한까지 묘사했지만 극사실주의 그림은 자연스럽거나 아름답지 않다. 오히려 어색하다. 왜일까?

상상력이 만들어내는 아름다움, 스푸마토

레오나르도 다빈치(Leonardo da Vinci)의 〈모나리자〉에서 그 이유를 찾아볼 수 있다. 오묘한 아름다움을 넘어 신비로운 미소를 띤 〈모나리자〉가 500년이 지나도록 회화 역사를 대표하는 그림으로 지목되는 이유는 무엇일까? 모나리자의 신비한 아름다움은 다빈치가 적용한 스푸마토(sfumato)란 독특한 채색 기법에서 비롯했다. 이탈리아어로 '연기처럼 사라지다(sfumare)'라는 의미의 이 기법은 세부 묘사를 생략하고 물체의 윤곽선 없이 형태와 색채를 결합시키는 것이 특징이다.[29] 모나리자의 옷자락도, 배경도, 입꼬리도 선명한 경계 없이 주변과 부드럽게 어우러져 있다. 르네상스의 천재는 세밀한 묘사 대신 감상하는 사람이 그림을 보면서 스스로 상상력을 발휘하게 하는 인지과학적 기법을 동원해 놀라울 만큼의 생생함과 신비함을 느끼게 했다.

초고화질 카메라와 디스플레이를 통해 맨눈으로 보이지 않는 미세한 부분까지 보여주는 것보다는 윤곽과 세부를 뭉개버리고 보는 이 스스로 상상하게 만든 것이 바로 그 비결이다.

〈모나리자〉의 스푸마토 기법은 스마트 기기로 디지털 문명을 향유하는 우리에게 시사하는 바가 크다. 디지털 기술은 점점 더 높은 해상도를 추구하며 세밀함을 통한 생생함을 제공하고자 한다. 직접 이동하거나 많은 수고와 시간을 들일 필요 없이 손쉽게, 마치 눈앞에 있는 것처럼 간접 체험의 수준을 강화하고 있다. 이용자가 직접 정보를 모으고 분석하고 비교하도록 하는 과정을 줄여준다. 무엇에 대해 곰곰이 생각하거나 상상력을 발휘하지 않아도 그 결과를 손쉽게 알아볼 수 있게 해준다.

상당한 시간을 들여 장편 대하소설을 읽은 사람과 영화관에 앉아 두 시간짜리 영상으로 작품을 관람한 사람은 원작에 대해 각기 다른 느낌을 갖는다. 이것은 두 사람이 각각 투입한 시간의 차이 못지않게 스스로 작품과 관련한 상상력을 얼마나 발휘했는가, 즉 인지적 개입의 정도에서 비롯한다. 〈해리 포터〉는 잘 만들어진 영화지만 영화에 앞서 책으로 《해리 포터》를 읽은 어린이들은 영화에서 만난 마법학교 호그와트가 자신이 상상했던 것만큼 멋지지 않았다며 실망하는 경우가 많다.

신중하게 출연작을 고르는 연기파 영화배우들은 대중에게 널리 알려진 문학작품이 원작일 경우, 한층 선택이 고민스러워진다고 말한다. 《로미오와 줄리엣》, 《레 미제라블》처럼 모든 사람들이 작품을 알고 있어 줄리엣과 장발장에 대해 각자 자신만의 이미지를 품고 있는 경우, 아무리 뛰어난 연기로도 관객의 기대를 맞추기가 어렵다는 걸 아는 탓이다. 플라톤이 이데아론에서 말한 것처럼, 머릿속에서 상상하고 개념화하는 것과 달리 현실에서는 아무리 정확하게 묘사하더라도 완벽할 수 없기 때문이다.

주변에 서로 다른 성향을 지닌 친구들이 있다. 한 친구는 "역시 남는 것은 사진밖에 없지"라며, 수시로 사진을 찍어 기록으로 남긴다. 흔하게 만날 수 있는 여행자 부류다. 또 다른 친구는 "난 사진 안 찍어"라며 의도적으로 사진 촬영을 기피한다. 그는 "지나고 나면 사진밖에 남는 것이 없다"는 말을 싫어한다. 그는 풍광이 빼어난 곳에 갈 때마다 사진을 찍는 대신 마음속에 그 풍광과 순간을 담으려고 노력한다고 말한다. 사진으로 남겼다고 생각하게 되면 그 순간과 풍경을 마음에 새겨두려고 노력하지 않기 때문이라는 것이다.

문명에 대한 소크라테스의 놀라운 통찰

플라톤의 《파이드로스》를 보면 소크라테스도 비슷한 말을 남긴 것으로 기록되어 있다. 그에 따르면 소크라테스가 친구 파이드로스에게 이런 이야기를 들려주었다고 한다. 수, 계산, 천문학, 문자 등을 발명한 테우스 신이 이집트의 타무스 왕과 대화를 나눈다. 테우스 신은 타무스 왕에게 문자에 대해 이렇게 설명했다. "왕이여, 내가 심혈을 기울여 완성한 작품이 있소. 이것은 이집트인들의 지혜와 기억력을 늘려줄 것이오." 타무스 왕은 "모든 발명가의 모범이 되는 테우스여, 기술의 발명자는 그 기술이 장차 이익이 될지 해가 될지를 판정하는 최선의 판관이 될 수 없습니다. 문자를 배운 사람은 기억력을 사용하지 않게 되어 더 많이 잊게 될 것입니다. 기억을 위해 내적 자원에 의존하기보다 외적 기호에 의존하게 되는 것이지요. 당신이 발명한 문자는 회상의 보증수표이지, 기억의 보증수표는 아닙니다. 사람들은 적절한 가르침 없이도 많은 정보를 받아들일 것이며 실제로는 거의 무지하다 할지라도 지식이 있는 것으로 인정받을 것입니다. 그들은 진정한 지혜 대신 자만심으로 가득 차 장차 사회에 짐만 될 것입니다.”[30]

기원전 5세기 문자의 확산을 바라보는 당시 소크라테스의 말을 오늘날 그대로 적용할 수는 없다. 하지만 스스로 중요한 것을 생각하고 기억하는 대신 손쉽게 외부 장치에 의존하는 것이 사고 기능을 둔화시킬 것이라는 소크라테스의 가르침은 오늘날 디지털 문명에 대해 놀라울 정도로 예지적이다.

따로 강조할 필요가 없을 정도로 사진과 메모는 우리를 풍부한 추억과 상상력으로 이끌어주는 고맙고 유용한 도구다. 그러나 사람을 다른 동물과 구분해주는 가장 큰 특징은 생각하는 존재라는 점이다. 정보기술은 기록 저장, 커뮤니케이션, 연산 기능을 넘어 우리가 덜 생각하고 덜 기억하고도 더 강력하고 유능하게 살아갈 수 있는 힘을 주는 것처럼 보인다. 하지만 〈모나리자〉의 스푸마토 기법처럼 보는 사람 스스로 생각하고 상상하고, 그래서 깊이 개입한 결과일수록 더 생생한 법이다.

레오나르도 다빈치, 〈모나리자〉(1503~1506년경)

모나리자의 옷자락도, 배경도, 입꼬리도
선명한 경계 없이 주변과 부드럽게 어우러져 있다.
세밀한 묘사 대신 감상하는 사람이 스스로 상상력을 발휘하게 하는
인지과학적 기법을 동원해 놀랄 만큼의 생생함과 신비함을 느끼게 한다.

—— 8 ——

뇌도 충전이 필요하다

▼

자아 성찰, 자전적 기억, 사회성과 감정의 처리 과정, 창의성을 지원하는 두뇌 회로는
편안히 쉬고 있을 때만 작용한다.
이러한 뇌의 디폴트 모드 네트워크야말로
사람을 비로소 사람답게 하는 능력과 밀접한 연관을 갖는다.

디지털 정보기술은 시간과 공간의 거리를 단축시켜서 복잡한 절차와
오랜 시간이 걸리던 업무를 간편하게 만들었다. 이제 우리는 이동 중
에 웬만한 용무를 처리할 수 있다. 온라인으로 연결되고 자동화된 환
경 덕분에 과거처럼 육체적, 정신적 수고를 기울이지 않아도 된다. 그
만큼 우리에게는 시간과 자유가 주어진 셈이다.

하지만 현실은 정반대다. 과거에 비하면 숨 돌릴 틈 없이 바빠졌다.
동시에 처리해야 하는 업무가 늘어났고 이메일을 비롯해 스마트폰으
로 문자메시지, 카카오톡, SNS 알림이 수시로 찾아온다. 팔다리 근육
을 사용해서 처리해야 하는 일은 줄었지만 신경을 쓰고 관심을 기울

여야 하는 일은 훨씬 늘어났다. 자연히 뇌가 한가하게 쉴 겨를이 없다. 무한경쟁 사회에서 멀티태스킹에 능한 사람들을 보게 되면 한 가지 일만 하거나 한가로이 시간을 보내는 것이 왠지 불안할 정도다.

사람을 사람답게 하는 뇌의 휴식

기능성 자기공명영상, 양전자 단층촬영(PET) 장치 등 뇌의 활동을 관찰할 수 있는 첨단 영상 장비를 활용한 연구는 뇌에 대한 새로운 이해를 제공한다. 미국 미주리주 세인트루이스에 있는 워싱턴대 의대의 뇌과학자 마커스 라이클(Marcus Raichle) 교수는 인간 뇌에 대해 알려지지 않았던 현상에 관한 논문을 2001년 발표했다.[31] 사고, 기억, 판단 등 인지 활동을 할 때만 두뇌가 적극적으로 활동하는 것이 아니라 사람이 아무런 인지 활동을 하지 않을 때 활성화되는 뇌의 특정 부위들이 있음을 알아낸 것이다. 실험 결과 뇌의 특정 부위는 실험 대상자들이 문제 풀이에 몰두할 때는 활동이 오히려 감소하는 반면 실험 대상자들이 아무런 인지 활동을 하지 않고 멍하게 있을 때는 평소보다 활성화되는 것으로 드러났다. 뇌가 인지 활동을 할 때가 아니라 아무런 생각을 안 하고 있을 때 활성화되는 부위가 있다는 이 발견은 학계에 일대 흥분과 논란을 가져오며 이후 수백 편의 논문을 쏟아지게 만든 신호탄이 됐다.

라이클 교수는 쉬고 있을 때, 즉 뇌가 활동하지 않을 때 작동하는 일련의 뇌 부위를 일컬어 '휴지 상태 네트워크(rest state network)' 또는 '디폴트 모드 네트워크(default mode network)'라고 명명했다. 이는 눈을 감고 누워서 가만히 쉬고 있어도 뇌가 여전히 몸 전체 산소 소비량의 20퍼센트를 차지하는 이유도 설명해준다.

이는 "뇌가 외부 자극에 대한 반응이나 판단과 같은 과제를 수행하지 않고 아무 생각 없이 한가로이 있을 때 상당 부분이 활성화되는 이유는 무엇을 위해서일까?"라는 새로운 의문을 제기한다. 연구들에 따르면 디폴트 모드 네트워크는 자아 성찰, 자전적 기억, 사회성과 감정의 처리 과정, 창의성을 지원하는 두뇌 회로다. 편안히 쉬고 있을 때만 작동하는 것이 특징이다. 사실 이런 인간 고유의 성찰 기능이 명상이나 휴식할 때 활성화된다는 것은 누구나 경험으로 알고 있는 것이었지만 과학적 연구와 뇌 사진을 통해 비로소 확인됐다.

쉴 때 활성화되는 뇌의 디폴트 모드 네트워크는 평소 인지 과제 수행 중에는 서로 연결되지 못하는 뇌의 각 부위를 연결시켜준다. 스웨덴 출신의 뇌 연구자 앤드류 스마트는 이때 창의성과 통찰이 생겨난다고 말한다.[32] 새로운 발견과 창의성은 쉴 새 없이 정보를 습득하고 판단하며 신경을 집중해 멀티태스킹을 하는 상태에서 생겨나는 것이 아니라 오히려 아무 생각 없이 뇌 활동을 멈추고 휴식하는 상태에서 생겨난다는 것이다. 독일 쾰른대학교 신경과학자 카이 포겔라이(Kai Vogeley)는 뇌의 디폴트 모드 네트워크야말로 사람을 비로소 사람답게 하는 능력과 밀접한 연관을 갖는다고 주장한다.[33]

21세기에 들어와 비로소 밝혀진 뇌 과학의 최신 연구 결과는 우리가 두뇌 활동을 멈추고 멍하게 쉬는 무위(無爲)가 시간을 허비하는 무기력한 상태가 아니라 오히려 뇌를 최상의 상태로 유지하기 위한 필수적 과정이자 적극적인 충전 활동이라는 것을 알려준다.

하지만 무위도식(無爲徒食)이란 말에 담긴 부정적 어감이 말해주듯, 동서양을 막론하고 무위는 추방해야 할 게으름인 반면 근면과 성실은 추앙받는 가치였다. 16세기 유럽에서 시작된 청교도 운동은 한가로움과 여유를 죄악시하고 근면한 노동이 신의 영광을 드러내는 길이라고 가르쳤다. 동아시아의 유교에서도 근면, 성실, 검소함이 존중받았다. 효율성과 성장을 중시하는 산업자본주의 사회에서 이는 과학적인 공정 관리와 시간 관리 경영을 통한 부단한 생산성 향상 추구로 나타났다.

사람과 기술의 역설적 관계

빈둥거림과 무위는 디지털 세상에서 갈수록 병립하기 어려워지고 있다. 특히 스마트폰과 SNS 사용자에게는 거의 불가능한 것이 되고 있다. 스마트폰은 언제 어디를 가더라도 늘 휴대하고 다닐뿐더러 사용자가 각자의 관계와 기억을 의존하고 있는 소셜미디어와 각종 앱 등 스마트폰의 서비스는 기본적으로 사용자에게 끊임없이 '알림'을 밀어넣는(push) 방식으로 설계되어 있기 때문이다. 우리 뇌와 연결된, 스마트폰과 소셜미디어라는 외뇌에는 인간 뇌와 달리 무위와 휴식의 개념이 없다.

알림과 같은 푸시 서비스는 사람이 기술과 맺는 관계가 어떤 동기로 출발해 어떤 결과에 이르게 되는지를 잘 보여준다. 푸시 서비스는 달리 표현하면 '배달' 서비스다. 일부러 시간과 비용을 들여 구하러 가지 않아도 사용자 앞에 배달되는 편리한 서비스다. 신문이나 우유가 대표적인 배달 상품이다. 배달 서비스 덕분에 직접 구매하기 위해 외출할 필요가 없고 앉은 자리에서 편리하게 이용할 수 있다. 편리함은 물론이고 전에 없던 시간적, 정신적 여유가 생겨난다. 빈둥거릴 수도 있게 해준다.

하지만 결과는 정반대다. 디지털 환경에서는 푸시 서비스의 역설이 생겨나고 있다. 이용자는 직접 찾아가는 대신 앉은 자리에서 이용하기 위해 푸시 서비스를 활용하지만 여유가 생기는 대신 오히려 반대 현상에 직면하게 되었기 때문이다. 쉴 새 없이 쏟아지는 수많은 알림은 여유를 가져다주는 대신 이용자의 끊임없는 관심을 요구한다. 그 때문에 사용자는 자극으로부터 벗어날 겨를이 없다. 스마트폰의 각종 앱과 SNS는 이용자가 찾아오기를 기다리지 않고 '푸시'를 보내 사용자에게 직접 다가간다.

정보기술은 기술로 발생한 문제를 기술에 의지해 해결하려는 성향을 지니고 있다. 무어의 법칙은 지속적으로 강력해지는 성능이 결국 문제를 해결해줄 것이라는 기술 낙관론의 대표적 논리다. 하지만 제록스의 팔로알토 리서치센터(PARC) 소장을 지낸 존 실리 브라운은 이런 눈먼 정보기술 낙관론의 한계를 지적한다.[34] 기능이 강력할수록 그로 인한 문제도 그만큼 치명적이기 때문에 문제에 대한 해결책을 정보기술 내부가 아니라 해당 기술의 바깥에 있는 요소들에서 모색해야 한다는 것이다.

디지털 기술은 정교하고 다양한 필터를 통해 정보를 걸러내고 각종 자동화 기술, 멀티태스킹과 푸시 알림 기술로 업무 처리 시간을 줄여줌으로써 인류에게 시간적 여백을 가져다준 것 같지만 현실은 반대다. 시간의 여백을 가능하게 하고 여유로움을 가져올 것이라 기대를 받은 기술들이었지만 그 기술들로 인해 확보된 시간이 여유로움 대신 새로운 분주함과 수고로움으로 채워지고 있다.

근대 산업사회 이후 게으름의 상징으로 여겨진 무위가 인간의 사고와 숙고를 가능하게 하고 가장 창의적인 두뇌 활동을 준비해준다는 사실을 최근의 뇌 과학은 알려주고 있다.

사람이 가진 여러 능력 가운데 가장 뛰어난 것은 사물들의 연관관계를 파악하는 능력으로, 이는 창조적 사고의 핵심을 이룬다.[35] 인간의 인지와 판단 기능은 다른 동물의 반사적 반응과 달리 숙고와 상상력을 통해서 만들어진다. 무한한 연상 작용인 창의성은 뇌가 아무런 임무를 부여받지 않고 그냥 쉴 때 활성화된다. 《다중지능》의 저자인 하워드 가드너 하버드대 교수는 사색에는 집중력과 시간이 필요한데, 무료함은 상상력을 자극하는 강력한 기제라고 말한다.[36]

아르키메데스나 뉴턴도 연구실이 아닌 곳에서 멍하게 지내다가 놀라운 발견을 했다. 거대한 조직을 맡아 수시로 주요한 결정을 내려야 하는 지도자들 중에도 멀티태스킹 대신 무위의 시간을 에너지원으로 삼는 이들이 드물지 않다. 전설적 경영자로 불리는 잭 웰치(Jack Welch)는 제너럴 일렉트릭(GE) 회장 시절 매일 1시간씩 '창밖을 바라보는 시간'을 가졌고, 마이크로소프트의 빌 게이츠도 1년에 2주씩 외딴 오두

막에 처박혀 지내는 '사유 주간'을 갖곤 했다.[37]

스마트폰과 소셜미디어 환경 덕분에 인간은 역사상 그 어느 때보다 강력한 힘을 손에 쥐고 오랜 시간이 걸리던 일을 재빨리 처리함으로써 시간적 여백을 누리게 됐다. 하지만 온라인으로 무한한 자극에 노출됨에 따라 제한된 인지능력과 실행력을 지닌 인간은 디지털 시대에 오히려 더 분주해졌다.

사회가 복잡해지면서 개인에게는 동시에 신경 쓰고 처리해야 할 일들이 늘어났다. 해결을 위해 더 빠르고 더 강력한 기술이 쏟아져 나오지만 기술에 의존하는 것은 한계가 있다. 결국은 기술 사용자인 우리가 그 무한 요구의 쳇바퀴로부터 가끔은 한 발씩 빠져나와 거리를 두고 성찰하고, 때로는 멍하게 머리를 비우고 바라봐야 한다.

───── 9 ─────

스마트 시대의 새로운 놀이 발명

▼

폰 스택 게임은 스마트폰에 대한 의존도를 낮추려는 개인적 차원의 의지를 넘어서서
모두가 스마트폰에 깊이 의존하고 있는 상황을 일종의 놀이로 바꾼 것이다.

'참기' 내기가 있다. 눈을 깜빡이지 않고 상대를 오래 쳐다보아야 하는 눈싸움, 숨 오래 참기, 간지럼 참기 같은 놀이들. 너나없이 손에 쥔 스마트폰을 수시로 들여다보는 세태에 새로운 참기 놀이가 등장했다. 2012년께부터 미국 대도시 젊은이들 사이에 유행하는 '폰 스택(Phone Stack)' 게임이다. 친구들끼리 함께하는 식사 자리에서 서로의 전화기를 꺼내 식탁에 쌓아놓고 대화를 나누며 식사를 하다가 '가장 먼저 전화기를 확인하는 사람이 식사비를 낸다' 같은 미리 정한 벌칙을 주는 게임이다.

스마트폰 이전에도 대부분의 사람들은 이동전화기를 갖고 다니면

서 수시로 통화와 문자메시지를 이용했다. 하지만 전화기를 쌓아놓고 누가 먼저 전화기를 집어 드는가를 게임의 규칙으로 삼는 일은 없었다. 전화벨이 울리면 받고 중요한 자리에서는 전화기를 꺼놓거나 무음으로 설정해놓으면 됐다. 전화벨이 울리는데도 받지 않고 누가 오래 참는가를 놓고 게임을 하는 일은 없었다.

폰 스택 게임의 등장 배경

스마트폰이 등장한 이후 달라졌다. 대화로 즐거워야 할 식사 자리에서 너나없이 수시로 스마트폰을 들여다보는 '비매너'가 자리 잡은 것에 대한 반작용이다. 스마트폰 환경에서 모임에 참석한 사람들이 즐거운 대화와 만남을 위해 기꺼이 동의하는, 신기술 환경을 반영한 새로운 에티켓이 게임과 벌칙으로 나타난 셈이다.

스마트폰을 이용하는 주된 목적이 외부에서 걸려오는 전화에 대한 응대가 아니라 SNS에서 지인들의 상태를 확인하거나 이메일을 체크하는 등의 별로 긴요하지 않은 일을 위해서라는 것도 이런 게임이 탄생한 배경이다.

폰 스택 게임은 젊은이들이 만남의 재미와 몰입을 위해서 식사비나 술값을 부담시키는 가벼운 놀이 겸 내기로 보인다. 하지만 폰 스택 게임이 등장한 배경은 사용자가 스마트폰을 바라보는 근본적 관점의 변화를 반영한다. 점점 더 빠르고 풍부한 연결을 추구해온 디지털 네트워킹 기술에 대한 사용자들의 싫증이자 반란이 배경이 되었다는 뜻이다.

이동전화기를 갖는다는 것 자체가 일종의 신분을 표시하는 상징이던 시대, 데이터 통신을 항상 이용할 수 있는 것이 하나의 특권으로 여겨지던 시대는 가버렸다. 누구나 스마트폰을 손 안에 지니고서 네트워크를 이용할 수 있게 된 환경에서 디지털 기기와 그에 대한 사용자의 태도가 달라지게 됐다.

1988년 국내에 처음 출시된 이동전화기인 모토롤라 '다이나택 8000'은 당시 소형 승용차 값인 240만 원이었다. 그 시절 이동전화는 권력과 재력을 과시하는 도구이기도 했다. 010 식별 번호가 의무화되기 이전까지 일부 소비자층은 통신사 네트워크도 특정 식별 번호여야 더 멋지고 성능이 뛰어나다고 여겼다. 여기에 편승하여 일부 이동통신사는 '번호의 자부심'이라는 광고를 내보내며 소비 욕구를 자극했다.

스마트폰 가격은 성능과 기종에 따라 다르지만 이제는 전화기 모델이나 가입 통신회사를 내세워 과시하는 이들은 줄었다. 대부분의 초등학생을 비롯해 누구나 스마트폰을 지닌 환경에서 이동전화기는 더 이상 권력이나 재력의 상징일 수 없다. 오히려 반대되는 현상이 나타나고 있다.

스마트폰이 사실상 '생활필수품'이 될 정도로 의존도가 절대적으로 높아지자 일부에서는 오히려 의존도를 낮추려는 생활방식이 나타나고 있다. 폰 스택 게임은 스마트폰에 대한 의존도를 낮추려는 개인적 차원의 의지를 넘어서서 모두가 스마트폰에 깊이 의존하고 있는 상황을 일종의 놀이로 바꾼 것이다. 스마트폰 사용을 자제하는 것이 숨을 참거나 눈의 깜빡임을 참는 것만큼 생리적으로 불가능하게 여겨지는 상황이다.

고급 취향이 된 스마트폰 금지 코드

'스마트폰 중독'이라는 말이 낯설지 않은 상황에서 거꾸로 스마트폰 없이 지내는 것이 일종의 권력이나 고상한 취향으로 차별화되고 있다.

이런 트렌드를 반영해 외국에서는 '디지털 해독'이라고 불리는 '디지털 디톡스(digital detox)'를 상품화한 호텔들도 다수 생겨나고 있다. 대다수의 호텔들이 무료 와이파이 등 더 편리한 연결성을 제공하는 것에 맞서 디지털 기기로부터 해방된 '완벽한 휴식'을 내건 패키지 상품이다. 미국 피츠버그의 르네상스 호텔, 시카고의 호텔 모나코, 아일랜드 더블린의 웨스틴 호텔 등의 디지털 디톡스 패키지 상품은 투숙자가 입실할 때 스마트폰, 노트북, 태블릿PC 등을 맡기면 대신 보행용 지도, 보드게임 등 '디톡스 생존 키트'를 제공해준다. 객실에는 전화, TV, 스마트폰 충전케이블 등이 모두 치워져 있다.[38] 와이파이도 제공하지 않고 스마트폰마저 못 쓰게 하는 이들 호텔의 디지털 디톡스 상품은 상당한 고가를 내세운 차별화된 패키지다. 미국 캘리포니아 산타모니카 해변 인근의 랜치 인 말리부의 경우 일주일짜리 디톡스 패키지가 1인당 700만 원(6500달러)에 이를 정도다.

미국 〈월스트리트 저널〉은 100킬로미터나 이동해야 인터넷이 연결되는 히말라야 깊은 산속에서 일주일간 휴가를 보낸 영국인 사진작가 가족의 여행기를 보도했다.[39] 1인당 550만 원(5250달러)에 이르는 값비싼 상품이었지만 늘 연결돼 있는 일상생활과 달리 모든 연결이 단절된 채 가족과 함께 자연 속에서 독특한 경험을 나누는 여행의 가치를 다뤘다.

이제는 휴대전화를 갖고 다니지 않는 사람이 진짜 권력자라는 말이 있다. 누군가의 호출과 요청에 항상 '대기 상태'로 있지 않아도 되는 지위를 지니고 자신이 필요할 때만 선택적으로 연락을 취할 수 있는 처지가 드문 까닭이다.

스마트폰 사용이 기본적으로 금기시되는 공간은 아니지만 이용자들이 자발적으로 '우리 모임에서는 스마트폰 사용을 허용하지 않는다'라는 일종의 규칙을 만들고 이를 모임의 특징으로 차별화하는 시도도 나타나고 있다. 일종의 럭셔리 상품이 추구하는 취향 마케팅이다.

영화관, 공연장, 학교, 회의실, 대중교통 같은 다중 이용 공공시설에서 기본적으로 이동전화 사용이 금지되는 것과 달리 조용하게 이메일을 확인하거나 SNS를 이용하는 것처럼 주변에 별다른 피해를 주지 않는 스마트폰 이용까지 금지하는 현상이 나타나고 있다. 흡연이 사회적으로 폭넓게 용인되다가 하나둘 금연 구역이 늘어나면서 이제는 아주 제한된 공간에서만 흡연이 허용되는 변화와도 유사하다.

〈뉴욕 타임스〉는 스마트폰 금지를 '고급 취향(luxury)'으로 여기는 일상 속의 사례들을 소개했다.[40] 귀가 후에 가족들의 스마트폰을 유리 어항에 보관하는 사람들, 밤 11시 이후에는 일체의 디지털 기기 사용을 금지하는 규칙, 침실로 전화기 반입을 금지하는 경우 등이다. 최근 미국에서는 스마트폰 사용을 금지하는 것이 새로운 파티의 규칙으로 확산되고 있다. 일부 파티 주최자들은 초대장에 스마트폰 사용이 금지된다는 안내를 적어놓거나 트위터, 인스타그램 같은 SNS에 파티에 관한 글과 사진을 올려서는 안 된다고 안내하고 있다. 이런 파티에서 주최자들은 파티장 입구에서 대다수 초대 손님들이 건네기를 꺼리는 휴대전화를 수거하고 행사를 진행한다. 뉴욕과 로스앤젤레스에서 유명인들의 행사 개최를 전문으로 하는 파티플래너 민디 와이스(Mindy Weiss)는 "최근 주목받는 파티들에서는 휴대전화 소지 금지가 새로운 기준이 되고 있다"고 말했다.

까다로운 규칙에는 불편함이 따른다. 하지만 평소 자유를 추구하는 사람들도 특별한 행사를 위해서 기꺼이 불편한 규칙을 만들어 지키려고 하는 경우가 있다. 이를 의례화하기도 한다. 대표적인 것이 드레스코드다. 격조 있고 차별적인 파티에는 모두에게 적용되는 드레스코드가 특징이다. 드레스코드가 정해지면 참가자들은 자신의 매력이 가장 잘 드러나는 의상을 입을 수가 없다. 청바지, 연미복, 전통 의상, 특정 색상의 재킷 등 주최자가 정한 대로 따르는 것이 규칙이다. 제한되는 자유에 참가자들이 기꺼이 동의하고 따라야만 해당 모임이 보통의 자유롭고 흔한 파티와 차별화된다.

격조 높고 특별한 파티를 위한 규칙에 '스마트폰 착용 금지'라는 새로운 드레스코드가 추가되고 있는 디지털 세상이다.

스마트폰 없는 사람들

▼

이들은 아날로그 세상을 찾아 회귀한 경우가 아니다.
오히려 어떻게 정보기술을 자신의 필요에 따라 수용할 것인가를 고민한 사람들이다.

IT 저술가 니콜라스 카에서 철학자 김영민까지

정보기술 분야의 저명한 저술가인 니콜라스 카는 베스트셀러인 《생각하지 않는 사람들》을 쓰면서 다른 삶을 택했다. 미국 대도시 보스턴에서 멀리 어딷터로 살다가 통신도 잘 되지 않는 콜로라도의 산악 지대로 이주한 것이다. 나는 2011년 5월 25일 서울디지털포럼 연설을 위해 방한한 그와 인터뷰를 했다. 그는 "책을 쓰기 시작하면서 트위터, 페이스북 등 SNS를 모두 끊었다. 앞으로도 SNS는 쓰지 않을 것"이라고 말했다. 그는 "비록 SNS가 정보를 빨리 전달해주고 사람들을 연결해주는 가치가 있지만 무엇보다 주의를 분산시킨다. 지나치게 사소한 정보가 끊임없이 오가는 SNS로 인한 혜택이 그로 인한, 사고력에 대한 악영향보다 결코 크지 않다"고 밝혔다.[41]

정보기술문화 전문지 〈와이어드〉를 창간하고 7년간 편집장을 지낸 케빈 켈리는 기술 옹호론을 넘어선 기술 찬양론자다. 그는 2011년 펴낸 《기술의 충격》에서 기술은 인간이 부리는 도구가 아니라 스스로 진화하면서 문제를 해결해나가는 자율성을 지녔다는 주장을 펼쳤다. 정보기술로 인한 부작용을 강조하는 니콜라스 카와 반대 입장에 서 있는 케빈 켈리이지만 그 자신도 휴대전화를 비롯해 트위터 같은 최신 서비스를 사용하지 않는다는 점에서 두 사람은 같은 태도를 보인다. 그뿐만 아니다. 그는 자동차 천국인 미국에 살면서도 자동차를 몰기보다 자전거를 즐겨 타며, 텔레비전 없이 세 아이를 키웠다. 노트북도 없고 필수적인 첨단 기기도 지인들 중에서 가장 나중에 구입하는 사람으로 통한다.[42]

《온도계의 철학》 저자인 케임브리지대 장하석 석좌교수는 20여 년간 영국 런던대학교와 케임브리지대학교에서 과학철학을 강의해온 '21세기의 토머스 쿤'으로 불리는 석학이다. 장 교수는 2014년 교육방송(EBS)에서 특별 기획으로 진행한 12강 연속강좌 〈과학, 철학을 만나다〉의 마지막 편 "과학과 다원주의"에서 뛰어난 연구 성과를 내놓는 자신만의 비법을 털어놓았다.[43] 과학기술의 역사와 최신 흐름에 정통한 과학철학 전공자의 비결은 뜻밖이었다. "나는 미국과 영국에서 30년간 살았다. 그럼에도 여태 차를 가져본 적이 없다. 스마트폰도 없다.

최근 집을 살 때까지 집 없이 월세 집에 살았다. '돈을 어디에 쓴다는 기준'이 다를 뿐이다. 여행을 가고 먹는 데 돈을 많이 쓴다. 생활도 불규칙적이다. 잠을 12시간 넘게 자기도 한다. 기분이 나면 술도 혼자 마신다. 그래도 이상하게 행복하다."

창작과 연구를 위해 방해받지 않고 자신만의 시간을 필요로 하는 작가와 교수 같은 직군의 경우 휴대전화를 사용하지 않는 것이 효율성을 높이는 공개된 비법이기도 하다.

성공회대 조효제 교수(사회학)는 휴대전화를 한 번도 지녀본 적이 없다. 이동 중에 연락할 일이 있으면 과거 누구나 그랬던 것처럼 공중전화를 이용한다. 휴대전화를 쓰지 않는 방송대 김기원 교수(경제학)는 새 연락처는 적어두었다가 컴퓨터에 입력해 출력한 다음 수첩에 붙인다. 젊은 시절 그룹 동물원에서 가수로 활동했던 소아청소년정신과 의사 김창기 씨는 매일 밤 진료 시간 이후에 걸려오는 전화 때문에 휴대전화를 없애고 집 전화로 소통한다.[44] 지금은 휴대전화를 장만한 것으로 알려졌지만 다양한 분야에서 활발한 저술 활동을 해온 전북대 강준만 교수(언론학)는 집필에 집중하기 위해 연구실에서 유선전화조차 쓰지 않은 것으로 유명했다. 기고를 비롯해 각종 요청을 하려는 사람은 전화 대신 팩스를 통해서 불편하게 연락을 주고받아야 했다.[45]

안도현 시인도 쓰던 휴대전화를 없앴다. 처음 일주일은 중요한 전화를 놓칠 수 있다는 불안감에 힘들었으나 이내 해방감을 느끼게 됐다. "시도 때도 없이 끼어들고 부탁하고 호출하는 휴대전화는 예의 없는 기계"라는 것이 안 시인의 평가다.

활발하게 저술·기고 활동을 하는 여성학자 정희진 씨도 휴대전화를 쓰지 않는다. 그렇지만 내가 사용하지 않는다고 해도 예의 없는 기계로부터 절대 자유로워지지 못한다. 이런 상황을 정 씨는 '사람이 스마트폰에 진다'는 말로 표현했다. "요즘은 나와 비교가 안 되는 '스마트'한 폰 때문에 두 사람이 만나도 기운이 빠진다. 휴대전화도 사용하지 않는 나를 앞에 두고 상대방은 고개를 숙이고 있다. 며칠 전에는 나보다 열 살, 스무 살 많은 친구를 만났는데, 나는 두 번 다 스마트폰에게 졌다."[46]

철학자 김영민(전 한신대 교수) 씨는 휴대전화가 타인과의 소통을 늘리는 도구가 아니라 오히려 소통을 가로막고 자신만의 나르시시즘을 충족시키는 도구라고 생각해서 사용하지 않는다. 세상 속으로 나아가는 열린 문이 아니라 세상을 구경만 하게 하는 창이자 거기에 비친 자신의 모습을 주로 들여다보게 하는 도구라는 것이다.[47]

거센 흐름에 떠내려가지 않는 유영법

국내에서 휴대전화는 1994년 상용 서비스가 시작된 이후 초기에는 업무 용도로 확산되다가 개인적 용도로 활용되면서 단기간에 사실상 모든 국민의 개별 통신 도구가 됐다. 2010년 보급률 100퍼센트를 돌파하며 이미 인구수보다 휴대전화수가 많아졌고, 2014년 초에는 휴대전화 가입자수가 인구수보다 수백만 명이 많은 5400만 명을 기록했다. 영·유아 등을 고려하면 두 대 이상의 휴대전화를 지닌 사람들도 적지 않다는 뜻이다. 휴대전화가 사회생활의 필수 도구로 여겨지는 세상에서 그 거센 흐름을 거스르려면 떠내려가지 않을 무게와 유영법이 필요하다.

휴대전화나 SNS를 사용하지 않는 사람들의 이유는 제각기 다르다. 창작과 집필에 몰입하기 위해서, 진정한 관계를 맺기 위해서, 방해로부터 자유로운 평온함을 위해서, 작품 구상을 위한 원초적 감정을 느끼기 위해서…… 이유는 다양하다. 하지만 이들은 고유의 필요와 철학에 따라 의도적으로 휴대전화 사용을 거부한다는 점에서 같은 동기를 갖고 있다. 또 하나의 공통점은 휴대전화는 사용하지 않지만 자신이 좀더 주체적으로 통제할 수 있는 대체적인 통신 수단과 정보 검색 도구를 활용한다는 점이다.

강준만 교수는 유선전화 대신 팩스를 사용했고, 조효제 교수와 김창기 씨는 이동전화 대신 이메일이나 유선전화를 사용한다. 안도현 시인과 김기원 교수는 휴대전화를 쓰지 않지만 필요할 때마다 SNS로 소통한다.

앞서 언급한 휴대전화를 거부한 이들은 의도적으로 첨단 디지털 기술에 등을 돌리고 아날로그 세상을 찾아 회귀한 경우가 아니다. 오히려 어떻게 정보기술을 자신의 필요에 따라 수용해 활용할 것인가를 고민한 사람들이다.

니콜라스 카는 최신 정보기술을 수용하는 가장 현명한 태도에 대해 "최선은 의심을 품는 것"이라고 말했다. 기술이 사회에서 점점 더 중요해지고 그 혜택이 커질수록 비판적이어야 한다는 것이다. 찬사를 받는 신기술로 인해 우리가 잃어버리는 것이 무엇인지, 어떤 비용을 치르고 있는지를 따져봐야 한다는 얘기다.

케빈 켈리는 현대 기술의 속성에 대해 자율적 힘을 지닌 위대한 자연과 같다고 말한다. 인간은 자연과 생명에게 복종을 요구할 수 없고 오히려 그들에 적응해서 살아야 하는 것처럼 기술에 대해서도 마찬가지라는 것이다. 기술과 함께 어울려 사는 방법은 기술을 이해하는 것이 우선이다. 기술의 축복을 최대화하고 비용을 최소화할 수 있기 때문이다.

기기와 기술의 지배를 받는 대신 기기를 통제하기 위해 이들처럼 휴대전화와 SNS를 차단해야만 하는 것은 아니다. 늘 연결된 상태를 잠시나마 '오프(off)'시키고, 전원을 뽑는 언플러그드(unplugged)의 경험으로도 충분하다. 2009년 구글 회장 에릭 슈미트는 미국 펜실베이니아대 졸업식 축사에서 이렇게 말했다. "컴퓨터를 꺼라. 휴대전화도 꺼라. 그러면 주위에 사람들이 있다는 것을 발견하게 된다. 첫발을 뗄 때는 손자, 손녀의 손을 잡아주는 것보다 더 소중한 순간은 없다."[48]

모바일 신언서판의 관리법

▼

전통 사회에서 사람을 판단하는 기준이었던 '신언서판'은
스마트폰 시대가 되면서 새로운 의미에서 더욱 중요해졌다.

에티켓은 패션처럼 시대와 상황에 따라서 달라진다. 사회적 필요에 따라 동시대인들의 공감을 바탕으로 만들어지는 약속이다.

휴대전화가 널리 보급되기 이전 여러 사람이 공중전화를 공유하던 시기의 전화 예절은 '용건만 간단히'였다. 공중전화마다 늘어선 긴 줄은 언제나 만날 수 있는 장면이었다. 공중전화 부스 주변에서 통화 순서를 기다리는 사람이 전화기를 붙들고 끝없이 수다를 떠는 사람을 째려보거나 대놓고 핀잔을 주다가 시비로 이어지는 경우도 종종 있었다.

과거 시외전화는 거리가 멀수록 요금이 올라가는 방식이었다. 시골에 계신 부모님께 안부 전화를 걸면 몇 마디 인사 뒤에 곧바로 "전화

요금 많이 나온다. 이제 끊자"라는 목소리가 흘러나오던 시절도 있었다. 이동통신업체들의 경쟁이 치열하고 무료 음성 통화 앱까지 등장한 스마트폰 환경과 비교하면 까마득한 옛날 얘기처럼 들린다. 무제한 음성 통화까지 가능해진 세상에 젊은 세대에게 '용건만 간단히'라고 전화 예절을 강조할 필요는 없다. 요즘 젊은이들은 웬만해서는 음성 통화를 하지 않는다. 조용하게 문자로 대화하지, 음성 통화로 주변을 소란스럽게 하는 경우는 많지 않다.

달라진 소통 방법과 기술 환경에 따른 새로운 통신 에티켓이 필요하지만 그 필요성을 제대로 인식하는 사람들이 많지 않다. 자녀나 학생들에게 새로운 통신 예절을 가르쳐야 할 부모나 기성세대가 오히려 교육받을 대상보다 해당 기술에 대해 문외한인 경우가 많기 때문이다. 오히려 부모가 스마트폰을 이용한 문자 기능과 SNS 사용법을 자녀로부터 배워야 하는 경우가 흔하다.

그렇다고 자녀들이 또래들로부터 익혀서 사용하는 문자 대화나 전화 사용 습관을 부모가 내버려두고 모른 체할 일은 아니다. 사실은 휴대전화와 스마트폰을 사용하게 된 우리 자신도 새로운 에티켓이 무엇인지 스스로 모색해야 한다. 과거 유선전화와 공중전화 시절과 비교할 수 없을 정도로 스마트폰이 우리 생활과 대인 관계의 많은 부분에 깊은 영향을 끼치고 있는 것을 고려하면 새로운 통신 예절의 중요성은 더욱 커졌다.

다양한 실험과 심리학적 개념을 통해 '첫인상'이 사람에 대한 인식을 상당 부분 결정짓는다는 사실이 드러났지만 전통 사회에서는 '신언서판(身言書判)'이 상식으로 통용돼왔다. 과거에 사람의 됨됨이를 평가할 때 우선 몸가짐을 보고 이어서 말하는 태도와 글맵시를 차례로 살폈다면 지금은 전화기를 통해 말과 글을 살피는 세상이 됐다. 상대가 공공장소나 업무 중에 전화기로 통화하는 태도, 문자메시지나 소셜네트워크에 남기는 글을 통해서 그 사람을 판단할 수 있다.

'여보세요'가 사라진 통신 프로토콜 문화

> **프로토콜** Protocol
> 규약이라는 의미로 원래는 국가 간의 의전을 일컫는 외교상의 용어인데, 최근에는 통신에서도 널리 쓰이게 됐다.

외교에서는 프로토콜이 매우 중요하다. 국가 정상의 방문만 해도 국빈 방문, 공식 방문, 실무 방문, 개인적 방문 등 종류에 따라 상대국의 프로토콜이 달라진다. 각각의 행동에 대해 상호 간에 약속을 정해놓지 않으면 소통이 되지 않고 불필요한 마찰과 긴장이 생기기 때문에 외교에서는 회담의 내용 못지않게 프로토콜이 중요한 의미를 지닌다.

통신도 마찬가지다. 오랜 옛날 불과 연기로 신호하던 봉화부터 짧은 전류와 긴 전류를 이용해 알파벳과 숫자를 표현하던 전신에 이르기까지 보내는 쪽과 받는 쪽이 특정 신호가 무엇을 의미하는지에 대한 약속을 한 뒤에 비로소 통신이 가능했다. 무전기를 이용한 대화에서는 말 한마디를 마칠 때마다 '로저(roger: 알았다)'나 '오버(over: 이만 끝)' 같은 고유한 규약을 사용해 혼선과 오해를 줄였다.

인터넷이라고 하는 일찍이 상상하기 어려웠던 소통 수단도 그 핵심적 기술은 파일 전송 규약(TCP/IP)이 발명되면서 가능해졌다. 이 프로토콜은 송신자가 파일을 여러 부분으로 쪼개서 다양한 경로로 보내면 받는 쪽에서 이를 조합해 파일을 재구성할 수 있게 한다.

통신에서는 발신 장치와 수신 장치가 연결되는 기계끼리 공통의 규약이 필요한 것처럼 그 기기를 이용하는 사람들 간에도 일종의 프로토콜이 필요하다. '헬로', '모시모시', '여보세요'처럼 어느 문화권이나 공통의 전화 예절이 있는 이유다. 하지만 스마트폰 이후 오랜 전화 예절도 달라지고 있다.

누가 나서서 가르치지 않았지만 휴대전화 통화에서 수신자의 "여보세요"라는 인사말이 사라지고 대신 발신 상대에 따라 서로 다른 응대법이 자리 잡은 것이 대표적인 예다. 사실 서로 알 만한 상대의 휴대전화로 전화를 걸어 "여보세요"라는 첫 응대를 받으면 '아니, 내 전화번호도 등록해놓지 않았다는 말이야'라는 생각이 꿈틀거리는 것이 현실이다. 그래서 "여보세요" 대신 "오랜만이야", "무슨 일이야", "점심 먹었니?"라는 발신자별 맞춤형 응대어가 정착하고 있다.

누구나 휴대전화를 지니고 다니는 세상에서 새로운 프로토콜의 필요성은 비단 수신자의 발신자별 맞춤형 인사말에 머무르지 않는다. 휴대전화는 수신자의 사정을 고려하지 않는다는 점에서 기본적으로 발신자 위주의 통신 수단이다. 사무실이나 가정의 유선전화는 회의 중일 때나 화장실에 있을 때 받는 것이 기본적으로 불가능했다. 휴대전화는 다르다. 수신자가 어디에 있건 24시간 응대가 가능한 통신 수단이다. 그러다 보니 새로운 전화 에티켓이 빠르게 확산되고 있다. 발신자가 수신자에게 "지금 전화 받기 괜찮으세요?"라고 묻는 것이 예의가 된 것이다. 좀더 센스 있는 사람들은 통화에 앞서 미리 문자를 보내 언제 통화하기 좋은지를 물어보기도 한다. "엄마다"라며 무시로 전화를 걸던 노모께서도 최근에는 "엄만데, 지금 통화할 수 있니?"라고 묻는다. 최신 스마트폰 사용법에 익숙한 상당수 젊은이들도 무심한 최신 휴대전화 프로토콜을 노모께서 터득하신 것이다.

관계의 격을 높이는 배려의 에티켓

수신자의 상황을 고려하지 않고 불쑥 전화를 걸어 용건부터 쏟아내는 무신경한 발신자들에게만 새로운 통화 예절이 필요한 것은 아니다. 함께 이야기하고 있는 사람들을 어이없고 무안하게 만드는 수신인들도 상대에 대한 배려가 부족한 무신경한 사람이다. 나와 대화하고 있는 상대가 어디서 걸려왔는지도 모를 전화를 받느라 잠시 동안 꿔다놓은 보릿자루 신세가 되는 것은 이제 드문 일이 아니다. 회의나 대화 도중에 걸려오는 전화에 수시로 응답하느라 논의가 갑자기 중단되고 요란한 벨소리에 분위기가 깨지며 참석자들을 불쾌하게 하는 일도 다반사다. 사실 스마트폰 시대에 '무례한' 통화 태도가 워낙 일반화한 탓에 미팅 장소에 함께 있는 사람들도 으레 그러려니 하고 받아들이는 경우가 많다.

　미팅이나 중요한 만남을 앞두고는 휴대전화를 '방해금지(차단) 모드'나 '진동'으로 설정하는 것이 새로운 통신 프로토콜이 되어야 한다. 휴대전화를 직접 받지는 않더라도 대화 상대 앞에 꺼내놓는 것만으로도 관계 형성에 영향을 끼친다는 연구도 있다. 영국 에식스대학의 앤드루 프르지빌스키(Andrew Przybylski) 교수팀은 처음 만나는 두 사람에게 10분 동안 최근 있었던 흥미로운 일을 주제로 대화하게 했다.[49] 한 집단은 탁자에 수첩을 놓고, 다른 집단은 휴대전화기를 올려놓은 채 대화하게 한 뒤 상대가 느낀 관계와 친밀함의 정도를 평가하게 했던 것이다. 그 결과 휴대전화기를 노출하고 대화한 집단은 비교 집단에 비해 관계와 친밀함의 정도를 낮게 보고했다. 누군가의 휴대전화가 눈에 띄는 것만으로도 관계의 친밀도가 떨어진다는 것을 보여준 연구다.

물론 전화는 걸고 받는 사람과 그 내용에 따라 긴급도와 중요도가 제각각이기 때문에 어떤 상황에서는 무조건 전화를 안 받을 수가 없다. 또한 우리나라처럼 위계질서가 뚜렷한 사회에서는 윗사람이나 상사로부터 걸려온 전화에 대고 "지금은 통화가 어려우니, 나중에 다시 전화해주십시오"라고 말하는 것이 쉬운 일도 아니다. 긴요한 전화라서 미팅 중에라도 즉시 전화에 응대해야 하는 경우도 있을 수 있다. 그럴 때는 미팅 전에 어디에서 전화가 걸려올지 모르는데 중요한 일이라서 꼭 받아야 되니, 잠시 통화를 하게 되더라도 양해해달라고 말하는 것도 새로운 에티켓이다. 또 전화가 왔을 때는 "우리 팀장님이라서 꼭 받아야 합니다. 죄송합니다"라고 양해를 구하는 매너도 있다. 혹은 통화를 마친 뒤에 "아이가 갑자기 전화를 거는 바람에 미안했다"고 나름대로 피하기 어려웠던 사정을 설명할 수도 있다.

직장이나 모임에서 위계가 높거나 나이가 많을수록 이런 에티켓에 무심해지는 경우가 많다. 회의를 주재하는 사람이나 발언을 하던 사람이 스스로 말하는 도중에 걸려온 전화를 받는 경우다. 그런 경우 나이가 많거나 지위가 높다는 이유로, 동석자들에게 자신의 휴대전화 수신에 대해 아무런 양해나 설명 없이 넘어가는 경우도 흔하다. 상당한 무례가 아닐 수 없다. 사실 모임에서 지위가 높을수록 기준을 제시하고 규칙을 형성하는 힘이 있기 때문에 좀더 올바른 통화 예절의 본보기를 보일 필요가 있다. 문자메시지에 있어서도 적절한 단어를 선택하고 조직의 위계질서가 반영된 방식으로 소통하지 않는 것이 좋다.

에티켓은 사회 구성원들끼리 공감하는 약속이다. 일본 대도시에서 지하철을 타보면 우리나라처럼 승객 대다수가 스마트폰을 들여다보고 있다. 하지만 음성 통화를 하는 경우는 매우 드물다. 지하철 같은 공공시설에서 소리 내 통화하는 것을 교양 없는 행동으로 여기는 것이 일본 사회의 분위기다. 우리 지하철에서도 이어폰 없이 프로야구 중계를 보거나 드라마를 보는 장·노년층들이 있지만 갈수록 줄어들고 있는 추세다.

전통 사회에서 사람을 판단하는 기준이었던 '신언서판'은 스마트폰 시대가 되면서 새로운 의미에서 더욱 중요해졌다. 전화가 걸려오면 자연스럽게 나타나기 마련인 그 사람의 말하는 태도와 주변 사람에 대한 배려, 문자 대화와 SNS에서의 표현 방법 등은 모바일 환경에서 누군가의 인상과 됨됨이를 판단하게 하는 주요한 요소다.

디지털 네이티브 자녀를 둔
디지털 이주민 부모의 초상

▼

최신 디지털 기술에 친숙한 자녀 세대를,
그에 비해 정보력과 학습 능력이 떨어지는 부모 세대가 보육하고 지도해야 하는 것이 현실이다.
지금처럼 부모가 아주 어려서부터 자신보다 뛰어난 능력을 지닌 자녀를
기르고 가르쳐야 하는 난감한 시기는 없었다.

부모가 되는 것은 대부분의 사람에게 평생 최고의 경험이다. 자녀를 기르면서 얻게 되는 기쁨과 보람, 걱정과 실망 모두 인생이 부모에게 안겨주는 선물이다. 아기를 낳아 그 아이가 자립해서 홀로 사회생활을 해나가도록 길러내는 부모의 역할과 임무가 쉽고 가벼웠던 적은 없었다. 태어난 지 몇 시간 또는 며칠 만에 뛰어다니고 먹이를 찾아 생존할 수 있는 여느 동물과 달리 인간은 가장 미숙한 상태로 새끼를 낳아 오랜 기간 품어 세상에 내보내야 했다. 건강하게 아이의 몸을 키워내는 것 못지않게 중요한 것은 생존을 위한 기술과 지식, 규범을 가르치는 것이었다. 자녀가 살아가야 할 세상은 무수한 기회와 위험이 가득한

복잡한 사회인 탓이다.

디지털 시대는 우리의 생활 방식과 사회 구조, 산업에 지대한 영향을 끼쳤지만 그중에서도 부모로서의 역할에 근본적인 변화를 불러왔다. 모바일 시대에 부모가 된다는 것은 과거의 부모 노릇과는 비교할 수 없을 만큼 새롭고 어려운 역할이 됐다.

다른 인종, 디지털 이주민과 원주민

> **디지털 네이티브** Digital Native
> 태어날 때부터 PC, 인터넷, 스마트폰, 디지털카메라, 엠피3(MP3) 플레이어, SNS 등을 접하며 디지털 기기와 서비스에 친근함을 느끼는 세대.

지금 젊은 세대를 '디지털 네이티브'라고 부른다. 이는 미국의 저술가 마크 프렌스키(Marc Prensky)가 2001년 논문 "디지털 원주민과 디지털 이주민(Digital Native, Digital Immigrants)"에서 처음 사용한 뒤, 널리 확산된 표현이다. 모국어 환경에서 성장한 '네이티브 스피커(원어민)'가 해당 언어를 자연스레 익혀 쓰는 것처럼 디지털 환경에서 나고 자란 젊은 세대가 디지털 기기와 서비스를 전혀 거부감 없이 받아들여 능숙하게 사용하는 현상을 일컫는다.

이와 대비되는 개념으로, 성장한 뒤에 컴퓨터와 스마트폰 등을 접하고 이를 사용하게 된 사람들을 '디지털 이주민'이라고 부른다. 외국어로 새로운 언어를 배우는 사람은 원어민 모국어 화자(네이티브 스피커)에 비해 해당 언어 습득에 큰 어려움을 겪는다. 간혹 네이티브 스피커처럼 유창한 실력을 보이는 외국어 학습자도 있지만 드문 예외다. 대개는 아무리 노력해도 날 때부터 그 언어를 접한 사람들과 같은 표현력과 이해력을 갖추기 어렵다. 디지털 기술에서도 마찬가지 현상이 나타난다.

《디지털 네이티브》의 저자 돈 탭스콧(Don Tapscott)은 1980년 이후 태어난 디지털 세대의 뇌 구조가 아예 부모 세대와는 다르다고 주장한다. 부모 세대가 텔레비전과 라디오, 신문을 통해 미디어 기업이 만들어내는 메시지를 수동적으로 소비하는 주체였다면 컴퓨터와 인터넷을 자유자재로 사용하는 디지털 세대는 이용하는 미디어와 콘텐츠 그리고 그것을 활용하는 방식이 본질적으로 다르다는 것이다.

실제로 아날로그 환경에서 자란 기성세대가 주요 정보를 신문과 방송을 통해 취득하고, 예정된 시간에 방송되는 드라마와 영화를 보기 위해 텔레비전 앞에 앉아 있는 것과 달리 우리의 자녀들에게 '본방 사수'와 '신문 읽기'는 드문 경험이다. 그들은 인터넷으로 뉴스를 읽고 문자와 SNS로 소문과 화제를 빛의 속도로 공유하고 있다. 텔레비전 앞에 앉아 있는 시간이 거의 없어도 화제가 된 드라마나 영화, 미국 드라마 등을 피투피(P2P) 같은 자신들끼리의 공유 네트워크를 통해 훨씬 빨리 즐기고 있다. 전화기를 사용하는 방법도 다르다. 음성 통화 대신 문자로 훨씬 빠르고 은밀하게 대화하고 카카오톡을 통해 여러 사람들과 동시에 집단 소통을 한다. 미디어 이용 습관, 성장 환경, 기술 사용 능력에서 부모와 자녀 세대가 다르기 때문에 생겨나는 차이다. 탭스콧은 디지털 네이티브 세대가 이전 세대에 비해 훨씬 빠르고 똑똑하며 다양성에 대해서도 관용적이라고 주장한다.

문제는 디지털 이주민이 디지털 네이티브를 대상으로 보육과 가정

교육을 실시해야 하는 난감한 상황이다. 뒤늦게 학교에서 영어를 배운 비영어권 교사가 태어날 때부터 영어를 쓰며 자란 미국인 어린아이에게 영어를 가르쳐야 하는 꼴이다. 최신 디지털 기술에 친숙한 자녀 세대를, 그에 비해 정보력과 학습 능력이 훨씬 떨어지는 부모 세대가 보육하고 지도해야 하는 것이 현실이다. 물론 부모 노릇이 수월했던 적은 없다. 하지만 지금처럼 부모가 아주 어려서부터 자신보다 뛰어난 능력을 지닌 자녀를 기르고 가르쳐야 하는 시기는 일찍이 없었다.

영국의 방송 통신 규제 기관인 오프콤(Ofcom)이 2014년 6~15세의 어린아이와 청소년 800명, 16세 이상 청소년과 성인 2000명을 대상으로 디지털 기술 이해력을 평가한 결과 6~7세의 평균 '디지털 지능지수(DQ)'는 98로 45~49세의 평균값 96보다 높게 나타났다.[50] 디지털 기술에 대한 이해도는 14~15세가 113으로 가장 높았고 55세 이후의 성인은 60퍼센트 이상이 평균 이하였다. 고연령층일수록 이해도가 크게 떨어졌다. 스마트폰과 태블릿PC 등장 이후 출생한 어린이들의 디지털 기술 이해도가 조부모는 물론 부모보다 월등히 뛰어나다는 것이 통계로도 확인된 셈이다.

이는 자녀 세대가 부모보다 디지털과 관련해 이해력과 활용 능력이 월등하기 때문만은 아니다. 활자, 전기, 자동차 등 문명사적 전환을 가져온 기술이 도래할 때마다 대개 교육받은 자녀들이 부모보다 뛰어난 기술 습득과 활용 능력을 보여왔다. 하지만 전기, 자동차 등의 기술은 자녀가 스스로 활용하게 되기까지 상당한 시간이 필요하기 때문에 부모는 그 기술의 편리함과 위험에 대해 충분히 교육할 시간이 있었다.

디지털은 다르다. 아이는 걸음마를 떼기 이전부터 스마트폰과 태블릿PC 등을 통해 디지털 기술을 만나고 어느 순간 아날로그 세대인 부모보다 훨씬 뛰어난 활용 능력을 갖추고 자유자재로 사용하고 있다. 스마트폰이나 태블릿PC를 통해서 아이가 만나게 되는 콘텐츠는 매혹적이다. 아이들은 별도로 사용법을 학습하지 않고도 직관적인 사용자 환경을 통해 금세 조작법을 터득하고 빠져든다. 더욱이 아이들은 아날로그부터 경험한 부모 세대와 달리 동일한 콘텐츠가 디지털 형태일 때와 아날로그 형태일 때의 차이를 알지 못하는 경우가 많다.

부모 세대가 디지털을 하나의 도구로 이해하고 자신의 기존 목적을 위한 수단으로 활용하고자 한다면 아이들은 다르다. 아이들에게 디지털 세상은 원래부터 있던 생래적 환경일 뿐이다. 부모와 달리 다양한 기능을 상상해보고 활용할 수 있다. 부모 세대는 하루가 다르게 발전하는 디지털 기술의 속성과 그에 기초한 문명과 산업의 구조를 이해하기조차 어렵다.

디지털 시대에 부모가 된다는 것

문자가 없어 지식이 구전되던 시기나 지금도 원시 상태로 생활하는 부족들 사이에서는 경험과 지식을 많이 보유한 노인이 가장 지혜롭고, 그래서 가장 큰 권위를 지녔다. 그 지혜와 권위를 바탕으로 자연스레 존경과 복종이 생겨났다. 부모가 자녀에게 갖는 권위의 배경에는 자신을 낳아 돌보며 기르는 양육자에 대한 애정과 함께 무엇이든지 알고 있는 자의 지식과 권능에 대한 신뢰가 있다.

하지만 디지털 시대에 부모의 권위는 과거에 비하면 크게 떨어질 수밖에 없다. 디지털 기기와 서비스를 자녀 수준으로 잘 활용하거나 이해하고 있는 부모는 많지 않다. 자녀의 정보 습득과 활용 능력이 부모를 뛰어넘는 경우가 흔하다. 게다가 스마트폰과 SNS 등은 기본적으로 개인화 서비스이기 때문에 부모의 접근이 어려운 특성이 있다. 디지털 기기나 휴대전화기가 없던 시절 부모는 자녀가 누구를 만나는지, 누구와 친한지, 무엇을 좋아하고 싫어하는지, 무엇을 읽고 있는지를 알게 마련이었다. 친구를 만나려면 "한음아, 노~올자"라고 외치며 친구 집으로 찾아갔고 "저 오성인데, 한음이 바꿔주세요"라고 전화를 걸었다. 아이가 즐겨 보는 만화 영화나 TV프로그램이 무엇인지, 거실의 TV 채널을 놓고 다투면서 자연히 알게 되었다. 연애할 때도 다른 가족들 모르게 전화를 걸거나 연애편지를 보내기는 하늘의 별 따기만큼이나 어려운 일이었다.

부모는 아이의 보호자로서 아이가 만나는 세상의 다양한 길목을 지키는 문지기 구실을 충실히 수행할 수 있었다. 부모를 거치지 않고 아이가 몰래 세상을 만나는 것은 위험하고 현실적으로도 불가능에 가까웠다. 자신에 비해 월등한 힘과 지식을 갖고 세상을 만나는 길목에서 애정 어린 문지기 노릇을 하는 부모의 영향력에 자연스럽게 순응하는 것이 대부분의 유년기 모습이었다.

아이들이 휴대전화를 갖게 되면서 변화가 생겨났다. 누구와 사귀는지, 누구와 주로 대화하는지 아이 스스로 말해주지 않으면 알기 어려워졌다. 아이의 휴대전화가 스마트폰으로 업그레이드되고 나서는 아이가 어떤 영화와 노래를 좋아하는지, 어떤 배우의 팬인지도 알 길이 없어졌다. 자녀 스스로 말하지 않으면 알 도리가 없다. 가족보다 또래 집단을 통해 정체성을 확인하고자 하는 10대 시절에 이런 현상은 더욱 심해진다.

디지털 시대에 자녀들은 누구의 눈에도 들키지 않고 자신만의 세계에 접속해 거기에서 활동할 수 있는 자유와 권력을 얻었다. 그만큼 부모는 과거에 비해 무기력해졌다. 디지털 이주민이 디지털 네이티브 세대를 가르치는 현실의 난감함이다. 이 지점에서 부모가 선택할 수 있는 자녀 교육 방법은 크게 두 갈래다. 디지털 현상과 관련해 새로운 보육을 시도하기보다 자녀의 회복 탄성력을 믿고 지켜보는, 행운과 우연에 맡기는 방법이 있다. 또 다른 길은 부모가 최대한 디지털 문명 속에서 디지털 네이티브로 살고 있는 자녀에게 적합한 새로운 교육 방법과 정보를 학습하고 적용해보는 시도다. 이때는 디지털 문명에 대한 학습이 필수적이다.

디지털 환경에서 의욕만 앞선 자녀 교육법은 효과보다 마찰만 낳는 경우가 흔하다. 아이가 디지털을 통해 무엇을 하고 있는지, 그를 통해 어떤 만족을 얻고 있는지에 대해 무지한 채 부모가 일방적으로 "게임 그만해", "이제 스마트폰 내놔" 같은 강압적 지시를 내릴 경우 대개 좋지 않은 결과가 이어진다. "알지도 못하면서 쓸데없는 잔소리"라는, 자녀의 거친 반발이 돌아오는 경우가 많다. 부모 자신은 다양한 이유를 들어 스마트폰을 사용하면서 자녀에게는 "넌 공부해야지. 이제 스마트폰 그만해"라고 말하는 것은 최악의 방법이다. 자녀가 부모를 모델로 삼아 그 태도와 습관을 배운다는 것은 굳이 설명할 필요가 없을 정도로, 확고하게 증명된 이론이다.

기술이나 법규에 의존해서 문제를 해결하려는 시도도 좋지 않다. 스마트폰과 컴퓨터에서 자녀들의 사용 내역을 모니터하고 통제할 수 있는 자녀 감시용 앱이나 프로그램은 흔하다. 정부의 적극적인 개입 아래 이동통신 3사가 개발해 보급한 '스마트 보안관' 같은 프로그램이 대표적이다. 청소년들의 인터넷 게임 사용 시간을 제한하는 온라인 게임 셧다운 제도도 유사하다. 부모나 사회가 자녀들의 디지털 기기 사용을 제한하고 통제하기 위해 기술이나 법적 시도에 지나치게 의존할 경우 부작용이 나타날 수 있다. 부모의 신분증 번호와 같은 아이디를 도용하거나 거짓말을 하고 PC방에 다닐 수 있다.

디지털 기기를 사용하는 아이는 나름의 고유한 상황과 동기가 있기 때문에 부모가 지속적 관심을 통해 자녀와 소통하며 다양한 시도를 하는 것이 무엇보다 중요하다. 부모가 기술이나 법규에 의존하다 보면 디지털 기술에 대한 부모 스스로의 학습이 게을러질 수 있다. 디지털 기술은 빠르게 변한다. 디지털 환경에서 자녀를 기르는 데는 특별한 비결이 있을 수 없다. 부모는 자녀가 무엇에 관심을 갖고 디지털 기기를 이용하는지 알기 위해 지속적으로 관심을 기울이고 노력하면서 학습하는 것이 유일한 방법이다.

알고 보면 문제는 디지털 기술이 아닌 현실에서 출발한 경우가 많기 때문에 원인을 방치한 채 기술적 특효약을 찾으려 하면 문제가 해결되지 않는다. 아이들이 휴대전화를 갖게 되는 배경에는 부모의 맞벌이로 아이가 부모와 수시로 연락해야 하는 상황이 흔하게 지목된다. 또한 아이가 학원에서 학원으로 이동할 때마다 연락하라고 부모가 휴대전화를 사주는 경우도 많다. 야간 자율학습을 하고 학원을 전전하다가 밤늦게 집에 돌아와 비로소 휴식을 취하는 자녀에게 유일한 즐거움이자 세계와의 소통 창구인 스마트폰과 게임의 의미를 과소평가해서는 안 된다.

청소년정책연구원의 연구위원인 장근영 박사는 디지털 시대 자녀 교육에는 일종의 '제왕학'적 접근이 필요하다고 말한다. 모든 정보에 접근 가능하고 방대한 정보에 에워싸여 있는 제왕에게 필요한 능력은 일반인과 다르다는 것이다. 많은 정보 중 진짜 중요한 정보를 감별해 내고 수많은 일들 중 중요한 것부터 처리하도록 우선순위를 정하는 일이 제왕에게 요구되는 능력이다.

우리의 아이들은 세상으로 연결된 길목마다 지키고 섰던 부모와 교사라는 문지기를 피해서 얼마든지 스스로 세상을 만나고 있다. 그들이 진정으로 고개를 끄덕이며 수용할 만한 규칙으로 받아들이지 않을, 어리석은 지침과 엄포는 아무 소용이 없다. 부모가 디지털 기술을 전문가만큼 알아야 비로소 자녀를 교육할 수 있는 것도 아니다. 다만 디지털 세상을 제한 없이 만나게 될 자녀가 스스로 올바른 선택을 할 수 있도록 부모가 자녀와 디지털 생활에 대해 이야기를 나눌 소통과 신뢰의 관계를 만드는 것이 우선이다. 임금에게 제왕학을 가르치는 '왕사(王師)'는 당대 최고의 학식과 덕망을 겸비한 자였다. 디지털 시대에 부모가 된다는 것은 일종의 왕사가 되는 일이니, 어렵고도 어려운 일이다.

©Clear Frost

디지털 세상을 제한 없이 만나게 될 자녀가
스스로 올바른 선택을 할 수 있도록
부모가 자녀와 디지털 생활에 대해 이야기를 나눌
소통과 신뢰의 관계를 만드는 것이 우선이다.

─────13─────

IT 종사자의 남다른 자녀 교육법,
디지털 페어런팅

▼

"아이패드가 산수와 읽기를 더 잘 가르치리라고 생각지 않는다.
테크놀로지는 적합한 때와 장소가 따로 있다."

정보기술과 통신 분야를 여러 해 취재하면서 전자업체, 포털사, 인터넷 게임 업체, 통신업체, 소프트웨어업체에 종사하는 이들의 공통된 자녀 교육법을 발견하게 됐다.

자녀의 디지털 생활에 적극 개입하는 부모들

그들은 타 직종 종사자들보다 엄격한 자녀 교육 지침을 두고 있는 경우가 많았다. 다른 분야에 대한 엄격함이 아니라 인터넷 게임과 휴대전화 또는 스마트폰 사용에 관한 분명한 규칙이다. 초등학생이나 중·

고생 자녀를 기르는 게임사와 포털사 임직원들은 자녀의 인터넷 게임에 대해서 '주말에 한해 세 시간', '토요일 한 시간' 등 상세한 규칙을 정해둔 경우가 많았다.

여러 해 전의 조사이지만 게임회사 직원들도 자녀의 게임 시간을 엄격하게 통제해야 한다고 생각하고 있었다.[51] 한 온라인 게임 회사가 직원 287명을 대상으로 '자녀의 게임 이용 시간을 통제해야 하는지' 설문 조사를 실시한 결과 90퍼센트가 시간을 제한해야 한다고 답했던 것이다.

2014년 봄 국내 이동통신 3사의 홍보와 마케팅 담당 팀장, 임원들을 만나 실제로 각 가정에서 자녀들의 스마트폰 사용에 어떻게 접근하고 있는지를 취재한 결과 흥미로운 점이 발견됐다.[52] 이통사들은 온 국민에게 최신형 스마트폰과 무제한 통화 요금제를 적극 판매해왔다. 덕분에 우리나라는 2014년 현재 영·유아를 포함한 인구 5000만 명보다 월등히 많은 5400만 대의 이동전화가 개통되었고 중·고생의 스마트폰 보유율도 85퍼센트 이상이 됐다. 하지만 통신사 간부들 가정의 이동통신 생활은 우리나라 평균적인 가정의 모습과 사뭇 달랐다.

A 이동통신사의 홍보마케팅 부문 팀장은 맏딸이 초등학교 6학년이 되도록 휴대전화를 사주지 않고 버텨왔다. 학급에서 유일하게 휴대전화가 없는 학생의 부모가 통신사 간부라는 사실은 아이러니하다. 그는 중학교에 입학한 딸의 요구에 못 이겨 2014년 봄 결국 스마트폰을 사줬다. 그는 딸에게 "학생은 스마트폰 말고 피처폰을 쓰는 것이 좋아"라고 권고하며 딸의 스마트폰 사용을 마지막 순간까지 늦추려 했다고

한다. 초등학교 3학년인 둘째 딸은 스마트폰은커녕 아예 휴대전화를 써보지 않았다.

B 이동통신사 홍보팀장은 중학교 1학년인 둘째 딸에게 2년 전에야 비로소 휴대전화를 사줬다. 스마트폰을 사줬지만 데이터가 포함되지 않은 월 1만 4000원짜리 음성 통화 전용 요금제를 골라줬다. 집에 들어오면 무선랜(WiFi)을 이용해 스마트폰으로 사용할 수 있지만 집 밖에서는 문자와 통화만 쓸 수 있는 요금제다. 최신형 제품을 사준 것도 아니다. 10만 원을 주고 중고 스마트폰을 샀다. "새 폰은 목돈이 들지만 중고 폰은 훨씬 돈이 덜 든다"고 그는 말한다. 이들 이동통신사가 '공짜 폰', '기계 값 없음'을 미끼로 비싼 요금제를 2년, 2년 반 약정을 걸어 판매하는 것을 감안하면 놀라울 정도다. 이 팀장은 중3인 큰딸에게도 10만 원짜리 중고 스마트폰을 사줬다. 또래들과 어울리는 것이 중요한 중3인 점을 고려해 월 300메가바이트(MB)라는 소량의 데이터도 허용하고 있다. "기가바이트 단위가 기본이다시피 한 스마트폰 데이터 요금제에서 너무 작지 않으냐"고 물으니, 이 팀장은 "300메가바이트면 카카오톡과 네이버 등 포털 서비스는 충분히 이용할 수 있다"고 답했다.

C 이동통신사의 홍보 임원은 아예 자녀의 이동통신 요금을 내주지 않는다. 자녀가 용돈으로 통신 요금을 감당할 수 있을 만큼만 휴대전화를 쓴다는 것이 이 가정의 원칙이다. 그래서 중3인 딸은 초등 5학년 때, 초등 5학년인 아들은 1년 전에 스스로 피처폰을 구입해 쓰기 시작했다. 대신 그는 최근 아들이 녹음 기능이 필요하다고 해서 녹음기를

사줬다. 얼마 전에는 음악을 듣겠다고 해서 MP3 플레이어를 사줬다. 스마트폰 하나면 모든 것이 되는 요즘에는 거의 팔리지 않는 제품들이다. 그도 스마트폰을 사는 것이 돈도 덜 들고 편리하다는 것을 안다. 비싸게 대체 기기를 사주지만 이를 자녀의 스마트폰 이용을 최대한 늦추기 위한 '교육 투자'라고 생각한다.

이는 3개 통신사 홍보팀장과 임원들이 한결같은 자린고비 부모라서 나타난 현상이 아니다. 이들을 취재해 기사로 다루었던 것도 통신회사 일부 직원의 이례적 사례라고 보기보다는 최신 통신 기기의 부작용에 대해 정보가 많은 직군의 일반적인 행동 패턴을 잘 나타낸다고 보았기 때문이다. 실제로 이동통신사에서 십수 년 넘게 근무해온 이들 홍보 간부는 직무 특성상 휴대전화 사용이 불러오는 다양한 긍정적, 부정적 효과에 대해 누구보다 정통한 사람들이다. 대부분의 부모가 자녀들에게 생일 선물이나 상급학교 진학 선물로 스마트폰을 사준 뒤에 나 몰라라 하거나 애를 태우는 것과 달리 이들은 자신들이 알고 있는 지식을 바탕으로 자녀들의 디지털 생활과 교육에 적극 개입하고 있다.

스마트폰을 통해 우리에게 새로운 세상을 열어준 스티브 잡스도 자녀들에게는 아이패드 같은 첨단 디지털 기기 사용을 허락하지 않았다. 이런 사실은 잡스를 직접 취재했던 기자와 전기작가 월터 아이작슨에 의해 잡스의 사후 3년 뒤에 비로소 알려져 많은 사람들에게 충격을 주었다.[53]

실리콘밸리의 컴퓨터 없는 학교 발도르프

미국 〈뉴욕 타임스〉에는 2011년 10월 흥미로운 기사가 실렸다. 세계적 정보기술 기업들이 몰려 있는 캘리포니아 실리콘밸리에서 컴퓨터 전문가 수준의 부모들이 막상 자기 자녀들은 컴퓨터를 가르치지 않는 발도르프 학교에 보낸다는 것이었다.[54] 발도르프 학교는 20세기 초 오스트리아 철학자 루돌프 슈타이너(Rudolf Steiner)가 주창한 비경쟁적이고 몸과 마음의 균형 발달을 중시하는 전인교육 방식을 채택한 학교다. 세계적으로 900여 곳, 미국에 160여 곳, 국내에도 10여 곳이 있다.

실리콘밸리 한복판인 캘리포니아 로스앨토스에 있는 퍼닌슐라 발도르프 초등학교는 학부모의 75퍼센트가 구글, 애플, 야후, 이베이, 휼렛 패커드(HP) 등 정보기술 기업에 다니고 있다. 그런데도 이 학교에는 컴퓨터가 한 대도 없다. 스크린보드, 빔 프로젝터 등의 멀티미디어 기기도 없다. 발도르프 학교는 연간 수업료가 초등학교와 중학교는 1만 7750달러(약 2000만 원), 고등학교는 2만 4400달러(약 2600만 원)로 비싸지만 컴퓨터 구입에는 전혀 돈을 쓰지 않는다. 대신 학교에는 책, 연필, 분필 등 아날로그 교육 기자재만 있고 교실 한편에는 《브리태니커 백과사전》이 꽂혀 있다.

이 학교는 컴퓨터가 창의적 사고, 인간 교류, 주의력을 훼손한다는 이유로 교육에 활용하지 않고 있으며, 학생들에게도 휴대전화, 태블릿 PC, 노트북 등 다른 디지털 기기를 가져오지 못하게 한다.

이 학교 5학년 앤디의 아빠인 앨런은 구글 직원이다. 앨런은 "아이패드가 산수와 읽기를 더 잘 가르치리라고 생각지 않는다. 테크놀로지는 적합한 때와 장소가 따로 있다"고 말했다. 마이크로소프트에 근무하면서 이 학교에 아이들을 보내고 있는 피에르 로렌트는 "어릴 때 컴퓨터를 안 배우면 디지털 시대에 뒤진다고 하는데, 컴퓨터를 다루는 것은 치약을 짜는 일만큼 쉽다. 아이들이 좀더 큰 뒤에 컴퓨터에 익숙해지는 것이 무엇이 잘못됐는지 모르겠다"고 말했다.

발도르프 고등학교의 졸업생 94퍼센트가 버클리대학 등 명문대에 진학한다는 통계는 이 학교에 대한 관심을 더 집중시켰다. 물론 아이들의 명문대 진학에는 학부모의 고학력, 고소득, 자녀 교육에 대한 높은 관심이 한몫했겠지만 말이다.

국내에도 스마트폰과 인터넷 중독에 대한 관심이 높아지면서 일부 기숙학교나 종교계 중·고등학교에서 학생들이 스마트폰 같은 디지털 기기를 소지하거나 사용하지 못하게 하는 규칙을 엄격하게 적용하는 사례들이 늘어나고 있다. 많은 부모들은 자녀가 스마트폰과 인터넷 때문에 공부에 몰입하지 못하고 방해받는다고 걱정한다. 하지만 각 가정마다 환경이 제각각이고 자녀마다 성격이 다르기 때문에 일률적으로 디지털 기기를 허용하거나 차단하는 것은 좋은 교육방법이 아니다.

기술적 환경에 빠져 살면서도 자신이 생활하고 있는 현실에 대해 무지하고 더욱이 자녀가 만나는 기술적, 사회적 환경에 대해 관심을 갖지 않다가 나중에야 그로 인한 결과와 부작용에만 신경을 쓰는 것이 무엇보다 심각한 문제다. 사실 아날로그 세대로 살다가 뒤늦게 디지털 문명을 만나 스마트폰과 인터넷 세상에서 가까스로 조작법을 익힌 성인 세대가 실리콘밸리나 국내 인터넷 기업에서 근무하는 정보기술 전문가와 같은 정보와 식견을 갖는다는 것은 매우 어려운 일이다.

국내외 정보기술업계에서 날마다 쏟아지는 수많은 뉴스를 접하고 그중에서 중요한 뉴스를 선별해 전달해야 하는 기자로 일하면서 내가 느낀 것도 비슷했다. 하루가 다르게 새로운 뉴스가 쏟아져 새로운 이슈가 만들어지고 정보기술 환경이 변해가는 것을 현장에서 취재하는 기자로서도 제대로 따라가며 이해하기가 숨 가쁠 정도였다. 일반 사용자가 정보기술 세계에 대한 통찰력을 갖추고 자녀에게 올바른 길을 안내한다는 것은 실로 불가능에 가까운 일이다.

보통 사람이 정보기술 세계에서 새로운 정보와 동향에 정통한 사람이 되기는 어렵고 그렇게 될 필요도 없다. 그렇지만 자신에게 중대한 영향을 끼치는 힘과 구조에 대해서는 그것이 아무리 거대하고 불가항력적 위력을 지니고 있더라도 그에 대한 최소한의 이해는 필수적이다. 당연한 것으로 받아들이는 대신 거리를 유지하고 비판적, 반성적 눈길로 바라보는 것이 필요하다. 그래야 부모 자신이 주체적 사용자가 되어 자녀가 만날 환경에 대해서도 자녀와 이야기를 나누며 길을 찾아가도록 도울 수 있기 때문이다.

프라이버시에 대처하는 스티브 잡스의 태도

▼

잡스가 집의 담을 낮추고 팔로알토의 식당과 카페를
스스럼없이 드나들 수 있었던 것은
지역 주민들의 높은 시민 의식과 프라이버시 보호 의식 덕분이었다.

애플 공동 창업자로 2007년 아이폰과 2010년 아이패드를 세상에 선보이며 오늘날의 스마트폰 세상을 실질적으로 열어젖힌 주인공, 스티브 잡스는 디지털 산업의 혁신 아이콘으로 뚜렷한 족적을 남겼지만 프라이버시에 대한 남다른 태도에서도 실리콘밸리의 다른 저명한 기업가들과는 확연히 구별된다.

2010년 6월 〈월스트리트 저널〉이 주최한 컨퍼런스(D8)의 좌담에 나선 스티브 잡스는 디지털 시대의 프라이버시를 묻는 월트 모스버그(Walt Mossberg) 기자에게 "우리(애플)는 프라이버시를 극도로 신중하게 다룬다"고 답변했다. 잡스는 "우리는 프라이버시에 대해 실리콘밸리의 다른 기업들과는 전혀 다른 관점을 지니고 있으며, 실리콘밸리 기업들 다수는 애플을 이 점에서 구식이라고 생각한다"고 말했다.

잡스가 꼬집어 지칭하지 않았지만 페이스북과 구글을 가리키는 말이었다. 페이스북의 창업자 마크 저커버그는 프라이버시의 종언을 선언한 바 있다. 에릭 슈미트 구글 회장도 인터넷 세상에서는 일단 기록되면 구글에 의해 결국 검색될 수밖에 없다고 말했다.

잡스는 페이스북처럼 약관을 복잡하게 만들고 그 내용을 알기 어렵게 기술하는 것에 대해서도 일침을 놓았다. 잡스는 "프라이버시 약관은 당사자가 자신들의 데이터로 사업자가 무엇을 하려는 것인지에 대해 쉬운 말로 알기 쉽게 표현해야 한다"고 말했다. 구글의 안드로이드폰과 달리 애플 아이폰은 '통화 중 녹음' 기능을 지원하지 않는 것은 물론, 애플 앱스토어에서 이를 가능하게 하는 앱도 허용하지 않고 있다. 통화 중 녹음이 불법이 아닌 우리나라에서는 아이폰 이용자들의 주된 불만 요인 가운데 하나다. 이처럼 애플이 모든 나라에서 아이폰의 '통화 중 녹음' 기능을 지원하지 않는 배경에는 이를 프라이버시 관점에서 바라보는 잡스의 영향이 배어 있다.

잡스가 지켜내려 했던 것

프라이버시에 관한 잡스의 태도는 그의 개인적 생활에서도 드러난다. 2011년 10월 5일 숨진 잡스의 장례식이 이틀 뒤인 7일 소수의 지인과 가족에 의해 비공개로 치러진 사실이 뒤늦게 알려졌다. 디지털 시대의 산업구조와 생활 방식에 지대한 영향을 끼친 비범한 혁신가에 대해 세계 곳곳에서 광범한 추모 열기가 일었지만 당사자가 선택한 세상과의 작별 방식은 '비공개'로 진행된 지극히 소박하고 개인적인 마무리였다.

잡스는 프라이버시를 보호받기 위해 담장이나 은둔을 선택하지 않았다. 많은 유명인들은 프라이버시를 지켜내기 위해 높은 담장을 쌓아 올리고 많은 경비원을 고용해 자신에게 몰려드는 카메라와 대중의 눈길을 차단한다. 엄청난 비용이 드는 일이다. 또한 어떤 이들은 유명해진 후 스스로를 고립시킴으로써 외부 세계로의 노출을 최소화하는 방식을 쓰기도 한다. 사실상 대외 활동을 포기하는 방식이다. 두 가지 방법 모두 친구나 이웃들과 어울리는 즐거움과 사회적 존재로서의 평범한 즐거움을 상당 부분 잃어버리는 선택이다.

잡스는 20대 초반부터 애플컴퓨터로 세상에 이름을 알렸지만 세상의 관심으로부터 숨지 않으면서 프라이버시를 지켜내려고 했다. 유명인의 사생활을 추적해 퍼뜨리는 이른바 '파파라치'도, 타블로이드 신문도 그다지 잡스를 대상으로 삼지 않았다. 그는 어떤 경영자보다 드라마적 요소를 갖춘, 세계인의 관심이 쏠린 인물이었지만 그에 대한 사생활 추적 뉴스는 매우 적었다. 왜일까?

무엇보다 잡스는 기업 경영자로 외부에 공개되는 자신의 모습 이외에는 사적인 영역의 노출을 삼갔다. 수시로 수천 명 앞의 무대에 서고 방송 인터뷰 등에 노출되는 유명 인사였지만 자신과 가족의 프라이버시를 지키려는 노력이 각별했다.

2011년 1월 잡스가 건강 악화로 세 번째 병가를 떠나게 되자 투자자들과 언론은 잡스의 건강 상태에 높은 관심을 기울이며 갖은 추측성 보도와 루머를 쏟아냈다. 투자자들과 애널리스트들은 잡스의 건강 상태를 충분히 공개하지 않는다며 애플을 비난하기도 했다.

스티브 잡스의 건강 상태를 분명하게 밝히라는 애플 투자자들의 요구는 프라이버시에 대한 터무니없는 요구라기보다 개인의 감정과 존엄을 고려하지 않는 자본의 무자비한 본질을 드러낸 측면이 강하다. 스티브 잡스는 그 자체로 애플의 기업 가치와 투자 가치를 상징하기 때문에 그의 건강 상태는 무엇보다 중요한 투자 고려 요소라는 것이 투자자들의 요구에 깔린 논리였다.

사실 당시 잡스의 건강은 불안해 보였다. 잡스는 2004년 처음 췌장암 진단을 받은 뒤에 1개월간 병가를 떠나 수술을 받았고, 2009년에는 다시 6개월간 병가를 떠났다가 업무에 복귀한 뒤에 간 이식 수술을 받았다는 사실이 뒤늦게 알려졌다. 세 번째 병가는 그의 병세에 대한 갖은 억측을 불러일으키기에 충분했다.

하지만 잡스는 2011년 당시 병가를 떠나면서 애플 직원들에게 이메일을 보내 정면 대응을 시도했다. "이사회 동의 아래 병가를 얻어 건강에 집중할 수 있게 됐다. …… 나와 내 가족의 프라이버시가 존중받기를 간곡히 희망한다"는 것이 이메일의 내용이었다. 그의 당부와 함께 춤추던 루머성 보도도 사그라졌다.

마미시닷컴(Mommyish.com)처럼 가족의 가치를 중시하는 사이트는 잡스의 사후에 그가 자신의 가족을 프라이버시 노출로부터 지켜낸 것을 높이 평가했다. 임신, 출산, 양육 문제에 관한 포털 사이트인 마미

시닷컴은 "타블로이드 폭로 문화가 넘치는 시대에 잡스와 같은 유명인이 가족의 프라이버시를 지켜내는 것은 쉬운 일이 아니었을 것"이라며 "잡스가 단호하게 가족을 지켜낸 것이 무엇보다 훌륭한 점"이라고 밝혔다. 이 사이트는 또 공적인 인물들은 어렵더라도 자신의 가족, 특히 어린아이들을 대중의 관심과 추적으로부터 지켜낼 의무가 있다고 지적했다.

잡스는 자신의 프라이버시권을 적극적으로 요구함으로써 여느 평범한 사람들과 비슷한 수준의 일상적 생활을 누릴 수 있었다. 마을 주민들은 그를 산책길이나 자녀의 학교 행사에서 만나 평범한 이웃으로 대했고 누구든 팔로알토의 카페나 식당에서 종종 그를 만날 수 있었다. 그가 동네 주민으로 생활하는 모습은 이웃들의 협조 덕분에 거의 사진으로 포착되지 않았지만 안드로이드 진영을 상대로 한 특허 전쟁이 한창이던 2010년 3월, 동네 카페에서 '적장'인 구글의 에릭 슈미트를 만나 차를 마시는 모습이 촬영됨으로써 그의 일상을 짐작하게 했다.

2011년 잡스가 숨진 뒤 몰려든 추모객과 일부 언론에 의해 공개된 팔로알토의 스티브 잡스 집은 그의 프라이버시가 외부인을 통제하는 높은 담장과 경비를 통해 얻어진 것이 아니라는 사실을 보여준다. 그의 집은 동네 여느 집들처럼 집과 길의 경계를 표시하는 무릎 아래의 낮은 울타리가 있을 뿐, 따로 높은 담장이 없었다.

하지만 잡스가 지켜오던 프라이버시의 영역도 이제는 훼손을 피할 수 없게 됐다. 잡스가 "나의 프라이버시를 존중해달라"는 요구를 할 수 없게 된 직후 그의 보호 아래 있던 그의 아내와 자녀들에 관한 보도가 쏟아지기 시작했다. 또한 팔로알토 마을에서 두드러지지 않던 그의 집도 모두에게 공개돼 이제는 숱한 방문객들의 관심을 받게 됐다. 이미 주소마저 인터넷에 알려져 구글 지도에서 위성사진이나 스트리트뷰(Street View)를 통해 전 세계 누구나 그의 집을 자세히 들여다볼 수 있게 됐다.

프라이버시를 보호하는 시민 의식

나는 2013년 5월 미국 캘리포니아의 실리콘밸리를 취재하러 갔다가 인근 팔로알토의 스티브 잡스 집을 찾아가 보았다. 잡스가 숨진 지 1년 반이 지나서인지 사과나무가 심겨 있는 그의 집 뜰에 더 이상 추모의 흔적은 없었다. 이웃 주민에게 물어보니 이따금 찾아오는 관광객들이 집 주변을 서성이다가 사진을 찍고 가는 정도라고 했다. 흥미로운 것은 잡스의 집 구조였다. 나지막한 울타리 너머로 벽돌 단층 집의 외관은 물론 내부도 창문을 통해 상당 부분 행인에게 노출되는 구조였다. 높은 담장도, 빽빽한 나무 울타리도 없었다. 뒤뜰에서 보이는 투명한 창문은 블라인드가 올려진 채 개방돼 있어 거실 내부 너머 반대편 앞뜰까지 보일 정도였다.

일거수일투족이 전 세계 매체의 집중 보도 대상이었던 세계적 유명인 스티브 잡스가 디지털 세상에서 자신과 가족의 프라이버시를 어떻게 지켜냈는지는 몇 가지 시사하는 바가 있다.

프라이버시를 지키기 위해서는 똑똑해지고 강해져야 한다. 우선 디지털 세상에서 프라이버시가 존엄하고 행복한 삶에 얼마나 중요한 요소인지를 분명히 인식해야 한다. 그리고 나서는 프라이버시를 지켜내기 위한 본인의 단호한 요청이 필수적이다. 루돌프 폰 예링(Rudolf von Jhering)이 《권리를 위한 투쟁》에서 강조한 것처럼 "법은 권리 위에서 잠자는 자를 보호하지 않는다". 사적 영역에 대한 자신의 권리를 알고 이를 적극적으로 요청할 수 있어야 한다.

또 하나 중요한 것은 프라이버시가 자신만의 노력으로 보호되지 않는다는 점이다. 주변의 이해와 도움이 필수적이다. 잡스가 집의 담을 낮추고 팔로알토의 식당과 카페를 스스럼없이 드나들 수 있었던 것은 지역 주민들의 높은 시민 의식과 프라이버시 보호 의식 덕분이었다.

팔로알토에 있는 스티브 잡스의 집.

잡스는 프라이버시를 보호받기 위해 담장이나 은둔을 선택하지 않았다.
그의 집은 동네 여느 집들처럼 집과 길의 경계를 표시하는
무릎 아래의 낮은 울타리가 있을 뿐, 따로 높은 담장이 없었다.

—15—

공유되지 않을 권리

▼

프라이버시 권리와 노출의 위험에 대해
얼마나 잘 인지하고 행동 요령을 숙지하고 있느냐에 따라
삶의 질과 자유로움에서 차이가 벌어진다.
사적 정보 노출이 초래할 장기적 위험을 알고 대처하는 능력이
자유로운 삶을 향유하는 데 필수 도구로 떠오르고 있다.

2013년 9월 가수 이효리는 동료 뮤지션 이상순과 결혼식을 올렸다. 대중 스타 커플의 결혼식은 독특했다. 결혼을 준비하면서 두 사람은 제주에 땅을 사서 상당한 기간 동안 살 집을 지었다. 결혼식은 그 집에 가족과 지인들을 초청해 비공개로 진행됐다. 대형 예식장에 동료 연예인들과 많은 하객을 초청해서 화려하게 치러지는 다른 유명인의 결혼식과는 사뭇 다른 방식이었다. 이효리의 결혼식은 취재를 위해 몰려든 연예 매체들의 극성스러운 접근도 차단한 채 '비공개 가족 행사'로 소박하게 치러졌다.

이효리는 결혼식 이틀 뒤에야 자신의 팬카페 '효리투게더'에 몇 장

의 결혼식 사진을 공개했다. "부득이하게 비공개로 하다 보니 서운해하시는 분들도 많으시고 기자 분들도 밖에 많이 오셨다고 들었는데 죄송하게 되었습니다. 제 인생에 참 중요한 날이니만큼 가족과 친지들께 평범한 딸이자 며느리이고 싶었던 마음을 이해해주시길 바랍니다"라는 알림과 함께 이효리가 공개한 사진들은 이틀 전 결혼식과 신랑 신부의 모습에 대한 궁금증을 풀어줬다. 독특한 '효리 스타일'에 대한 팬과 대중의 관심과 이해를 더 높여주는 효과를 낳았다.

이효리-이상순 커플이 자신들의 결혼식을 대중에게 알리는 방식은 디지털 시대에 유명인이 어떻게 자신의 프라이버시 영역을 지켜나가야 할지에 대한 좋은 본보기가 된다.

이 커플은 자신들의 내밀하고 소중한 순간과 내용이 타인들의 호기심과 상업화 시도에 좌우되지 않도록 처음부터 마지막까지 스스로가 통제권을 행사하는 방식으로 결혼식을 진행했다는 것이 무엇보다 두드러진다. 대중의 관심과 인기에 의지하는 연예인이라는 직업적 특성상 어느 정도 사생활을 노출하는 것이 불가피하다는 점을 이해하고 자신이 주도적으로 그 범위를 설정하고자 했다는 것이 인상적이다.

이효리 커플은 결혼식 사진도 수많은 기자들의 무차별적 앵글과 판단에 맡긴 것이 아니라 대중에게 보여주고 싶은 장면을 골라서 공개했다. 이 커플의 결혼식과 사후의 정보 공개 방식에서 눈길을 끄는 것은 기본적으로 제약이 많은 상황에서 외부의 요구를 당연한 것으로 여기지 않고 무엇을 보여주는 것이 최선일지를 심사숙고한 끝에 자기 주도로 정보를 공개하고 대중과 소통했다는 점이다. 결혼 이후에 이효리는 트위터와 블로그를 통해 적극적으로 자신의 일상과 메시지를 전달했다. 스스로 주도하는 적극적인 소통이자 프라이버시 관리다.

프라이버시라는 것은 제대로 인식하고 있지 못하면 잃어버린 뒤에야 비로소 그 소중함을 알게 되는 가치다. 근대 이후 형성된 독립되고 자율적인 시민의 개념은 누구도 간섭하고 침탈할 수 없는 자신만의 사적인 영역, 즉 프라이버시를 보장해야 비로소 가능하다.

노출이 당연한 경우는 없다

하지만 현대 사회에서 모든 사람이 프라이버시 권리를 누리는 것은 아니다. 미디어 사회가 되면서 자발적으로 또는 불가피하게 이를 포기하는 경우가 늘어나고 있다.

지상파 방송에서 여러 해 동안 앵커로 활동하면서 전 국민에게 얼굴과 목소리를 알린 여성을 만난 적이 있다. 그는 방송사를 그만둔 뒤 주부로서의 삶을 선택했는데도 수시로 난처한 경험을 한다고 털어놨다. 여느 주부처럼 물건 값을 흥정하거나 학부모 모임에 참석할 때마다 주위에서 "OOO 앵커 아니세요"라고 알은 체를 하는 통에 애초에 마음먹은 대로 행동하지도, 제대로 할 말도 못한다는 얘기였다. 스스로를 대중에게 노출하는 직업을 선택한 결과다. 인기인이 되면 광고를 찍거나 발언이 널리 알려지는 등의 셀러브리티 효과를 누리게 되지만 그로 인한 개인적 자유의 상실도 크다. 대중에 노출되는 삶이 지닌, 동전의 양면이다.

유명인이나 공적 인물의 가족은 어느 정도 프라이버시를 포기하는 것이 불가피하다고 여겨졌던 것이 우리 현실이다. 대통령 후보의 가족에게는 불가피한 일이다. 하지만 그 외의 공인이나 유명인의 경우에는 상당한 영역이 자신의 선택에 달려 있다. 당사자가 얼마나 적극적으로 자신의 프라이버시 권리를 요구하느냐의 문제다.

최근 연예인들이 일반인과 결혼할 때 비공개 예식으로 진행되는 경우가 많다. 비공개 예식이라 해도 결혼사진이나 하객들의 셀카 등으로 인해 연예인과 결혼한 일반인 신랑, 신부의 사진이 공개되는 경우가 드물지 않다. 하지만 최근 한 유명 스포츠 스타와 결혼한 신부는 화제 속에 결혼식을 올렸지만 사진 한 장 인터넷에서 검색되지 않았다. 당사자가 적극적으로 자신의 프라이버시 보호를 위해 하객들에게도 사진 공개를 하지 말라고 요구한 까닭이다.

유명인이나 연예인과 결혼하게 되면 어느 정도 사생활이 노출되는 것을 수용하는 경향에 비해서 이 신부의 태도는 두드러지는 점이 있었다. 결혼식 사진을 공개함으로써 아름다운 신부와 행복한 커플의 모습에 대한 숱한 찬사를 받을 수 있는 반면 잃는 것들도 있다.

온 국민이 자신이 'OOO 선수의 아내'임을 알게 되는 것이다. 한 장의 결혼사진으로 충분하다. 일단 공개된 사진은 제한 없이 인터넷 공간을 돌아다니고 지우는 것이 불가능하다. 그 결과 어디를 가더라도 다른 사람들의 눈길과 관심을 피할 수 없다. 한 번도 만난 적이 없는 사람들을 만나더라도 그들은 내가 누구인지 알고 있는 경우가 대부분이다. 타인과의 대면이 필수적인 일상에서 늘 정보 불평등의 상황에

놓이게 되는 것이다. 우연히 지나치는 사람들마저 내가 유명 선수의 아내임을 알게 되면 저절로 말과 행동을 조심하게 된다. 그렇게 할 수 있는 것과 할 수 없는 것을 고려하다 보면 행동과 사고가 위축되는 것을 피하기 어렵다.

남의 눈을 의식하지 않을 정도로 대범하거나 뻔뻔해진다는 것은 인기 스타의 가족으로서는 사실상 불가능한 일이다. 결국 항상 주위를 의식해 지나치게 조심스럽게 되거나 가식적인 태도가 몸에 배기 쉽다. 진심을 품고 소통해야 상대의 마음을 움직이기 마련인데 눈앞의 상대 대신 모르는 타인들을 의식해 가식적 말과 행동을 꾸며대는 '연기'가 건강한 관계에 도움이 되기 어렵다. '잉꼬 부부'를 연기해온 유명인 커플들의 실상은 대개 관계가 공식적으로 파탄난 뒤에야 드러나는 경우가 많다.

하지만 고집스럽게 사진 한 장도 방출하지 않는 '비공개 결혼식' 덕분에 유명 선수의 신부는 지금까지 그랬던 것처럼 앞으로도 카페에서 낯선 이들의 눈길을 의식하지 않고 친구들과 대화를 나눌 수 있을 것이다. 모자와 마스크와 선글라스로 얼굴을 가리지 않고도 거리를 활보할 수 있으며 사람들이 많은 식당이나 백화점, 대중교통을 이용하는 즐거움을 포기하지 않아도 된다. 결혼사진 한 장으로 빼앗기기엔 너무 큰 자유이자 행복이다.

2001년 법원은 가수 신해철 씨의 결혼 상대를 실명 보도한 언론에 대해 손해배상 책임을 인정한 판결을 내림으로써 유명인의 프라이버시 범위에 대한 기준을 세웠다. 유명인과 결혼한다고 해서 공적 인물이 되는 것은 아니라고 판시해 유명인 가족에게 사생활 권리를 보장한 것이다. 법이 보장하는 권리를 찾아 누린 현명한 신부였다.

탄광 속 카나리아의 경고

소셜네트워크 시대 프라이버시 노출이 유명인이나 공인 그리고 그 가족만의 문제는 아니다. 소셜미디어에 자발적으로 자기 정보를 공개하는 경우도 많고 인터넷에서 누군가가 여기저기 남겨진 나의 흔적을 모아 분석하는 프로파일링으로 '신상 털기'를 할 수도 있다.

앤디 워홀은 "미래에는 누구나 15분간은 유명해질 수 있다"며 소셜네트워크 시대를 예견한 듯한 말을 했지만 디지털 세상에서는 한 번 노출되면 지워지지 않고 사실상 영구 기록이 되어 유통될 것이라는 것까지는 내다보지 못했다. 새로운 기술 환경을 고려해 프라이버시에 대해 정확한 인식과 실행 방법이 요구되는 이유다.

프라이버시 권리는 1890년 미국 보스턴의 두 법률가 워런(Samuel Warren)과 브랜다이스(Louis Brandeis)에 의해 '홀로 있을 권리(right to be let alone)' 혹은 '방해받지 않을 권리'로 구체화된 이후 기술 발전과 사회 환경의 변화에 따라 계속 개념이 달라져왔다. 초기의 프라이버시 개념은 인쇄술과 사진 기술의 발달에 따라 개인의 사생활을 세세하게 신문에 보도해 개인의 사적 영역을 침범하는 행위로부터 보호하고자 하는 차원이었다. 근래에는 자신에 관한 정보를 다른 사람이 아닌 정보 주체 스스로 통제할 수 있어야 한다는 개인정보 자기결정권으로 개

넘이 확장되었다.

자신에 관한 정보를 스스로 통제하기 위해서는 먼저 프라이버시 권리와 정보사회의 속성을 제대로 알고 있어야 한다. 자신에게 프라이버시 권리가 있는지조차 생각지 않고 미디어에 노출되는 것을 당연하게 여기는 이들도 많다. 다시 한 번 말하지만 법은 권리 위에서 잠자는 자의 이익까지 보호해주지 않는다.

디지털 기기 보유와 활용 능력 차이가 삶의 질에 차이를 가져온다는 디지털 격차가 정보사회의 과제로 부상했다. 더 시급한 문제는 온라인 시대의 '프라이버시 격차(privacy divide)'다. 프라이버시 권리와 노출의 위험에 대해 얼마나 잘 인지하고 행동 요령을 숙지하고 있느냐에 따라 삶의 질과 자유로움에서 차이가 벌어진다는 얘기다. 사적 정보 노출이 초래할 장기적 위험을 알고 대처하는 능력이 자유로운 삶을 향유하는 데 필수 도구로 떠오르고 있다.

유명인들이 인터넷에서 프라이버시 노출로 곤욕을 치르는 것도 남의 일이 아니다. 미국 캘리포니아주립대(UC Davis)의 아누팜 챈더(Anupam Chander) 법학 교수는 "이들은 새로운 세기의 위험성을 알려주는 탄광 속 카나리아와 같은 존재"라고 말한다. 카나리아의 신호에도 알아차리지 못하면 비극은 우리 차례다.

탄광 속 카나리아
산업혁명기 광산 개발이 활발해지면서 참사가 늘어나자 광부들은 카나리아를 키워 깊은 갱도 속으로 함께 들어갔다. 유독 가스에 민감한 카나리아가 횃대에서 떨어지는 것을 보면, 광부들은 위험을 인지하고 서둘러 갱도를 탈출했다.

디지털 리터러시 10계명

동전의 양면처럼 모든 것은 서로 마주하고 있는 두 가지 속성을 지니고 있다. 장점이 단점이 되고, 약점이 곧 강점이 될 수 있다는 말이다. 스마트폰과 소셜미디어처럼 강력하고 매혹적인 기술은 그 눈부신 밝기만큼 짙은 그림자를 드리운다. 대립하는 속성처럼 보이는 현상의 이면을 잘 이해해 적절하게 활용하거나 그 특성에 자신을 맞추면 지혜로운 사람이 되는 법이다. 디지털 기술을 더 스마트하고 유익하게 즐기기 위한 도구로 사용하는 길도 다르지 않다. 스스로의 지식과 의지를 과신하지 말고 끊임없이 변화하는 디지털 환경과 기술의 속성을 이해하고자 부단히 노력해야 한다.

스마트폰과 디지털 기술을 더 지혜롭게 쓰기 위해서 알고 있어야 할 몇 가지 지침을 소개한다.

1. 기기가 당신을 조종하지 못하게 하라.

디지털 기술과 기기의 사용자이자 주인은 바로 당신이다. 기술에 오히려 지배당하고 있는 것은 아닌지, 스스로를 돌아보라. 디지털 기술이라는 까다롭고 힘센 상대를 다스려 부리려면 무엇보다 그 속성을 학습하고, 또 자신을 돌아보면서 성찰해야 한다.

2. 디폴트 세팅을 '나만의 설정'으로 바꿔라.

스마트폰과 각종 앱의 디폴트 세팅은 당신을 위한 설정이 아니다. 무차별적인 익명의 이용자들과 기업의 이익 극대화를 위한 설정이다. 당신이 기기를 구입하고 앱이나 프로그램을 설치하면 맨 먼저 할 일은 초기 값이 어떻게 설정되어 있는지를 살피고 자신에게 최적화된 상황을 찾아가며 '나만의 설정'으로 바꾸는 것이다.

3. 가능한 한 자주 '방해금지 모드'를 활용하라.

회의 시간, 집중하고 싶은 시간, 심야 시간에는 스마트폰을 방해금지 모드(차단 모드)로 사용하라. 놓치면 안 될 번호를 미리 설정해놓으면 반복해서 걸려올 때 벨이 울린다. 방해금지 모드를 통해서 스마트폰을 잠재우고, 방해받지 않는 당신만의 시간을 확보하라.

4. 수시로 이메일, 알림을 삭제하고 청소하라.

필요하지 않은 이메일, 알림, 앱 등을 수시로 삭제하라. 꼭 필요한 사이트가 아니면 회원 가입을 삼가고, 가입 시에는 광고 메일을 받지 않도록 설정을 확인하라. 쇼핑 안내 뉴스레터는 당신의 지갑만 노리는 것이 아니다. 더 소중한 당신의 주의와 시간을 앗아간다. 스마트폰 앱의 알림도 마찬가지다.

5. 뇌가 휴식할 시간을 제공하라.

뇌는 충분히 휴식할 때 비로소 창의적으로 활동하게 된다. 굳이 명상법을 훈련하지 않아도 자투리 시간이나 대기 시간에 스마트폰 화면을 들여다보는 대신 멍하게 지내면서 온갖 상념에 빠져보는 것이 좋다. 산책이나 조깅을 하는 것은 뇌를 활성화시켜주는 두뇌 충전 프로그램으로, 휴식 이상의 행위다.

6. 올리기 전 프라이버시를 먼저 점검하라.

온라인에서는 일단 프라이버시를 놓치면 다시 되돌릴 방법이 없다. 무엇을 해도 소 잃고 외양간 고치기일 뿐이다. 노출된 이후의 난처한 삶을 피하려면 글이나 사진을 올리기 전에 최대한 고민하라. "만약의 경우 신문 1면에 그대로 실려도 좋은가"라는 것이 그 잣대가 될 수 있다. 위치정보와 궤적이 나타나 있는 인터넷 기록도 유의하라.

7. 소셜네트워크의 분칠에 현혹되지 마라.

사회적 동물인 사람은 본능적으로 더 풍부한 관계를 지향하게 마련이다. 하지만 제한된 관심 자원을 소셜네트워크에 지나치게 쏟다가는 현실의 진짜 소중한 사람들과의 관계에 기울여야 할 관심을 헛되이 써버리게 된다. 하루에 소셜네트워크를 얼마나 이용할지 시간을 정해놓고 지나치게 많은 시간을 투입하지 않도록 하라.

8. 스마트폰과 동침하지 마라.

침실이나 이불 속으로 스마트폰을 가져가지 않도록 하라. 스마트폰 바구니 같은 것을 마련해 심야에 스마트폰이 있어야 할 자리를 지정해두라. 잠자리에서는 스마트폰이 없던 시절처럼 쉬거나 하루를 돌아보는 것이 좋다. 배우자가 있는 사람은 스마트폰을 끼고 잠자리에 드는 것을 일종의 파트너 유기 행위라고 생각하라.

9. 스스로를 구글링해보라.

검색엔진에서 종종 자신의 이름과 아이디로 검색해보라. 자신이 인터넷 세상에서 다른 사람들에게 어떻게 노출되고 있는지를 알아야 한다. 다른 사람들이 자신에 대해 어떻게 알고 있는지를 당사자가 가장 먼저 알고 있어야 대처가 가능하다. '구글 알리미'나 '웹 세상의 나(Me on the web)' 서비스를 이용하라.

10. '모바일 신언서판'이 새 에티켓이다.

통화 습관, 문자 대화, 소셜네트워크에서의 태도가 당신의 평판과 이미지를 만드는 세상이다. 당신이 상대의 통화 태도와 스마트폰 사용 습관을 보고 그 사람됨을 짐작하는 것처럼 상대도 당신을 그런 식으로 판단한다. 말과 달리 문자는 기록으로 남는다. 언제 어디에서나 통화와 인터넷이 가능하다는 기술적 환경이 때와 장소를 무시하는 소통 방식을 부추겨서는 안 된다. 새로운 환경은 새로운 에티켓을 필요로 한다.

주

프롤로그 새로운 문법을 익혀야 할 때

1 Mike Isaac, "Posting of Nude Photos Prompts Regret on Social Media", *New York Times*, 2014. 9. 2.

2 Amanda Lenhart & Maeve Duggan, "Couples, the Internet, and Social Media", Pew Research Center, 2014. 2. 11.

3 Raymond Hernandez, "Weiner Resigns in Chaotic Final Scene", *New York Times*, 2011 6. 16.

4 데즈먼드 모리스(Desmond Morris), 《털 없는 원숭이》, 김석희 옮김, 문예춘추사, 2011.

5 민수미, "친구 배터리 잔량까지 알아야 할까? 앱 출시에 '편리' '사생활 침해' 찬반", 〈국민일보〉, 2014. 8. 21.

6 "가장 멍청한 세대(The Dumbest Generation)"와 "생각하지 않는 사람들(The Shallows)"은 마크 바우어라인(Mark Bauerlein)과 니콜라스 카(Nicholas Carr)가 각각 2008년과 2010년에 펴낸 책의 제목이다.

7 데이비드 와인버거(David Weinberger), 《지식의 미래》, 이진원 옮김, 리더스북, 2014.

PART 1 스스로 드러내는 사람들 _ 프라이버시의 종말

1 Marshall Kirkpatrick, "Facebook's Zuckerberg Says The Age of Privacy is Over", Read Write Web, 2010. 1. 9.

2 "Zuckerberg family pic stirs Facebook privacy debate", AP, 2012. 12. 27.

3 Jared Newman, "Google's Schmidt Roasted for Privacy Comments", *PC World*,

2009. 12. 11.

4　Holman W. Jenkins Jr, "Google and the Search for the Future", *Wall Street Journal*, 2010. 8. 14.

5　Saul Hansell, "Google's Chief Is Googled to the Company's Displeasure", *New York Times*, 2005. 8. 8.

6　Jay Yarow, "It Looks Like Eric Schmidt Closed His Instagram Account After It Was Revealed He Followed Lots Of Half-Naked Women", *Business Insider*, 2013. 7. 27.

7　Jay Yarow, "Google's Eric Schmidt Spent $15 Million On A NYC Penthouse, And Then Made It Soundproof", *Business Insider*, 2013. 7. 25.

8　Alyssa Newcomb, "President Obama Poses for Selfie at Nelson Mandela's Memorial Service", *ABC News*, 2013. 12. 10.

9　Rob Cooper, "'Selfie' on mobile phone leads to arrest of teenage girls over robberies", *Daily Mail*, 2013. 7. 28.

10　Paul Martinka, "My selfie with Brooklyn Bridge suicide dude", *New York Post*, 2013. 12. 4.

11　셰리 터클(Sherry Turckle), 《외로워지는 사람들》, 이은주 옮김, 청림출판, 2012.

12　하워드 가드너(Howard Gardner) · 케이티 데이비스(Katie Davis), 《앱 제너레이션: 스마트 세대와 창조 지능》, 이수경 옮김, 와이즈베리, 2014.

13　Andrew Hough, "Please Rob Me website causes fury for 'telling burglars when Twitter users are not home'", *The Telegraph*, 2010. 2. 19.

14　"Privacy backlash over Girls Around Me mobile app", BBC, 2012. 4. 2.

15　John Brownlee, "'Girls Around Me' Dev: Our App's Not For Stalking Women, It's For Avoiding The Ugly Ones", *Cult of Mac*, 2012. 4. 4.

16　Seán Captain, "Girls Around Me shows consequences of sharing data", *NBC News*, 2012. 4. 6.

17　Cameron Scott, "'Girls Around Me' Shows a Dark Side of Social Networks", *PC World*, 2012. 4. 2.

18　크리스토퍼 헤드네기(Christopher Hadnagy), 《사회공학과 휴먼 해킹》, 민병교 옮

김, 에이콘, 2012.

19 안창현, "법원장마저 '보이스 피싱'에 속아 거액 뜯겨", 〈한겨레〉, 2007. 5. 31.

20 Brian McWilliams, "How Paris Got Hacked?", *O'Reilly Media*, 2005. 2. 22.

21 "문송천 카이스트 경영대학 교수 인터뷰: 개인정보 유출 2차 피해 안전?", YTN, 2014. 2. 2.

22 배명복, "네덜란드 파격 'TV실험극' 인기", 〈중앙일보〉, 2002. 2. 25.

23 최경호 외, "SBS '짝'의 비극 … 방송 나가면 한국서 못 살아", 〈중앙일보〉, 2014. 3. 6.

24 진혜린, "SBS TV '짝' 애정촌에서의 6박 7일 그 후", 〈레이디경향〉, 2011. 8.

25 최두선, "'짝', 성형남 · 의자녀 등 실제 결혼한 6쌍의 출연자는 누구?", 〈이투데이〉, 2013. 8. 20.

26 지그문트 바우만(Zygmunt Bauman) · 데이비드 라이언(David Lyon), 《친애하는 빅브라더》, 한길석 옮김, 오월의봄, 2014.

27 한병철, 《투명사회》, 김태환 옮김, 문학과지성사, 2014.

28 구본권 외, "직원 뽑을 때 '과거 엿보기' 일쑤 … 댓글조차 맘대로 달기 무섭다", 〈한겨레〉, 2010. 8. 19.

29 권오성, "평생 남는 순간의 잘못 … '잊혀질 권리' 사회적 논의할 때", 〈한겨레〉, 2014. 5. 27.

30 김수영, "성폭행 학생이 성대 '우수' 입학 … 추천서 황당", SBS, 2012. 8. 17.

31 Linton Weeks, "Privacy 2.0: The Garbo Economy", NPR, 2011. 4. 11.

32 유영규, "IQ 210 '잊혀진 천재' 김웅용 영재들의 자살을 접하다", 〈서울신문〉, 2011. 4. 14.

33 김선주, "[김선주 칼럼] 아빠 어디 가 … 10년 뒤를 …", 〈한겨레〉, 2013. 8. 20.

34 손현철, "[손현철의 스마트TV] '콘타비전' 들여다보기의 한계", 〈PD저널〉, 2013. 11. 30.

35 소년법 제30조 제2항(기록의 열람, 등사).

36 "효주양, 두 차례 납치서 범인 검거까지 … '희대의 미궁'에 종지부", 〈경향신문〉, 1980. 12. 15.

37 손효주 외, "너무 쉬워진 개명 절차 … 전과자들 '신분 세탁' 악용", 〈동아일보〉, 2012. 7. 3.

38 레너드 코언(Leonard Cohen)의 노래 '러버 러버 러버(Lover Lover Lover)'의 첫 머리는 아들의 개명 요구를 담고 있다. "아버지 내 이름을 바꿔주세요. 내가 지금 쓰고 있는 이름은 두려움과 더러움, 비겁함과 부끄러움으로 덮여 있어요(Father change my name. The one I'm using now it's covered up with fear and filth and cowardice and shame)."

39 "보복범죄 막는 '증인보호 프로그램' 마련", 〈연합뉴스〉, 2008. 9. 5.

40 J. D. Lasica, "The Net never forgets", Salon.com, 1998. 11. 26.

41 어법상으로는 '잊힐 권리'가 바른 표현이지만 관용화된 쓰임을 고려해 '잊혀질 권리'로 표기한다. 필자가 발제를 맡은 2007년 한국언론재단 주최의 '묵은 기사의 인터넷 삭제' 세미나에서 사회를 맡은 김형태 변호사(천주교 인권위원회 이사장)는 이 문제를 '잊혀질 권리'라고 처음 명명하며, 향후 헌법재판소의 결정까지 받아야 할 주요한 인권 문제라는 의견을 제시했다. 국제적 흐름과 별개로, 국내에서 일찌감치 '잊혀질 권리'에 대한 규정과 논의가 시작되었다는 점에서 의미가 있다.

42 Alex Hern, "Wikipedia swears to fight 'censorship' of 'right to be forgotten' ruling", *The Guardian*, 2014. 8. 6.

43 유럽 구글의 검색 결과에서는 링크가 삭제되었지만 한국 등 비유럽 지역의 구글 검색 결과에는 그대로 나타나며, 위키피디아에서 서비스하고 있는 페이지 자체에는 영향을 끼치지 않기 때문에 앞서 영국의 〈가디언〉 기사에서는 해당 위키피디아 페이지로 문제없이 접근할 수 있다. 위키미디어 재단이 공개한 게리 허치(Gerry Hutch)는 '수도승'이라는 출소 이후의 별명에서 드러나듯이 범죄와 처벌 이후 갱생의 삶을 살고 있는 사람의 '잊혀질 권리'를 어디까지 보장해야 하는지 논란을 일으킨 인물이기도 하다.

44 빅토어 마이어쇤베르거(Victor Mayer-Schönberger), 《잊혀질 권리》, 구본권 옮김, 지식의날개, 2011.

45 U. S. Department of Justice v. Reporters Committee for Freedom of the Press, 489 U. S. 749 (1989). 미국 연방대법원은 이 재판에서 정부의 범죄자 데이터베이스로의 접근권을 요구한 언론의 요구를 기각했다. 언론 자유를 위한 기자평의회(Reporters Committee for Freedom of the Press)는 정보자유법(FOIA)에 근거해 일반인이 접근 가능한 정부의 정보를 모아놓은 데이터베이스에 대한 접근권을 요

구했으나 법원에서 인정받지 못했다. 미 연방수사국이 구축한 범죄자 데이터베이스는 각급 법원이 공개한 재판 기록으로부터 수집된 것이기 때문에 언론에 공개되어야 한다는 것이 언론 자유를 위한 기자평의회의 논리였다.

PART 2 우리를 공공재로 만드는 디지털의 방식 _ 뉴 빅브라더의 진화

1 Eric J. Johnson and Daniel G. Goldstein, "Defaults and Donation Decisions", *Transplantation* Vol. 78, No. 12, 2004. 12. 27, pp 1713-1716.

2 리처드 탈러(Richard H. Thaler) · 캐스 선스타인(Cass R. Sunstein), 《넛지》, 안진환 옮김, 리더스북, 2009.

3 William Samuelson and Richard Zeckhauser, "Status Quo Bias in Decision Making", *Journal of Risk and Uncertainty*, 1988, pp 7-59.

4 김영리, "스티브 바이 '기타 망가진 건 내 실수'", 〈아이뉴스24〉, 2013. 8. 9.

5 Justin Jouvenal, "A Facebook court battle: Is 'liking' something protected free speech?", *Washington Post*, 2012. 8. 9.
해고된 여섯 명은 선거운동 기간에 로버츠의 경쟁 후보의 페이스북에서 '좋아요'를 누른 것이 해고 사유라고 주장하며 소송을 제기했다. 1심을 맡은 노포크 연방지방법원은 '좋아요'를 클릭하는 행위는 미국 수정헌법 1조가 보장한 '표현의 자유' 대상이 아니라는 판결을 내렸다. 하지만 2013년 9월 버지니아 리치몬드의 제4순회 연방항소법원은 "표현의 자유에 해당한다"며 1심 판결을 번복하고 다시 1심 법원으로 사건을 돌려보냈다.

6 Susanna Kim, "Gay Federal Employee Says Facebook 'Like' Led to Firing", *ABC News*, 2012. 4. 13.

7 서동일, "100만 원 내면 '좋아요' 1만 개 … 믿어도 되나요 'SNS 입소문'", 〈동아일보〉, 2013. 8. 19.

8 강신혜, "남경필 · 홍준표 후보 '좋아요'는 터키에서 클릭 … 구매?", 〈국민TV〉, 2014. 6. 2.

9 Digital Marketing Ramblings, By the numbers: 105 amazing facebook user statistics. http://expandedramblings.com/index.php/by-the-numbers-17-amazing-

facebook-stats/

10 Neil Strauss, "The Insidious Evils of 'Like' Culture", *Wall Street Journal*, 2011. 7. 2.

11 Michal Kosinskia, David Stillwella and Thore Graepel, "Private traits and attributes are predictable from digital records of human behavior", *PNAS(Proceedings of the National Academy of Sciences)*, 2013.

12 김대종 외, "성형 외국인 출국장서 못 알아봐 … 병원 '동일인' 인증", 〈문화일보〉, 2014. 4. 9.

13 Emma Innes, "Plastic surgery in South Korea is now so good that people travelling home afterwards need CERTIFICATES to prove who they are", *Daily Mail*, 2014. 4. 22.

14 Dana Canedy, "Tampa Scans the Faces in Its Crowds for Criminals", *New York Times*, 2001. 7. 4

15 손경호, "일, 얼굴 인식 자판기 개인정보 침해 논란", 〈지디넷〉, 2013. 1. 3.

16 정연욱 외, "[집중진단] '얼굴 인식' 급성장 … 사생활 침해 논란, 대책은?", 〈KBS 뉴스9〉, 2014. 2. 8.

17 Jacob Aron, "Software could spot face-changing criminals", *New Scientist*, 2012. 2.

18 유효정, "'페이스북 얼굴 인식 정확도 '97%' 도달' … 어떻게?", 〈전자신문〉, 2014. 3. 19.

19 미셸 세르(Michel Serres), 《엄지세대, 두 개의 뇌로 만들 미래》, 양영란 옮김, 갈라파고스, 2014.

20 존 맥코믹(John MacCormick), 《미래를 바꾼 아홉 가지 알고리즘》, 민병교 옮김, 에이콘, 2013.

21 엘리 프레이저(Eli Pariser), 《생각 조종자들》, 이현숙·이정태 옮김, 알키, 2011.

22 남현지, "구글이 증명하는 전 세계 사람들의 공통점", 〈허핑턴포스트코리아〉, 2014. 7. 26.

23 Nicholas Kulish, "As Google Fills In Blank, a German Cries Foul", *New York Times*, 2012.9.18.

24 "日법원, 구글에 '자동완성 기능' 금지 명령", 〈교도통신〉, 2012. 3. 25.

25 "Google loses Australia 'gangland' defamation lawsuit", BBC, 2012. 10. 31.

26 Kashmir Hill, "French Court Forces Google To Change 'Crook' Company's Autocomplete Suggestion", *Forbes*, 2012. 5. 1.

27 허재현, "청와대가 '쥐박이 도메인' 싹쓸이, 왜?", 〈한겨레〉, 2012. 8. 12.

28 구본권, "OOO 빨갱이' 연관 검색어 무조건 지워준다", 〈한겨레〉, 2013. 4. 25.

29 심재석, "선거철이 괴로운 네이버 … 후보자 연관 검색어 제한", 〈디지털데일리〉, 2014. 5. 16.

30 Tim Weber, "Gates forecasts victory over spam", BBC, 2004. 1. 24.

31 Stefan Savage, "Spamalytics:An Empirical Analysis of Spam Marketing Conversion", *An Empirical Analysis of Spam Marketing Conversion*, 2008.

32 구본권, "빈트 서프 '한국 정부 인터넷 통제, 결국 실패할 것'", 〈한겨레〉, 2009. 6. 19.

33 권오성, "카카오와 고등학생들의 만남". 〈한겨레〉, 2014. 7. 29.

34 Luisa Yanez, "Remembering Eastern Flight 401 The Story of the Crash", *The Miami Herald*, 2009. 12. 29.

35 조지프 핼리넌(Joseph Hallinan), 《우리는 왜 실수를 하는가》, 김광수 옮김, 문학동네, 2012.

36 데이비드 크렌쇼(David Crenshaw), 《멀티태스킹은 없다》, 이경아 옮김, 아롬미디어, 2009.

37 니콜라스 카(Nicholas Carr), 《생각하지 않는 사람들》, 최지향 옮김, 청림출판, 2011.

38 Ruth Mantell, "Multitasking: More Is Less", *Wall Street Journal*, 2011. 7. 10.

39 "French president bans mobile phones from cabinet meetings", AFP, 2014. 4. 9.

40 David Strayer & David Sanbonmatsu, "Frequent multitaskers are bad at it：Can't talk and drive well", *University of Utah*, 2013. 1. 23.

41 David Maister, "The Psychology of Waiting Lines", *The Service Encounter*, 1985.

42 Francis Jauréguiberry, "Mobile telecommunications and the management of time", *Social Science Information*, Vol. 39, No. 2. 2000. 6. 1, pp. 255-268.

43 이재현, 《모바일 미디어》, 커뮤니케이션북스, 2013.

44 "World Future Society, Disappearing Future 8", *Human Experiences*, 2013.

45 빈스 포센트(Vince Poscente), 《속도의 시대》, 이현숙 옮김, 멜론, 2008.

46 더글러스 러시코프(Douglas Rushkoff), 《현재의 충격》, 박종성·장석훈 옮김, 청림출판, 2014.

47 서명훈, "3D TV '피지도 못하고 지나?' 시장 규모 내리막길", 〈머니투데이〉, 2014. 4. 2.

48 구본권, "[인터뷰] 켄 올레타 '구글 최대 위협은 애플 같은 폐쇄적 서비스'", 〈한겨레〉, 2010. 5. 12.

49 구본권, "'빅데이터' 분석하면 미래 예측 가능하다?", 〈한겨레〉, 2011. 11. 14.

50 이미아, "액시엄 '취미·쇼핑 습관·재정 상태… 당신의 모든 것 알고 있습니다'", 〈한국경제신문〉, 2013. 9. 27.

51 카트리오나 매클로플린, "디지털 정글의 사냥꾼들 — ①개인정보 수집의 종결자 '액시엄'", 〈이코노미 인사이트〉, 2013. 8.

52 Alex Hern, "Facebook deliberately made people sad. This ought to be the final straw", *Guardian*, 2014. 6. 30.

53 Nick Shchetko, "Facebook 101: How to Understand and Tweak Your News Feed", *Wall Street Journal*, 2014. 7. 1.

54 Vindu Goel, "As Data Overflows Online, Researchers Grapple With Ethics", *New York Times*, 2014. 8. 12.

55 빅토어 마이어쇤베르거 외, 《빅데이터가 만드는 세상》, 이지연 옮김, 21세기북스, 2013, 333쪽.

56 Michael DeGusta, "Are Smart Phones Spreading Faster than Any Technology in Human History?", *MIT Technology Review*, 2012. 5. 9.

57 더글러스 러시코프, 《통제하거나 통제되거나》, 김상현 옮김, 민음사, 2011,

58 케빈 켈리(Kevin Kelly), 《기술의 충격》, 이한음 옮김, 민음사, 2011.

59 톰 스탠디지(Tom Standage), 《19세기 인터넷 텔레그래프 이야기》, 조용철 옮김, 한울, 2001.

60 김진석, "탈리도마이드의 비극을 아는가", 〈한겨레21〉, 제598호, 2006. 2. 28.

61 Bernard Becker, "My close encounter with the fabulous shoe-fitting machine", *The Telegraph*, 2012.

62 만프레드 슈피처(Manfred Spitzer), 《디지털 치매》, 김세나 옮김, 북로드, 2013.

63 손화철, 《토플러 & 엘륄: 현대 기술의 빛과 그림자》, 김영사, 2006.

64 케빈 켈리, 《기술의 충격》.

65 더글러스 러시코프, 《통제하거나 통제되거나》.

PART 3 새로운 시대의 새로운 문법 _ 디지털 리터러시

1 리치 링(Rich Ling), 《모바일 미디어와 새로운 인간관계 네크워크의 출현》, 배진한 옮김, 커뮤니케이션북스, 2009.

2 정환봉, "'카톡 왕따' 여고생 자살", 〈한겨레〉, 2012. 8. 17.

3 신동원, 《멍 때려라》, 센추리원, 2013.

4 Mark Bauerlein, "Why Gen-Y Johnny Can't Read Nonverbal Cues", *Wall Street Journal*, 2009. 9. 4.

5 Barbara Fredrickson, "Your Phone vs. Your Heart", *New York Times*, 2013. 3. 23.

6 로빈 던바(Robin Dunbar), 《발칙한 진화론》, 김정희 옮김, 21세기북스, 2011.

7 토머스 데이븐포트(Thomas Davenport), 《관심의 경제학》, 김병조·권기환·이동현 옮김, 21세기북스, 2006.

8 Eric Klinenberg, *Going Solo: The Extraordinary Rise and Surprising Appeal of Living Alone*, Penguin Books, 2013.

9 Hanna Krasnova 외 3인, "Envy on Facebook: A Hidden Threat to Users' Life Satisfaction?", 11th International Conference on Wirtschaftsinformatik, 2013.

10 Kross E, Verduyn P, Demiralp E, Park J, Lee DS, et al., "Facebook Use Predicts Declines in Subjective Well-Being in Young Adults", *PLoS ONE* 8(8), 2013.

11 Jenna Wortham, "Feel Like a Wallflower? Maybe It's Your Facebook Wall", *New York Times*, 2011. 4. 10.

12 Sebastian Valenzuela, N Park, KF Kee, "Is There Social Capital in a Social Network Site?: Facebook Use and College Students' Life Satisfaction, Trust, and Participation1", *Journal of Computer-Mediated Communication*, 2009.

13 Matthew Lieberman, *Social: Why our brains are wired to connect*, Crown Publishers, 2013.

14 Maria Konnikova, "How Facebook Makes Us Unhappy", *New Yorker*, 2013. 9. 10.

15 Nathan Hurst, "Excessive Facebook Use Can Damage Relationships, MU Study Finds", *University of Missouri News Bureau*, 2013.6.6

16 권영전, "방통심의위, 불륜 조장 논란 '애슐리 매디슨' 접속 차단", 〈연합뉴스〉, 2014. 4. 15.

17 Nadine Brozan, "Divorce Lawyers' New Friend: Social Networks", *New York Times*, 2011. 5. 13.

18 National Vital Statistics System, *National Marriage and Divorce Rate Trends*, http://www.cdc.gov/nchs/nvss/marriage_divorce_tables.htm

19 Ilana Gershon, *The Breakup 2.0: Disconnecting over New Media*, Cornell University Press, 2012.

20 Carl Bialik, "Irreconcilable Claim: Facebook Causes 1 in 5 Divorces", *Wall Street Journal*, 2011. 3. 11.

21 Jason & Kelli Krafsky, *Facebook and Your Marriage*, Turn the Tide Resource Group, 2010.

22 미국 질병관리예방센터, *Health, United States*, 2013, p. 213. http://www.cdc.gov/nchs/data/hus/hus13.pdf#064

23 클레이 존슨(Clay Johnson), 《똑똑한 정보 밥상: Information Diet》, 김상현 옮김, 에이콘, 2012.

24 강준만, 《특별한 나라 대한민국》, 인물과사상사, 2011.

25 클레이 존슨, 《똑똑한 정보 밥상》.

26 Richard Wurman, *Information Anxiety*, Doubleday, 1989.

27 데이비드 솅크, 《데이터 스모그》, 정태석 옮김, 민음사, 2000.

28 데이비드 솅크, 《데이터 스모그》.

29 H. W. & D. J. 잰슨(H. W. & D. J. Janson), 《회화의 역사》, 유홍준 옮김, 열화당, 1983.

30 닐 포스트먼(Neil Postman), 《테크노폴리》, 김균 옮김, 궁리, 2005.

31 Marcus E. Raichle, Ann Mary MacLeod, Abraham Z. Snyder, William J. Powers,

Debra A. Gusnard, and Gordon L. Shulman, "A default mode of brain function", *PNAS*, 2001, 98 (2) pp 676-682.

32 앤드류 스마트(Andrew Smart), 《뇌의 배신》, 윤태경 옮김, 미디어윌, 2014.

33 울리히 슈나벨(Ulrich Schnabel), 《행복의 중심, 휴식》, 김희상 옮김, 걷는나무, 2011.

34 존 실리 브라운(John Seely Brown) · 폴 두기드(Paul Duguid), 《비트에서 인간으로》, 이진우 옮김, 거름, 2001.

35 윌리엄 파워스(William Powers), 《속도에서 깊이로》, 임현경 옮김, 21세기북스, 2011.

36 하워드 가드너·케이티 데이비스, 《앱 제너레이션》.

37 Schumpeter, "In praise of laziness: Business people would be better off if they did less and thought more", *The Economist*, 2013. 8. 17.

38 Daisy Carrington, "'Digital detox': Hotels help gadget junkies go cold turkey", CNN, 2012. 11. 29.

39 Jemima Sissons, "Unplug to unwind", *Wall Street Journal*, 2014. 7. 31.

40 Caroline Tell, "Step away from the phone!", *New York Times*, 2013. 9. 20.

41 구본권, "니콜라스 카 인터뷰 '난 트위터·페이스북 등 SNS 모두 끊었다'", 〈한겨레〉, 2011. 5. 25.

42 케빈 켈리, 《기술의 충격》.

43 장하석, 특별기획 〈과학, 철학을 만나다〉 12강 "과학과 다원주의", EBS, 2014. 5. 10.

44 권오성, "휴대전화 없이 사는 사람들", 〈한겨레〉, 2014. 6. 24.

45 고경태, "[쾌도난담] 나는 사기 치지 않는다", 〈한겨레21〉, 제323호, 2000. 8. 23.

46 정희진, "[정희진의 어떤 메모] 벼랑에서 만나자", 〈한겨레〉, 2014. 2. 21.

47 황보연, "[나들의 초상] 어느 청년의 탈휴대전화 좌절기", 〈나들〉, 통권 제10호, 2013. 8.

48 Kathy Matheson, "Google CEO Eric Schmidt Urges Grads To Turn Off Computers", *Huffington Post*, 2009. 5. 18.

49 Helen Lee Lin, "How Your Cell Phone Hurts Your Relationships?", *Scientific American*, 2012. 9.

50 구본권, "6~7살 아이보다도 못한 어른들의 '디지털 지능'", 〈한겨레〉, 2014. 8.12.

51 임원기, "게임회사 직원들도 자녀 게임 시간 엄격히 통제", 〈한국경제신문〉, 2007. 9. 6.

52 구본권, "이통사 직원들 자녀의 휴대폰은 최신형일까?", 〈한겨레〉, 2014. 5. 20.

53 Nick Bilton, "Steve Jobs Was a Low-Tech Parent", *New York Times*, 2014. 9.10.

54 Matt Richtel, "A Silicon Valley School That Doesn't Compute", *New York Times*, 2011. 10. 23.

더 읽을 책들

디지털 기술의 속성과 디지털 리터러시에 관해 흥미를 갖고 이 분야의 서적을 좀 더 읽기 원하는 독자들을 위해 국내에서 출판된 책들 중 추천 도서를 소개한다. 모두 외국 서적의 번역이라 아쉽지만, 디지털 기기로 인한 보편적 문제를 통찰력 있게 다루고 있어 디지털 세상과 새로운 인간관계에 대한 독자들의 이해를 높여 줄 수 있을 것이다.

니콜라스 카, 《생각하지 않는 사람들》 최지향 옮김, 청림출판, 2011

도발적인 제목을 달았지만 책 제목처럼 저자의 주장이 극단적이지는 않다. 정보 기술 분야 일급 저술가의 책답게 다양한 연구 결과와 통찰로 가득하다. 디지털 기술과 소셜네트워크에 대한 무비판적인 사용과 몰입이 가져오는 그늘에 대해 풍부한 근거와 논리로 설명하고 있다. 저자는 2014년 《유리 감옥》(이진원 옮김, 한국경제신문)이라는 책을 펴내, 디지털 기술의 자동화에 의존하면서 생겨나는 문제들을 다뤘다.

닐 포스트먼, 《테크노 폴리》 김균 옮김, 궁리, 2005

미국에서는 1992년 출판된 현대 기술문화 비평서의 고전이다. 20여 년 전의 문제제기와 통찰은 지금도 유효하며 신선함을 잃지 않고 있다. "기술에 정복당한 오늘의 문화"라는 부제가 설명하는 것처럼, 인류 문화가 제한적으로 도구를 사용하던 시기와 기술이 훨씬 많은 기능을 하던 시기를 지나 오늘날 기술이 모든 걸 지배하면서 달라지게 된 현실을 보여준다.

더글러스 러시코프, 《통제하거나 통제되거나》 김상현 옮김, 민음사, 2011

"소셜 시대를 살아가는 10가지 생존법칙"이라는 부제를 단 이 책은 10개의 소주제별로 디지털 기술의 속성을 설명하고 그에 따른 실천적 지침을 제공하는 방식으로 구성되어, 깊은 논의보다는 구체적 지침을 제시해준다. 이 책의 덕목은 기술이 결코 중립적이지 않다는 것, 기술은 특정한 속성과 편향을 가지고 있다는 것을 알려준다는 데 있다.

랜디 저커버그, 《닷 컴플리케이티드(Dot Complicated)》
구본권 옮김, 지식의 날개, 2014(출간 예정)

마크 저커버그의 누나인 저자는 하버드대 심리학과를 나와 페이스북 초창기부터 5년 넘게 요직을 맡았다. 세상의 소통 문화를 바꾸고 그 변화를 가속시키는 도구를 제공하는 일을 해왔지만, 결혼하고 아이를 갖게 되면서 생각이 바뀐다. 페이스북을 그만두고 집필한 이 책은 자전적 이야기를 친근한 서술로 풀어내고 있으며, 디지털 기술의 양 측면을 알고 써야 한다는 디지털 리터러시의 실천 지침을 풍부히 담고 있다.

만프레드 슈피처, 《디지털 치매》 김세나 옮김, 북로드, 2013

독일의 유명 뇌의학자인 저자가 디지털 과다 사용이 인간 두뇌에 끼치는 영향에 대해 고발한 '진단서'다. 저명 뇌의학자답게 방대한 분량의 자료와 연구 결과를 제시하고 있으며, 특히 '디지털 치매'의 병리적 현상으로 한국의 상황을 여러 차례 언급하고 있다. 발달장애, ADHD, 잘못된 식습관, 수면 부족, 과체중, 우울증 등 잘못되고 과다한 디지털 기기 사용이 불러온 건강 위협에 대한 의학자의 고발에 귀 기울일 필요가 있다.

빅토어 마이어쇤베르거, 《잊혀질 권리》 구본권 옮김, 지식의날개, 2011

2014년 유럽사법재판소의 판결로 관심을 모은 '잊혀질 권리'를 일찌감치 조명한 책으로, 디지털화로 인해 인간이 겪게 되는 기억과 인지활동 전반에 대해 풍부한 정보와 통찰력 있는 관점을 제시한다. 디지털화가 전통적으로 이어져온 인류 문명과 사람들의 삶에 어떠한 근본적 변화를 끼치고 있는지에 대한 전망을 얻을 수 있다.

셰리 터클, 《외로워지는 사람들》 이은주 옮김, 청림출판, 2012

저자는 매사추세츠 공과대학(MIT) 사회심리학 교수로 지난 30여 년간 기술과 새로운 커뮤니케이션 수단이 인간관계에 끼치는 영향을 연구해온 이 분야 최고권위의 학자다. 사람들이 기술에 의존하면서 겪게 된 다양한 변화와 정신분석학·사회심리학·아동심리학 관점에서의 다각적 성찰을 제시한다. 사회적 존재인 우리들이 새로운 사회적 연결 수단인 SNS에 빠지면서 어떻게, 왜 변화하게 되는지를 알 수 있게 해주는 책이다.

알렉스 륄레, 《달콤한 로그아웃》 김태정 옮김, 나무위의책, 2013

독일 신문 〈쥐트도이체 차이퉁〉의 문예부 기자로 여느 현대인처럼 이메일과 스마트폰에 빠져 살던 저자가 6개월간 인터넷을 완전히 끊고 사는 실험을 감행한 이야기다. '디지털 단식' 이후 겪게 되는 현대 생활에서의 낯선 경험과 불편함, 되찾은 것들을 일기 형식으로 날마다 기록해 보여준다. '디지털 단식'이 가져올 효과를 간접 체험할 수 있다. 잃어버린 아날로그 삶이 어떤 것이었는가를 다시 돌아보게 해주는, 쉽고 재미있는 책이다.

존 팰프리·우르스 가서, 《그들이 위험하다》 송연석·최완규 옮김, 갤리온, 2010

두 저자는 세계적 권위의 인터넷 사회문화 연구기관인 하버드대 버크먼센터 소속의 법학교수들이지만, 내용은 법학 서적답지 않다. 디지털 네이티브에 대한 뛰어난 통찰뿐 아니라 디지털 문화 현상 전반에 걸쳐 균형 잡힌 관점을 제공한다. 디지털 네이티브인 자녀를 이해하는 데 도움이 되는 것은 물론, 성인들을 위한 디지털 리터러시 입문서로도 좋다.

케빈 켈리, 《기술의 충격》 이한음 옮김, 민음사, 2011

전문적 내용이 많고 400쪽 넘는 분량이라서 쉽게 읽히지는 않지만, 〈와이어드〉를 창간해 오랜 기간 편집장을 지낸 기술 비평 분야 최고의 저술가인 케빈 켈리의 역작이다. 저자는 기술의 진화에 대한 전망을 갖고, 문제점과 결함을 지닌 기술도 진화 과정을 거치면서 스스로 해결책을 찾아 발전해간다는 신념을 피력한다. 낙관적 관점을 그대로 수용하기는 어렵지만, 기술이 지닌 거대한 힘과 속성에 대한 통찰이 돋보인다.

한병철, 《투명사회》 김태환 옮김, 문학과지성사, 2014

짧은 분량의 철학적 에세이다. 잠언 같은 문장과 낯선 표현으로 독자에게 친절하지는 않지만, 디지털과 SNS가 사용자로 하여금 자발적으로 프라이버시를 노출하고 서로를 감시하는 사회로 만들어버린 시놉티콘과 'DIY 감시사회'에 대한 철학자의 통찰을 제공한다. 투명성이 더 많은 민주주의와 정보의 자유를 가져다줄 것이라는 기대와 달리, 투명사회는 신뢰사회가 아닌 새로운 통제사회일 따름이라는 게 요지다.

찾아보기

ㄱ

가르보 경제 71~72

개인정보 20, 22, 38~40, 45, 80, 105~106, 118, 124, 127, 135, 143, 148, 190, 196, 201

－개인정보 유출 37, 42, 48

－개인정보 자기결정권 91, 327

구글 21~22, 25, 39, 50, 71, 91~92, 104~105, 124~125, 130~134, 136, 138~142, 189~191, 194~196, 200, 289, 311, 315, 319

－구글링 22, 68

－구글 고글스 124~125

－구글 글래스 125, 133, 189~191

－구글 나우 195

－구글 서제스트 137

－구글 어스 40

－구글 폭탄 131~132

－구글 플러스 23, 111

－구글 플루 트렌드 194

－웹 세상의 나 71, 332

－피카사 123, 125

ㄴ

나르시시즘 30, 33, 287

ㄷ

던바의 수 235, 239

데이터 스모그 261

디지털 궤적 117

디지털 네이티브 298~299, 303

디지털 디톡스 281

디지털 리터러시 11, 329

디폴트 모드 네트워크 273

디폴트 세팅 100~109, 116, 123, 149, 330

ㅁ

멀티태스킹 160~168, 179~180, 272~273, 276

메라비언의 법칙 229

무어의 법칙 93, 264, 275

ㅂ

보이스 피싱 45

불리언 연산자 132

빅데이터 92, 124, 138, 194~196, 200~201
빅브라더 49~50, 53~54, 58, 63~64, 126,
　200
　一뉴 빅브라더 63
　一〈빅 브라더 쇼〉 56~58, 63
　一올드 빅브라더 63

ㅅ
사물 인터넷 195
사용자 경험 101~102
사용자 환경 101, 209, 301
사회공학 43~47
셀러브리티(유명인) 효과 58~62, 324
셀카(셀피) 27~34, 243, 325
수신 거부 149~150
수신 확인 153~156, 158~159, 221
슈미트, 에릭 21~25, 125, 289, 315, 318
스미싱 37~38, 46, 149
스팸 메일 144~150, 152
스푸마토 기법 266~267, 269
시놉티콘 63, 65, 348
신상 털기 61~62, 67, 139, 327
신언서판 12~13, 296, 332
실질적 모호성 95

ㅇ
알고리즘 108, 130~134, 136, 140~141,
　197~200, 262
알림 12, 99~100, 112, 114, 161, 166, 233,
　245, 260~262, 271, 274~276, 330
애플 38, 101, 104~105, 123, 185, 190,

195~196, 209, 311, 314~317
　一미리 알림 195
　一아이포토 123
　一아이폰 101, 105, 185~186, 190, 209,
　217, 314~315
얼굴 인식 118~122, 124~126
에티켓 21, 279, 290~291, 294~296, 332
옵트 아웃(사후 선택적 거부) 149~151
옵트 인(사전 동의) 149~151
위성항법장치(GPS) 14, 36
위치 기반 서비스(LBS) 36, 38
위치정보 36~41, 99, 107, 133, 172, 190,
　195, 331
인스타그램 23, 29, 32, 283
잊혀질 권리 90~96

ㅈ
잡스, 스티브 185~186, 310, 314~321
저커버그, 마크 19~21, 24~26, 315, 346
정보 비만 262

ㅊ
추적 금지 157

ㅋ
카카오톡 99, 148, 153~154, 161~162,
　165~166, 181, 202, 216~221, 223, 226,
　228, 230~232, 234~235, 244, 251,
　253~254, 260, 271, 299, 309
쿠키 156~158
클라우드 서비스 47, 133

ㅌ

탄광 속 카나리아 328

트위터 9, 21, 23, 31~32, 35, 37, 107, 129, 148, 216, 234~235, 239, 248, 283~285, 324

ㅍ

페이스북 19~21, 25, 29, 32, 35~36, 38~39, 41, 50, 68~69, 105~107, 110~117, 123~124, 148, 154, 192, 196~202, 216, 222, 230~232, 234~235, 239, 241~255, 260, 284, 315, 346

– 감정 실험 196, 198

– 뉴스피드 106, 111~112, 114, 197~198, 242, 245

– 좋아요 64, 110~117, 230, 241, 243, 246, 260

포모(고립 공포감) 244

폰 스택 278~280

푸시 166, 274~276

프라이버시 19~26, 38~40, 62, 66~67, 70~72, 77, 80, 91, 96, 106, 108, 116, 123~124, 142, 156~157, 190~191, 201, 314~321, 323~328, 331

– 프라이버시 격차 328

프로토콜 151, 292~295

프로파일링 67, 72, 80, 116, 327

플리커 107

피싱 37~38, 46, 48, 149

필터 버블 135

ㅎ

해킹 8, 39, 42~44, 46~48, 146, 148

현상 유지 편향 102

홀로 있을 권리(방해받지 않을 권리) 66, 327

• 이 저술은 일주학술문화재단의 지원으로 출판되었습니다.
• 이 책에 사용된 도판은 퍼블릭 도메인과 플리커의 이미지입니다.

당신을 공유하시겠습니까?

셀카 본능에서 잊혀질 권리까지,
삶의 격을 높이는 디지털 문법의 모든 것

초판 1쇄 발행 2014년 10월 10일
초판 4쇄 발행 2018년 6월 20일

지은이 | 구본권
발행인 | 김형보
편집 | 최윤경, 박민지, 강태영, 이환희
마케팅 | 이연실, 김사룡

발행처 | 도서출판 어크로스
출판신고 | 2010년 8월 30일 제 313-2010-290호
주소 | 서울시 마포구 월드컵로14길 29 영화빌딩 2층
전화 | 070-5080-4037(편집) 070-8724-5877(영업) 팩스 | 02-6085-7676
e-mail | across@acrossbook.com

ⓒ구본권 2014

ISBN 978-89-97379-51-4 03300

이 도서의 국립중앙도서관 출판예정도서목록(CIP)은 서지정보유통지원시스템 홈페이지
(http://seoji.nl.go.kr)와 국가자료공동목록시스템(http://www.nl.go.kr/kolisnet)에서
이용하실 수 있습니다.(CIP제어번호: CIP2014027758)

만든 사람들
편집 | 서지우
교정교열 | 윤정숙
디자인 | 이석운, 김미연